MI:個性を生かす多重知能の理論

Intelligence Reframed: Multiple Intelligences for the 21st Century

ハワード・ガードナー
松村暢隆 訳

新曜社

Howard Gardner

INTELLIGENCE REFRAMED

Multiple Intelligences for the 21st Century

Published by Basic Books
A Member of the Perseus Books Group
This translation published by arrangement with Howard, Gardner c/o
The Palmer & Dodge Agency through The English Agency (Japan) Ltd.

日本の読者へ

この本は、アメリカで出版された私の新しい本ですが、このたび日本語に翻訳され、たいそう嬉しく思います。ここでは、〈多重知能（ＭＩ）理論〉について、最新の説明をしました。ＭＩ理論の進歩や、新しい時代における応用についても触れています。

学者というのは、たいてい、広く一般の方々が自分の分野に興味をもってくれるだろうとは期待しないものです。ましてや、畑違いの分野の読者や賛同者が数多く現れるとは夢にも思わないでしょう。私がＭＩ理論を発表したのは、認知心理学者として、ほかの心理学者を念頭においてのことでした。でもそのアイディアが、教育関係をはじめ、さまざまな分野の人たちにますます関心をもたれるようになったのは悦ばしいことです。二〇〇〇年五月に機会あって東京を訪れたとき、多くの人たちが新しい心の考え方に興味をもち、私と同じように、子どもたち一人ひとりの個性をできる限り伸ばしたいと願っているのを感じました。ＭＩ理論を仲立ちにして、教育をより良くするために、私たちは話し合ったり一緒に仕事をしたりできるのです。

教育方法が効果的であるためには、二つの要因が必要です。一つは、確固たる科学的根拠にもとづいていることです。私は認知心理学を研究して確信したのですが、人はみな、いくつかの別々の知能をもっていて、一人ひとりが、それらの知能をまったく個人的なやり方で組み合わせているのです。また別の方面の認知を研究して納得したのですが、学問をきちんと理解するのは、実は大変難しいことです。それはとりわけ、幼児期から身につけた「常識」的理解が、現代の学問を修得する妨げになることが多いからです。日本で長年実践されてきたような優れた教育方法といえども、これらの二つの要因が改めて考慮されなければなりません。つまり、多重知能が存在するということと、本物の理解を得るのは難しいということです。

しかし同時に、科学それ自体は、教育方法を組み立てるには十分ではありません。もう一つの要因として、価値や目標もまた、絶えず考慮する必要があります。価値の領域についてなら、日本の人々は恵まれています。勤勉が重視され、文化や歴史が尊重されておりますし、親密な家族や組織、地域社会がありますから、日本の方々は、効果的な教育を開始し、続けていくのに有利な立場にいます。私たちの時代の教育は、当然、過去の教育とは違うでしょうが、このような確固たる価値は、新しい教育も支えつづけるでしょう。

第二次世界大戦後、日本が目覚ましく復興した結果、日本の伝統産業や、コンピュータ、教育における実績は、世界的に注目されました。多くのアメリカ人が日本を訪れて、「日本の奇跡」を目の当たりにし、そこから学びました。もっとも最近は日本も、政治・経済の分野で苦しい経験もしていますが、まだまだ繁栄しており、その歴史も今日の業績も、大いに賞賛されています。

しかし、新世紀になって、日本やアメリカなど主要国の成功と失敗がどうであれ、教育をその根本から考え直す必要があります。これからは、手順を決められることならほとんど何でも、コンピュータがやってくれるでしょう。コンピュータにアクセスすれば誰でも、ほとんど瞬時に、世界中の情報が手に入るでしょう。遺伝学が飛躍的に進歩して、驚異的な治療ができるようになるでしょう。もっとも、深刻な倫理的問題を引き起こすかもしれませんが。世界中の各地で育つ子どもたちが、みな同じように、消費の世界や、おもしろおかしくショウアップされたマスメディアを経験するでしょう。私たちが二一世紀にふさわしい教育を創り出そうとするなら、私たちのいちばん基本的な仮定から考え直す必要があるでしょう。

この本に述べる個人差や学習についての考え方が、そういう努力に対して、なにほどか貢献できればと願っています。

二〇〇一年五月

アメリカ・マサチューセッツ州・ケンブリッジにて

ハワード・ガードナー

謝辞

この本は、一九九〇年代に書いた論文を大いに活用している。

それらを批評してコメントを下さった、つぎの方々に感謝申し上げる。トーマス・アームストロング、エリック・ブルーメンソン、ヴェロニカ・ボワ＝マンシーラ、ミハイ・チクセントミハイ、パトリシア・ボラーノス、アントニオ・ダマージオ、ウィリアム・デイモン、ルーヴェン・フォイアースタイン、ダニエル・ゴールマン、トム・ハッチ、トム・ホアー、ジェフ・ケイン、ポール・カウフマン、ミンディ・コーンハーバー、マラ・クレチェフスキー、ジョナサン・レヴィー、ターニャ・ルアマン、ロバート・オーンスタイン、デイヴィド・パーキンズ、チャールズ・ライゲラス、カートニー・ロス、マーク・ランコ、マーク・ターナー、ジュリー・ヴィエン、ジョーセフ・ウォルターズ、ジョーン・T・ウィリアムズ、E・O・ウィルソン、そしてエレン・ウィナーである「姓アルファベット順」。

ジョ・アン・ミラー、ドーニャ・ルヴァイン、リチャード・フュモーサ、およびペルセウス・ブックスのシャロン・シャープは編集過程を有能に助けてくれた。

とくにこの本では、つぎの私の論文を利用した。

［6章］(1995). Reflections on multiple intelligences : Myths and messages. *Phi Delta Kappan, 77* (3), 200-209.
［4章］(1999). Are there additional intelligences? In J. Kane (Ed.), *Education, information, and transformation.* Upper Saddle River, NJ : Prentice-Hall.
［10章］(1999). Multiple approaches to understanding. In C. Reigeluth (Ed.) *Instructional-design theories and models : A new paradigm of instructional theory*. Mahwah, NJ : Erlbaum.
［12章］(1999). Who owns intelligence? *Atlantic Monthly*, February, 67-76.

これらの論文で述べた研究は、寛大な基金提供者のおかげで可能になった。つぎの諸団体・諸氏に感謝申し上げたい。バウマン財団、カーネギー財団、ネイザン・カミングズ財団、ジェフリー・エプスタイン、フェッツァー協会、フォード財団、ウィリアム・T・グラント財団、ウィリアム&フローラ・ヒューレット財団、クリスチャン・A・ジョンソン・エンデヴァー財団、トーマス・H・リー、新しいアメリカの学校開発協会、ジェシ・フィリップス財団、ロックフェラー兄弟財団、ロックフェラー財団、ルイス&クロード・ローゼンバーグ・ジュニア家財団、ロス家公益財団、スペンサー財団、

謝　辞

ベルナルド・ファン・レール財団、ならびに匿名を希望された寛大な基金提供者の方々である。

最後に、私との共同研究で多重知能（ＭＩ）理論の意義を発展させた、アメリカや外国の多くの方々に、ここでお名前は挙げないが御礼を申し上げたい。皆さんに、心から感謝申し上げる。

マサチューセッツ州ケンブリッジにて、一九九九年六月

ハワード・ガードナー

目次

日本の読者へ　i
謝辞　iv

1章　知能と個性　1
知能の時代　1
この本の構成　6

2章　多重知能理論が現れる前　9
二冊の本の話　9
精神測定学小史　15
知能についてカギとなる三つの疑問　19

知能擁護派への攻撃　26
心理学者の動揺　31

3章　多重知能の理論——私的な観点から　37

出発点　37
神経心理学への道　38
多重知能の定義と基準　45
基準の背景と意味　49
最初に提唱された七つの知能　58
二つの重要な主張　61

4章　追加できる知能はあるか？　65

博物的知能　66
霊的知能　74

実存的知能と八つの基準 84
霊的知能について個人的なこと 91
最後の進展度評価 93

5章 道徳的知能はあるか？ 95

霊的知能と感情的知能からの手がかり 96
道徳的領域を記述する 98
結論――知的領域と道徳的領域の関係 108

6章 多重知能についての誤解と真実 111

7章 多重知能をめぐるQ&A 131

用語についてのQ&A 132

理論に関するQ＆A　136
知能の構造とその組み合わせに関するQ＆A　143
集団の差異についてのQ＆A　153
知能と生涯発達をめぐるQ＆A　155

8章　創造者とリーダーの知能　161

創造性と知能　162
リーダーシップと知能　175
創造性とリーダーシップ　182

9章　学校における多重知能　191

評価——最初の反応　192
ロールシャッハテストを超えて　197
もっと深く多重知能に——道具としてのＭＩ理論　202

MI環境を確立するための手順 206
個人ごとに設計された教育
——多重知能のカギとなる教育的責務 214

10章 理解を高めるMI学習法 223

多重知能と教育の目標 225
理解をその表現からとらえる見方 227
理解への障害 229
理解を表現してみるよう奨励する 232
多重知能による、焦点を絞った学習法 237
終わりに
——テクノロジーを活かした手段、人間の目的 254

11章 学校の外における多重知能 259

子供博物館とその姉妹 260
美術館 264
ビジネスと教育の世界 269
ＭＩ理論と職場 274

12章　知能をもつのはどういう人か？ 287

多重知能の広がりと限界 288
知能の評価 292
知能を他の徳に関連させる 296
残された謎――研究課題 300
さらなる個性化――未来のための挑戦 307

訳者解説――ＭＩ理論の教育実践への応用　松村暢隆 311
訳者あとがき 325
文　献 (xv)

ガードナーの著書一覧 (xiii)
事項索引 (vi)
人名索引 (i)

装幀＝戸田ツトム

1章　知能と個性

知能の時代

知性ある人

どんな社会にも、理想的な人間像というものがある。古代ギリシア人は、身体の敏捷さや、理性的な判断、高潔な行動を示す人を尊んだ。ローマ人は男性的な勇気を強調し、イスラム教の信者は、聖戦に赴く兵士を讃えた。中国の人々は伝統的に孔子の影響を受けて、詩や、音楽、書道、弓術、絵画などに熟達した人を重んじた。今日のプエブロ・インディアンのケレス族では、他人の世話をする人が尊敬される。

過去数世紀にわたって、とくに西洋社会では、ある特定の理想が広まることとなった。すなわち、「知性ある人」という理想である。この理想が厳密にどんな特性をもつのかは、時代や状況につれて変化する。伝統的な学校では、知性ある人とは、古典言語や数学、とりわけ幾何学を修めた人だった。ビジネスの場面では、商機を見てとり、危険を慎重に推し量って挑戦し、組織を作り上げ、経理のバランスをとって株主を満足させることのできる人が知性ある人だった。二〇世紀初めになると、帝国の辺境にまで派遣されても、命令を有能に実行できる人物が知性ある人なのだった。知性についてのこのような考えは、まだ多くの人に重要だとみなされている。

しかし、新しいミレニアムを迎えた今日、二種類の新しい知的達人が重きをなすようになった。すなわち、「シンボルアナリスト」［シンボル（会社名の略号）を扱い株価を分析するスペシャリスト］と「マスターオブチェンジ」［企業変革（チェンジ）を推進する組織や人々］である。(1) シンボルアナリストは、通常コンピュータ画面に表示される数や言葉の羅列の前に何時間も座って、複雑に入り組んだ記号のなかの意味をすぐさま取り出すことができる。そして、こういう人は、信頼できる有益な予測を立てることができる。マスターオブチェンジは、新しい情報をただちに得て、問題を解決し、たえず移動し拡散している人々と「緩やかに」つながりながら［職員と職場が固定しているのではなく］、変化する状況にやすやすと順応する。

社会をリードする責任のある人はいつも、知性豊かな若い人々に目を付けてきた。二千年前の中国では、官僚となって指導できる人々を認定するために、むずかしい試験を実施した［科挙は千四百年前の随に始まった］。中世、教会のリーダーは、熱心さと利口さ、献身を兼ね備えた学生を探し求めた。一九世紀後半、現代の心理測定の創始者の一人、フランシス・ゴールトンは、「知能は家系によって伝えられる」と考えた。そこで彼は、イギリス社会で枢要な地位を占めた人々の子孫の知能を探索した。(2)

知能を測定する

しかし、ゴールトンは、遺伝的な家系の研究で終わりにはしなかった。彼は、「知能はもっと直接的に測定できる」と信じた。１８７０年頃から、彼は、もっと正式な知能検査を作ることにとりかかった。それは、人間の心を測定と実験の対象とみなす、当時現れてきた考えと一致していた。ゴールトンは、「より知能のすぐれた人ほど、感覚の鋭敏さを示すだろう」と考えた。そこで、最初の正式な知能の測定法は、異なる大きさの音や、異なる明るさの光、異なる重さの物どうしをどれほど区別できるかを、厳密に調べることだった。結果的には、ゴールトン（彼は自分がひじょうに聡明だと思っていた）が知能の指標だとみなしていたことは、その目的に役立たないことが明らかになった。しかし、知能を測定する「可能性」に賭けたという点で、彼は正しかったと言える。

ゴールトンの時代以来、あまたの人々が、知能を定義し、測定し、育てる、最良の方法を熱心に追求した。知能検査は、認知という氷山のほんの一角を示すにすぎない。アメリカでは、「SAT（学業評価検査）」［大学進学適性検査］や、「ミラー・アナロジーテスト（MAT）」［多様な教科の高度な知識が必要な推理能力テストで、大学院レベルで利用される］、それから種々の初等・中等教育、大学院、専門職の試験など、テストはすべて、知能を検査するために開発された技術にもとづいている。学力（「適性」や「潜在的な学力」とは異なる）の測定にとくに焦点を合わせた評価でさえ、伝統的な知能検査ときわめてよく似ていることが多い。テストにおける同様の傾向は、他の多くの国々でも起きている。知能を測定しようという努力は今後も続くだろうし、実際将来はもっと広がりそうである。たしかに、価値の高い人間の特性を測る確かな手段を考案できる見込みがあれば魅力的である。たとえば新入生のクラス分けや雇用の決定に直面する人々にはありがたいだろう。そして、知性があるのは「誰か」を、しかもできるだけ早い年齢で決定せよという圧力は、まず消えそうにはない。

知能検査から多重知能（MI）へ

知能検査は今後ともなくなることはないだろうと思われるというのに、この本は、別の前提にもとづいている。つまり、知能はきわめて重要であるから、知能検査をする人々に任せてはおけないのだ。ほんの過去半世紀のあいだに、人間の心と人間の脳についての私たちの理解は、根本的に変わった。たとえば、現在の私たちの理解では、人間の心は、脳の構造を反映しており、多くの別個のモジュール（機能単位）あるいは能力から構成されている。同時に、科学技術が変化し、世界中の文化における必要性も欲求も、劇的に変わった。私たちは、厳しい選択に直面している。知能についての因習的な見方と、知能をどのように測定すべきかについての旧来の方法を続けるのか、あるいは、人間の知性を概念化する、別のもっと良い方法を考え出すのか。この本で、私は後者の方針をとる。人間は一連の能力や潜在能力をもっている――〈多重知能（ＭＩ）〉をもつ――という証拠を示そう。これらの知能は、個々に、また互いに協調して、さまざまに生産的に用いることができる。各自が自らの多重知能を理解できるようになるだけでなく、さまざまな社会が創造した種々の役割において、最大限柔軟に、生産的にそれを使いこなすことができる。多重知能は、学校でも、家庭でも、職場でも、街でも、すなわち社会のさまざまな場面にわたって、活用できる。

しかし、新ミレニアムの課題は、たんに私たちのさまざまな知能を研ぎすまし、それらを適切に利用することだけではない。私たちは、どのように知能と道徳とを協同させて、多様な人々が生きたいと願うような世の中を創り出すことができるのかを、見つけ出さねばならない。けっきょく、まだ「頭の良い」人々に指導されている社会は、だめになるか、よその世界をだめにするかだろう。知能は大切だが、ラルフ・ウォルドー・エマソン〔思想家・詩人〕のよく知られた言葉に言うように、「人格は知性より上に位置する。[3]」この洞察は、個人のレベルにも社会のレベルにも当てはまる。

この本の構成

2章では、伝統的な、知能の科学的な考えについて述べる。その後3章で、私自身の考え、すなわち多重知能理論を紹介する。この理論は二〇年ほど前に開発されたが、そのままに留まってはいない。したがって、4章と5章で、いくつかの新しい知能の候補について考察しよう。そのような候補としては、博物的知能や霊的知能、実存的知能、および道徳的知能がある。6章では、この理論にたいする疑問や批判のいくつかに取り組んで、よくある誤解を払拭する。7章では、また別の論争的問題を扱う。そして、8章で、知能と創造性、リーダーシップの関係を探究する。

そのつぎの三つの章では、多重知能理論をどのように応用するかに焦点を合わせる。9章と10章は、学校を舞台にした理論の議論に充てられている。そして11章で、さらに広い世界での理論の応用について論じる。最後に12章では、1章で提起した問題に戻って、「知能をもつのはどういう人か」という刺激的な疑問への私の答えを探る。

私が二〇年ほど前に理論を発表して以来、それをめぐって膨大な数の二次的文献が現れた。そして多くの人たちが、理論をさまざまなやり方で伝え、普及させた。［原著には、付録として、多重知能に関連する著者や他の研究者の著書・論文、理論形成・応用実践に貢献した人名などのリストが付けられているが、訳書では、著者の了解を得て割愛した。」私は、理論への興味が増え続けていることに身の引き締まる思いがするが、世界中でそれほど多くの人々に影響を与えたことを誇りに思っている。

2章　多重知能理論が現れる前

二冊の本の話

『ベルカーブ』

1994年の秋、出版界に異常な出来事が起こった。二人の学者が書いた本がある総合出版社から出版されたのだが、この八〇〇ページ以上もある本には、二〇〇ページに及ぶ統計の付録がついていた。原稿は持ち出し禁止で保管されていたので、当然事前の査読者と目された人々もあらかじめ読むことはできなかった。この秘密主義にもかかわらず（あるいは、だからこそ）、『ベルカーブ（釣鐘型曲線）』（リチャード・J・ハーンスタインとチャールズ・マリー著）[1]は、いくつかの週刊ニュース雑誌の巻頭記事にとりあげられ、そして、メディアや食卓の大きな話題に発展したのである。(2) 実際、社会科学の本でこれに匹敵する騒動を引き起こしたのは、半世紀以上前の、黒人と白人の関係についての記念碑的著作、グンナール・ミュルダール［スウェーデンの経済学者］の『アメリカのジレンマ』以来だろう。(3)

振り返ってみても、何が『ベルカーブ』をめぐってそれほどの論議を引き起こしたのか、完全に知るのはむずかしい。知識人にとって、この本の主要な議論は、どれも目新しいものではなかった。ハーバードの心理学教授ハーンスタインと、「アメリカ事業研究所」の政治学者チャールズ・マリーの議論では、知能は、母集団全体内で釣鐘型の［正規］曲線に沿って分布する単一の特性だと考えるといちばんよい。すなわち、ごくわずかな人々が、ひじょうに高い知能（たとえばＩＱ１３０以上）をもち、ごくわずかな人々が、ひじょうに低い知能（ＩＱ７０以下）をもち、ほとんどの人々はどこかその中間にかたまっている（ＩＱ８５から１１５）。さらに著者たちは、知能がかなりの程度遺伝されるという証拠を示した。すなわち、母集団を限ればそのなかで測定された知能の差異は、主としてその人の実父母の遺伝的寄与によるのだという。

こういう主張はかなりよく知られたもので、びっくりするようなことは何もない。しかし、ハーンスタインとマリーの議論は、これに止まらなかった。彼らは知能測定の議論をはるかに越えて、今日の私たちの社会の害悪の多くが、比較的知能の低い人々の行動と能力に起因していると主張した。著者たちは、「全国青年〔労働市場経験〕縦断調査（ＮＬＳＹ）」をひんぱんに引いているが、これは一万二千人以上の若者〔開始時一四歳〜二二歳〕を１９７９年以来ずっと追跡した、豊富なデータセットである〔オハイオ大学人材研究所が指導した〕。その調査対象となった集団は、さまざまな社会、民族および人種集団が適正に代表されるように選ばれていて、集団のメンバーは、よく統制された条件下で、認知〔知能〕と適性についての一連の測定を受けた〔学業成績や仕事の業績も調べられた〕。これらのデータにもとづいて、著者たちは、知能の低い人々は、生活保護を受け、犯罪に関わり、崩壊家庭の出身で、学校を中退し、またその他の社会的病理を示す傾向が高いという証拠を示して見せた。そして彼らは、白人のほうが黒人よりＩＱが高いことを示す有名なデータについては見解を明確にしなかったが、ＩＱの人種差は変わりにくく、したがって、おそらくは遺伝因子の結果であろう、という明確な印象を与えた。

私は『ベルカーブ』タイプの議論を、「修辞的誘導」と名づけている。(4) 著者たちは、都合の悪いことは述べずに、読者が自分で特定の結論を下すように導いていく。そうやって、ハーンスタインとマリーは、知能における黒人と白人の差の源については「断固中立」であると言いながら、彼らが示した証拠は、この相違に遺伝的な根拠があると強く示唆している。同様に、彼らは優生学（人種改良）的な処置を推奨してはいないが、くり返し、社会的病理の原因は低い知能にあり、そして知能は社会的介入によって大きく変えることはできないという論理を使っている。読者は、ほとんど不可避に、

「われわれ」（もちろん、知能の高い読者）は、「知能の低い」人々の数を減らす方法を見いだす必要がある、と結論するよう導かれる。

『ベルカーブ』への書評は、政治的に保守的な出版物では例外があったけれども、概して否定的なものだった。学者たちはとりわけ、低い知能と社会的病理のあいだにあるとされた関連については、きわめて批判的だった。[5]意外でもないが、知能についての結論は、多くの心理学者に支持された。測定が専門で、この本の多くの部分が基にした仕事をしている人たちである。

新しい着想とてほとんどない、学問的にもあやしいこの本に、なぜ大騒ぎしたのだろうか？ 出版社の手腕には並々ならぬものがあったと思われる。学者には本を機密扱いにして、それを宣伝したり詳しく書いてくれる人たちの手には確実に渡るようにしたのだった。多くの人々が一家言ある人種問題に、一見科学的な客観性を与えたことも、この本の成功に寄与したと思われる。しかし、もっとずっと皮肉な見方であることは確かだが、私自身の考えでは、およそ二五年くらいのサイクルで、知能の「生まれつき論」、つまり遺伝的な説明の焼き直しへの需要が高まるのだ。この考えを支持する事実は、1969年に、『ハーバード教育学評論』に、「どれだけIQと学業成績を上げられるか？」という表題の、論争を呼んだ論文が公表されたことである。[6]著者の心理学者アーサー・ジェンセンは、「ヘッドスタート」のような幼児期の介入教育プログラムの有効性を鋭く批判した。彼は、「そんなプログラムは、不利をかかえた子供を本当に援助しはしない」と述べて、おそらく黒人の子供には別の方法で教える必要があると示唆したのだった。

『EQ』

『ベルカーブ』が世に出たほんの一年後に、もう一冊の本が出版されて、ずっと大きな賞賛を得た。『EQ（感情的知能）』で、ニューヨーク・タイムズの記者で心理学者でもあるダニエル・ゴールマンが書いたものである。(7)〔邦訳書の表題にもなったEQは、その後のマスメディアの造語で、ゴールマンの原著ではいっさい用いられていない。〕この本は、『ベルカーブ』とはまるでちがっていた。ゴールマンの薄い本は、大衆出版社から刊行され、逸話に次ぐ逸話で、ところどころにちょこっと統計があるだけだった。さらに、『ベルカーブ』とくっきり対照をなしていたのは、『EQ』には、精神測定学（心理測定）の伝統全体への批判的な見方が含まれていたことである。それは、その副題にも反映されていた。「なぜそれがIQよりも重要なのか」

『EQ』でゴールマンが論じているのは、私たちの社会は、ひじょうに大切な一連のスキルと能力をほとんど無視してきたということである。すなわち、人々や感情（情動）を扱うスキルと能力である。とくにゴールマンは、自分の感情生活に気づくこと、自分の感情を統制すること、他人の感情を理解すること、他人といっしょに働けること、そして他人に共感をいだくこと、こういうことの重要性について書いた。彼は、こういう能力を、とりわけ子供たちに高める方法について述べた。もっと広くは、もし私たちが、今認知的知能を高めようと精を出しているのと同じほどに熱心に感情的知能を養うならば、世の中はずっと快適になるだろうと論じた。『ＥＱ』は、これまでに出版された社会科学の本のなかのベストセラーと言ってよいだろう。１９９８年の時点で、世界中で三〇〇万冊以上が売れた。そして、ブラジルや台湾などの国々でまで、空前の長期にわたって、ベストセラー・リストに載り続けた。表面的には、なぜ『ＥＱ』が読者にそれほどアピールしたのかは、わかりやすい。そのメッセージは希望に満ち、著者は、どうやって自分や身近な人の感情的知能を高めるかを読者に説いている。そして（毛頭無礼を言うつもりはないが）、この本のメッセージは、表題と副題に尽きている。

私はよく疑問に思うのだが、『ベルカーブ』の読者は『ＥＱ』も読んだだろうか？　一人の人が、両方の本のファンになれるものだろうか？　たぶん、読者には性や学問分野にちがいがあるだろう。ステレオタイプとは言わずとも、あえて二分すれば、実業家やデータ重視の社会科学者は、たぶん『ベルカーブ』に惹きつけられそうだ。一方、教師やソーシャルワーカー、親たちは、たぶん『ＥＱ』のほうに納得するだろう。（しかし、ゴールマンの続編『ビジネスＥＱ』は、『ベルカーブ』の読者も引き寄せようとしたものだ。[8]）けれども、重複もいくらかあるのではないか、と私は思う。明らかに、教育者、ビジネスマン、親たち、そして他の多くの人々も、知能の概念が重要だと知っているし、その概念はこれまでになく急速に変化しているのである。

精神測定学小史

知能検査の始まり

1860年までに、チャールズ・ダーウィン［イギリス］は、すべての種の起源と進化のための、科学的立場を確立していた。ダーウィンはまた、知的な特性や感情的特性などの、心理的特性の起源と発達についても好奇心をもった。まもなく、さまざまな分野の学者たちが、種どうしの知的な差異、そしてまた、赤ん坊、子供、大人のあいだ、あるいは「精神薄弱」［知的障害の過去の表現］と「ずばぬけた天才」など、特定の集団間の知的な差異について考えるようになった。こういうことを考えたのは、たいてい安楽イスに座ってのことだった。犬やチンパンジー、異なる文化の人々のあいだの知能の差異について思索をめぐらすほうが、そこに推定される差異に関する比較データを集めるより、ずっと簡単だった。ダーウィンのいとこの博識家、フランシス・ゴールトンが、人間測定実験室をいちばん最初に開設して、人々の知的な差異の経験的証拠を集めようとしたのは、たぶん偶然の一致ではない［1章を参照］。

それでも、最初の〈知能検査〉を作ったという名誉は、ふつうアルフレッド・ビネに与えられる。(9)

彼はフランスの心理学者で、とくに子供と教育に興味があった。１９００年代初めには、地方や遠隔のフランス領から、人々が一家をあげてパリに集まって来ていた。こういう家族のなかには、学業にかなり困難のある子供たちがいた。１９０５年に、ビネとその同僚テオドール・シモンは、フランス教育省の申し入れを受けて、どの子供が学校についていけないおそれがあるかを予測する手助けをすることになった。ビネは、完全に経験的なやり方を採用し、何百もの質問からなる検査をこういう子供たちに実施した。彼は、弁別的な質問セットを見つけようとしたのである。すなわち、それらの質問に答えられれば、学校での成功を予測し、失敗すれば、学校での困難を予測するような一連の質問である。

ゴールトンのように、ビネは最初その多くが感覚にもとづく質問項目から始めたが、すぐに別の、もっと「学校的」質問のほうが、すぐれた予測力があるとわかった。ビネの時代からこのかた、知能検査が大いに重視してきたのは、言語的記憶、言語的推理、数の推論、論理的順序の理解、および日常生活の問題をどう解決するかを述べる能力などの測定であった。それと十分意識しないまま、ビネは最初の知能検査を発明したのだった。

知能検査の発展

数年後の１９１２年に、ドイツの心理学者ヴィルヘルム・シュテルンが、〈知能指数（ＩＱ）〉という名称と測定法を思いついた[10]。つまり、ある人の〈精神年齢〉を〈暦年齢〉で割って、その比率に１００をかけたものである（そういうわけで、ＩＱが１３０のほうが７０よりも良い）。

当時の多くのパリ風の流行のように、ＩＱテストは、文字どおり大西洋を越えて、１９２０年代、３０年代にかけてアメリカ化された。ビネの検査が一対一で実施されたのに対して、アメリカの精神測定学者は、「紙と鉛筆」（そして後には機械採点できる）タイプを用意して、多くの人に簡単に実施できるようにした。これにはスタンフォード大学の心理学者ルイス・ターマン［スタンフォード－ビネ知能尺度］と、ハーバードの教授で陸軍少佐だったロバート・ヤーキズ［陸軍検査。言語式と図形・記号式の二種］が主導的役割を果たした[11]。一定の教示がマニュアルに書かれ、標準が作成されているので、受験者は均一な条件のもとでテストされ、得点を比較することができた。そして特定の集団に、とくに興味が集まった。精神薄弱の人々、天才児と推定される子供、陸軍の新兵、さまざまな人種や民族集団、そして北欧、中欧、南欧からの移民などのＩＱについて、多くの論文が書かれた。１９２０年代中頃までには、アメリカや西欧の多くの国で、知能検査は教育活動の付き物になっていた［日本でも、この頃ビネの検査が翻案された］。

初期の知能検査から、すでに批判がないわけではなかった。今も続いている多くの懸念を最初に表明したのは、アメリカの有力なジャーナリスト、ウォルター・リップマンである[12]。『ニューリパブリック』［進歩的知識人の意見を代表するといわれる週刊誌］に公表されたルイス・ターマンとの一連の論争［1922-23年］で、リップマンは、テスト項目の皮相さと文化的なバイアスをもつ可能性を批判した。また彼は、ひとつの簡単な口頭または「紙と鉛筆」による方式で、人の知的潜在能力を評価することには、危険が伴うと指摘した。IQテストは、無数のジョークや漫画でからかわれもした。それでも、テストとその標準表を手放すことなく、精神測定学者は、その用具を守り通し、大学の廊下を闊歩し、学校や病院、職業紹介所に検査室をもち、［極秘データの保管のため］銀行に貸金庫室をもつまでになった。

意外なことに、知能の概念化は、ビネやターマン、ヤーキズ、そしてアメリカや西欧の同業者たちの先駆的な貢献の後、何十年ものあいだ、あまり進歩しなかった。知能検査は、主として学校や職場のニッチ（適所）を満たすために、人を選ぶのに有用な技術として、正しくも誤っても、見られるようになった。知能検査についての最も有名で、またうんざりもさせられる名言は、ハーバードの大心理学者、E・G・ボーリングが言い切った言葉だ。「知能とは、テストがテストするものである。」[13] これらのテストがしていると されていること、つまり人々の学校での成功を妥当に予測し続けているかぎり、知能検査の意味を深く調べたり、「知能とは何か、どうやって評価できるか」について代わりの考えを探究するのは、必要とも分別のあることとも思われなかった。

知能についてカギとなる三つの疑問

何十年ものあいだ、知能の研究者や学生は、三つの疑問について議論し続けてきた。

単一か、複数か？

一番目の疑問は、知能は単一だろうか、それとも、さまざまな比較的独立した知的能力があるのだろうか、というものである。1900年代初期に研究を行ったイギリスの心理学者、チャールズ・スピアマンから[14]、現代の彼の信奉者、ハーンスタインとマリーに至るまで、純粋主義者は、単一の、いかなる能力にも付随する「一般知能」の概念を擁護してきた。一方、1930年代に七つの「精神ベクトル」を仮定したシカゴ大学のL・L・サーストンから[15]、一五〇もの「知性因子」を識別した、南カリフォルニア大学のJ・P・ギルフォードに至るまで[16]、多元論者は、知能は多くの分離可能な要素によって構成されていると解釈した。

古生物学者、スティーヴン・ジェイ・グールドは、彼のよく引用される『人間の測りまちがい』のなかで、この問題に異なる結論に達したのは、「心の本当のあり方」というよりも、たんに特定の統計手続き（「因子分析」）についての異なる仮定を反映しているだけのことだと論じている。[17] もっとはっきり言うなら、「因子分析」と呼ばれる手続きは、なされる仮定「因子軸の回転など」しだいで、異なるテスト項目が互いにどの程度相関するのか（またはしないのか）について、異なる結論を引き出すことができるのである。この問題には心理学者間で今も論争が続いているが、精神測定学の専門家の多くは、一般知能の考え方を好んでいる。

遺伝するか？

しかし、一般大衆の注目を集めるのは、もっと議論沸騰の二番目の疑問である。すなわち、知能は（単一であれ複数であれ）、主として遺伝によって決まるのだろうか？　実のところ、これはヨーロッパに特徴的な疑問だと言ってよい。儒教の影響を受けた東アジアの社会では、生まれつきの知的才能の個人差はわずかで、主として個人的な努力が達成水準のいかんを決めると、広く考えられている。興味深いことに、ダーウィンもよく似た考え方をしていた。彼は、いとこのゴールトンにこう書き送っている。「私がいつも主張してきたように、人間は、ばか以外は、知能に大したちがいはない。ただ熱意と勤勉さがちがっているだけだ。[18]」しかし西洋では、最初ゴールトンとターマンが声を大にして擁護し、最近ではハーンスタインとマリーがくり返しているような、「知能は生得的であり、人はもって生まれた知能の程度についてはいかんともしがたい」という考えを支持する人のほうが多い。

別々に育てられた一卵性双生児の研究から、精神測定的な知能（ＩＱテストのような標準測定尺度で得られた知能）の「遺伝性」が強く支持されている。[19] すなわち、もし誰かの知能検査の得点を予測したいなら、平均的に言って、養父母が誰かを知るより実父母が誰かを知るほうが（実父母との接触がまったくなくても）適切なのだ。同様に、一卵性双生児のＩＱは、二卵性双生児のＩＱより似ている。そして、常識や政治的に適切とされる判断に反して、血縁関係のある人のＩＱは、青年期を過ぎると、ますます異なるのではなく、じつはますます「似てくる」。（この傾向は、生まれつきの知性が再び表れてきたことの直接的な結果ではなく、心理的であれ身体的であれ、どんな測定結果にもプラスにはたらくであろう一般的な健康状態の副産物だという可能性もある。）

統計では、ＩＱがかなり遺伝されるということが示されているわけだが、それでも多くの学者は、「生物学的家系が知能を大部分決定する」という見方に反対している。[20] 彼らの議論のいくつかをあげよう。

・行動遺伝学という科学は人間についてではなく動物の研究として発展したものである。いずれにしても、それは新しい科学であり、急速に変わりつつある。

・研究者は人間で本物の実験を実施できないので（一卵性と二卵性双生児を無作為に異なる家庭へ割り当てるなどはできない）、行動遺伝学の結論は、必然的に変則的なデータからの推測にもとづかざるを得ない。

・特定の、主に中流のアメリカ人の環境における人々だけが研究されてきた。だから、もっと多様な環境における人間の潜在能力の「弾力性」については、わかりようがない。

・一卵性双生児は見た目がよく似ているから、「育つ家庭がちがっても」それぞれの環境で他者からよく似た反応を引き出す可能性が高い。

・一般に、別々に育った一卵性双生児でも、その環境は人種、民族、社会階層などの点で、実父母とよく似ている。

・別々に育った一卵性双生児でも、受精から誕生までは同じ環境を共有していた。

論拠を支持する知見がたとえなくても、「文化と子育ては、遺伝子の力と比較したとき、圧倒的に無力だ」という考えには、学者だけでなく多くの一般の人々も、単純に不快感を覚える。彼らは異なる文化的背景で（または、一国内の異文化でさえ）育った人々の大きな差異を指摘し、確かな特性や価値を示す子供を育てた彼我の努力のしばしば印象的な結果を引き合いに出す。もちろん、「文化的環境の異なる」子供のあいだに結果する差異が、かならずしも遺伝要因に反対する論拠になるわけではない。けっきょくのところ、異なる人種や民族集団は、身体的特性だけでなく知的特性についても、遺伝的な構成が異なるのかもしれない。そして、異なる遺伝的な構成をもつ子供は、親たちから異なる反応を引き出すだろう[21]［遺伝と環境が相互作用することになる］。

たとえ精神測定的な知能が大部分遺伝するとしても、集団〈間〉の平均ＩＱの差の理由を、正確に突きとめることはできないということに、ほとんどの学者が同意している。たとえば、アメリカではアフリカ系アメリカ人と白人の母集団のあいだに、一般に15点の差が観察されるが、これはたやすくは説明できない[22]。なぜなら、私たちの社会では、この二集団の現在の（まして歴史的な）経験を等しくすることはできないからである。これは難問だ。文字どおりに色盲の［肌の色による差別のない］社会でのみ、黒人と白人の母集団のあいだに、知性の遺伝的な差異を（もしあるとすれば）探り出すことができるだろう。

検査にバイアスがないか？

三番目の疑問は、知能に関心をもつ人々の興味をそそった。知能検査にはバイアスがあるのだろうか？　初期の知能検査では、特定の項目に含まれる文化的な仮定が目立っていた。けっきょく、裕福な人でなければ、誰が個人的な経験を活用して、「ポロ」とか「上等のワイン」についての質問に答えられるだろうか？　そして、もしテストの質問で、「路上でお金を見つけたらどうする」と尋ねられたら、「警察に届ける」という回答者の反応は、中流層と貧困層とで異ならないだろうか？　もし警察が回答者の民族や人種集団のメンバーに敵対的だということを知っていたなら、そういう知識によって反応が影響されないだろうか？　しかしテスト採点者は、そのような問題やニュアンスを考慮できないので、型どおりの反応だけを正答だと採点する。１９６０年代にこういう問題が再びとりあげられるようになって以来、精神測定学者は、知能測定尺度から明らかに偏った項目を削除しようと努力してきた。

　しかし、テスト状況に組み込まれたバイアスに対処するほうが、ずっとむずかしい。たとえば、慣れない状況に置かれ、特定の服を着て特定のアクセントで話す検査者の教示を受け、印刷されたテスト小冊子が渡されて記入するように、あるいはコンピュータを使ったテストならクリックするように言われれば、たしかに個人的な背景が反応に関係するだろう。そして、スタンフォードの心理学者クロード・スティールが示したように、被験者が、支配的な集団（そのテストを作り、実施し、採点する可能性が高い）より頭が悪いと広く信じられている人種や民族集団に属していて、また、そういう被験者が、自分の知性が測定されているのだと「知っている」ときには、そのようなバイアスがいっそう大きく出る[23]。

　バイアスについて話すとなると、テストというもの一般、とくに知能検査は、本質的に保守的な用具であり、体制の道具なのだという、よくある考えに触れないわけにはいかない。興味深いことに、テストの草分けのなかには、自らを社会的進歩主義者だとみなしていて、たとえ「僻地の明らかに劣った学校」からやってきた人でも才能を見つけられる用具を考案していると考えていた人もいた（1

960年代初頭のハーバード大学入学案内の表現による)。そして、ときたま、テストは実際に、まだ磨かれていない知的なダイヤモンドを見つけ出しもした。しかし、テストによって、特権的な背景をもつ人々の有望さが示されることのほうがずっと多かった(たとえば、裕福な地域の郵便番号と、高いIQ得点のあいだの相関が証明しているように[24])。ハーンスタインとマリーの主張とはちがって、IQと社会的特権のあいだの因果関係の性質は、解決されていない。実際この問題は、社会科学の多くの論文を刺激し続けている。

逆説的なことに、IQ得点があまりにも幅広く使用されるようになったため、知能検査はもはや広く実施されなくなった。IQ得点にもとづいて、教育(または実際に人生のチャンス)に関わる重要な決定を下すことの妥当性について、数多くの法律上の論争があった。その結果、多くの公立学校の職員は、テストに臆病になった。(私立学校は同様の制約がなく、IQ型の測定にいまだに好意的である。志願者の規模が大きくなるほど、入試担当部署は、強く支持する!)概して、学校でIQをテストするのは、現在では、公認された問題(学習障害の疑いなど)がある場合や、選考手続き(才能児のための拡充[学習の個性化]プログラムの資格決定など)に限定されている。それにもかかわらず、知能検査と、たぶんさらに重要なことには、それを生み出した考え方は、実際戦いに勝利をおさめたのである。広く利用されている学力の測定尺度[SAT(1章を参照)など]の多くは、わずかに装いを変えた知能検査であり、ほとんどそれのクローンである。それは標準の精神測定の用具の得点と、高い相関がある。今日、先進諸国で育った人で、一世紀前のビネによる、あっけないほど単純な発明に触れないできた人は、事実上誰もいない。

知能擁護派への攻撃

知能の概念は、社会のあちこちの片隅にうまく定着したとはいうものの、近年、ウォルター・リップマンと『ニューリパブリック』派〔17頁を参照〕以来、最も断固とした異議を受けた。心理学の知識はあるが、精神測定学者の仮定に束縛されない人々が、以前は聖域だったこの領域に侵入してきた。そして知能とは何か、どのように（あるいは、そもそも）測定されるべきか、そしてどんな価値にもとづいて人間の知性を形づくるべきかについて、自らの概念を提示するようになった。長年の歴史のなかで初めて、知能擁護派は明らかに守勢に立たされた。そして二一世紀は、知能についての斬新な考え方をもたらしそうである。

人類学

科学史は扱いにくいものだが、その渦中にあるときにはなおさらである。知能への再考は、とりわけ心理学者ではない学者の考え方に影響されてきた。

たとえば、人類学者は、自分の文化とは異なる文化に浸って生活する人たちだが、知能の西洋的な考え方の偏狭さに注意を促した。知能と呼ばれる概念をもたない文化もあるし、たとえば、「従順である」とか、「聞き上手である」、「道徳的な性質」など、西洋人なら奇妙に思う特性によって知能を定義する文化もある。

これらの学者は、検査用具に組み込まれている、強力ではあるがたいてい検証されていない仮定についても指摘した。つまり、たいていは学校教育の世界から引っ張ってこられた、一組みの無関係な項目の成績をとにかく合計して、知性の単一の測定尺度を引き出せるという仮定である。彼らの観点からみれば、ある文化で広く受け入れられている知性の理論を調べて、その実際の思考形式をつかむ尺度や観察を考案するほうが、よほど意味がある。異文化間の調査をしたパトリシア・グリーンフィールドが、西洋の代表的な知能検査用具について述べたように、「それを異文化に持っては行けない」のだ。(25)

神経科学

神経科学者も同様に、知性についての心理学者の仮定をあやしく思っている。[26] 半世紀前には、まだ「脳は万能の機械であり、脳のどの部分も、人間のどんな認知的、知覚的機能にも寄与できる」と信じている神経科学者がいた。しかし、この「等能性」（そう呼ばれていた）という立場は、もはや支持できない。今ではすべての証拠が、脳はひじょうに分化した器官であることを示している。線の角度の知覚から特定の言語音の産出に至るまで、特定の能力が特定の神経ネットワークと結びついている。この観点からすると、脳は不定な数の知的能力をもっていると考えるほうが、ずっと理にかなっている。これら知能の互いの関係を明確にする必要があるのだ。

脳のひじょうに分化した性質を認めながら、知能はもっと汎用的なものだという考えを貫くこともできる。神経系は、神経信号伝達のスピードと効率が人によって異なり、この特徴が測定された知能の個人差を引き起こすのかもしれない、と考える研究者もいる。[27] この立場には、経験的な支持がいくらか存在する。もっとも、そのような信号伝達の効率のちがいは、生得的なのか、それとも発達しうるのかは、まだ誰も知らない。

一般的な知能という考えの好きな人たちは、また、ますます本や雑誌に書かれることの多くなった、発達初期の人間の脳の柔軟性（または可塑性）を指摘する。[28] この可塑性はつまり、とくに異常が生じたとき、脳の異なる部分が特定の機能を引き継ぐことができるということである。だが、発達初期には、人間の能力の組織化には多少とも柔軟性があると指摘しても、それが、「知能は、脳全体の単一の特性である」と結論づけることにはならない。そして、初期の柔軟性の証拠は、「一般主義者」がひんぱんに表明する「知能は固定的で不変だ」という議論に反する。

コンピュータ

最後に、コンピュータ科学と人工知能の動向もまた、単一で汎用の知性というゆるぎない見方に不利である。(29) 人工知能が１９５０年代、60年代に最初に開発されたとき、プログラマーはふつう、問題解決を一般的な能力とみなして、有効な問題解決プログラムは、さまざまな問題に適用可能なはずだと主張した（たとえば、単一のプログラムを用いて、チェスをしたり、言葉を理解したり、顔を認識したりできるはずだ）。コンピュータ科学の歴史は、この「一般問題解決者」の伝統に反する証拠が絶え間なく蓄積されていくのを見てきた。科学者たちは、一般的な発見的戦略を利用するプログラムを設定するより、各々のプログラムに特定の種類の知識を組み入れるほうがずっと生産的だ、ということに気づいた。いわゆるエキスパート・システムは、特定の領域（化学的分光、音声認識、チェスの手など）についてたくさん「知っている」が、基本的に他の経験領域については何も知らない。何にでも頭の良い機械の開発は達成が困難であり、おそらくは、根本的にまちがった、過大な思いつきなのだ。

神経科学者のように、コンピュータ科学者にも一般的な知能の考えをもち続けた人たちがいた。彼らは、新しい並列分散処理（ＰＤＰ）を指摘する［この考えはコネクショニズムと呼ばれる］。そのはたらきは、初期のコンピュータ・システムの段階的手順［古典的計算主義］より、人間の脳の過程に似ている。そのような並列分散処理は、組み込まれた知識をもっている必要はない。それは、ほとんどの動物のように、たとえ経験が明示的な記号と規則によって与えられなくても、蓄積された経験から学ぶ。しかしそのようなシステムも、いまだ異なる内容領域を横断する（一般的知能がそうすると思われているような）形式の思考を、まだ示してはいない。どちらかといえば、その熟達領域は、初期のコンピュータ・モデルにもとづくエキスパート・システムが示すよりも、ずっと特殊であることがわかってきた。

最近、私はある知能に関する公開討論会に出たのだが、そのとき、たいていの心理学的な議論の閉鎖性を痛感した。いつもとちがって、心理学者は私だけだった。実験物理学者は、さまざまな動物の知能について知られていることを要約した。数理物理学者は、意識と知的振舞いを可能にするものとしての物質の性質について論じた。コンピュータ科学者は、単純な神経のような構成単位から構築しうる複雑系の種類について述べ、これらのシステムが知的な、おそらくは創造的といってよい行動をいつ示しはじめるだろうかを突きとめようとした。私は彼ら思索に富んだ学者たちの話を熱心に聞きながらはっきりと悟ったのだが、もはや心理学者が、〈知能〉という言葉を占有しているのではない。これまではそうであったとしても。

「知性がある」とはどういう意味かは、すぐれて哲学的な問題であって、生物学、物理学、数学の素養を必要とする。ひとたび「教育テストサービス」［標準テスト実施団体］の世界を出てみれば、テスト得点間の相関（または無相関）など、ほとんど意味がない。

心理学者の動揺

スターンバーグの知能理論

心理学者のなかにも、しだいに安住していられない人たちが出てきた。その最右翼が、イェール大学の心理学者ロバート・スターンバーグである。スターンバーグは、1949年生まれで、何十冊という本と何百篇という論文を書いているが、ほとんどは、知能に何らかの形で焦点を合わせている。(30)

スタンバーグは、心を「情報処理装置」とみなす新しい考えの影響を受けて、標準化されたテスト項目に反応するときに人が用いるであろう、実際の心的過程——区別しうる心的ステップ——を理解するという戦略的目標を立てた。人がアナロジーを解決したり、語彙リスト中の理解している単語を示さねばならないとき、何が起こるかを、彼はミリ秒ごとの単位で探った。つぎのようなアナロジーを完成するとき、心はステップ・バイ・ステップで何をするのだろうか?「リンカーン:大統領＝マーガレット・サッチャー:何?」スターンバーグによると、正解に到達できたかどうかわかるだけでは十分ではない。むしろ、被験者が問題を解決するときの実際の心のステップを見るべきであり、そこで出会う困難を発見し、また可能なかぎり、この種の項目を解決するのをどうやって手助けしたらよいかを考えるべきなのである。

スタンバーグはすぐに、標準的な知能検査の構成要素を見つけることを越えて先に進んでいった。まず彼は、人々が実際に推理の構成要素を秩序づけるやり方について調べた。たとえば、人はどうやって、どれだけの時間をある問題に充てるべきかを決めるのだろうか? どうやって、自分は正しい選択をしたかどうかわかるのだろうか? 認知科学者ふうに言えば、彼は問題解決の微小構造を調べた[構成要素的下位理論と呼ぶ]。つぎにスターンバーグは、従来は無視されていた、二つの種類の知能を調べはじめた[全体として、知能の〈三部理論〉の三つの下位理論に対応する、三種の知能を考えた]。そのひとつとして彼が調べたのは、慣れた情報や問題を自動化して、新しくて慣れていない情報に注意を自由に向けられるようにする、人の能力であった[経験的下位理論を使う、創造的知能と呼ぶ]。もうひとつ彼が見たのは、人々がさまざまな種類の文脈を実際的にどう扱うかということだった[文脈的下位理論]。学校、職場、街で、あるいは恋するときでさえ、人は聡明に行動するのに必要なことを、どうやって知り、利用するのだろうか？　スターンバーグが注目したのは、この種の「実際的知能」は、私たちの社会で成功するためにきわめて重要なのに、ほとんど明示的には教えられていないし、組織的に検査もされていない、ということである。

標準的知能検査を批判する凡百の人たちとちがって、スターンバーグは、この世界の人たちお気に入りの「紙と鉛筆」の実験室的方法によって、これらの新しく認められた種類の知能を測定しようと努めた。すると、人々が新しい情報を効果的に扱う能力［創造的知能］や、多様な文脈に順応する能力［実際的知能］は、標準のＩＱテスト式の問題での成功［分析的知能］とは区別できることがわかった。（ＩＱの高い人が学校を出てからまごついたり、高校や大学の同窓会で、成績が中位か下位だった仲間が、最も金持ちだったり有力者だったりすることがあるのを知っている者にとって、こういう結果は意外でも何でもない。）しかし、新しい知能検査を創造しようとするスターンバーグの努力は、簡単には勝利を得られなかった。たいていの精神測定学者は、保守的である。彼らは使われてきた立証済みのテストに固執し、市販されるどんな新しいテストも、「スタンフォード‐ビネ検査」や「ウェクスラー検査」［もうひとつの代表的な知能検査］などの、既存の用具と高い相関があるべきだ、と信じているのだ［7章Ａ6を参照］。

他の心理学者の新しい考え

また他の心理学者たちも、無視されてきた知能の領域に注意を向けた[31]。たとえば、トロント大学のデイヴィッド・オルソンは、（コンピュータのような）異なるメディアやシンボル体系（書かれたものや図形など）の習得が重要だと強調した。そして、〈知能〉を再定義して、「あるメディアを使用するさいのスキル」だとした。

心理学者ゲブリエル・サロモンとロイ・ピーは、二人ともテクノロジーと教育のエキスパートだが、彼らが注目したのは、鉛筆からローロデックス［回転式卓上カードファイル］、図書館、コンピュータ・ネットワークまで、人がアクセスする資源のなかに、知能がどの程度備わっているのかという問題である。彼らの考えによれば、知能は、「頭の中に」凝縮されていると考えるより、世界に「分散されている」と考えるほうがよい。

同様に、心理学者ジェームズ・グリーノや人類学者ジーン・レイヴは、知能を「状況に埋め込まれて」いるとみなした。人は他人を観察することによって、状況のなかで適切に行動することを学ぶのであり、したがって、知性があるようにみえる。厳格な状況論の考え方によると、人にくっついてあちこち動きまわる、知能と呼ばれる別個の能力について考えるのは意味がない。

そして、ハーバードの私の同僚、デイヴィッド・パーキンズは、知能が相当程度学習可能であることを強調した。つまり、人はさまざまなストラテジーを習得でき、種々の専門技術を習熟でき、いろいろな場面での交渉を学ぶことができる。

毎年のように、知能についての何冊もの本や、いろいろな考えが現れてくる。[32]『ベルカーブ』と『EQ』にすぐ続いて、デイヴィッド・パーキンズの『IQをうち負かす』、スティーヴン・セシの『知能について』、ロバート・スターンバーグの『生きた知能』、そしてロバート・コールズの『モラル・インテリジェンス』などが現れた。これらの著者のなかには、新奇な情報を扱う知能を、「結晶化した」情報を扱う知能と対比させるなど［セシの理論］、異なる種類の知能を区別しようとしている。また、知能を感情や道徳性、創造性、リーダーシップなどを含むよう拡げようとしている人たちもいる。さらに、知能を完全にまたは部分的に頭の外に持ち出し、集団、組織、共同体、メディア、また文化のシンボル体系などの状況に置く人々もいる。[33]

これらの本の肌触りの相違は、主として社会科学のなかにいる人間にとっては興味深いが、部外者は、細かい相違をいちいちたどろうとしないほうがよい。多くはすぐ消えてなくなるだろうから。しかし、全体としてのメッセージは明確である。すなわち知能は、定義される構成概念としても、測定される能力としても、もはや狭い精神測定の観点から見る、特定の学者集団の財産ではない。将来は、多くの学問が知能を定義するのに役立つであろうし、知能に関心をもつもっと多くの人々がその測定と利用に参加するだろう。

さてそれでは、私の考えるところ最も強い科学的支持があり、新しいミレニアムに最も有用である、知能の考えに焦点を合わせたい。すなわち、多重知能（ＭＩ）の理論である。

3章　多重知能の理論――私的な観点から

出発点

私がまだ青年だったころは、やがて知能のことを研究しようとは、そして知能の理論家になろうとは、予想もしなかった。子供のころは良い生徒で、試験も良くできた。だから、知能の問題は、私にはあまり問題にもならなかった[1]。実際、ちがった生き方をしていれば、私も古い同世代の白人男性のように、伝統的な知能の考えの擁護者になったかもしれない。

私は血を見るのが嫌いなことで知られるユダヤ少年だった。それで私は（まわりの人たちも）弁護士になるものと思っていた。1965年になってやっと、ハーバード大学の学部を終えるころに、大学院で心理学をやろうと決めた。最初は、他の若者のように、しろうとの興味をそそる心理学の問題に魅力を感じていた。つまり、感情やパーソナリティ、精神病理学などである。私のあこがれの人物はジグムント・フロイト［オーストリア］と、私自身の先生で精神分析学者のエリク・エリクソンだった（彼はフロイトの娘、アンナの教育分析を受けた）。しかし、認知と人間発達の先駆的研究者であるジェローム・ブルーナーに出会ってからは、そして、ブルーナーの研究と、彼自身の師であるスイスの心理学者ジャン・ピアジェの研究を読んでからは、私は代わりに、認知発達心理学の分野で、大学院の研究にとりかかろうと決めた。(2)

神経心理学への道

認知発達の研究

発達心理学の研究を始めてみたら、私はひとつの現象に驚いた。ほとんどすべての発達心理学者が、科学的思考と科学者という職業は、人間の認知発達の頂点、つまり「最終状態」を示すとみなしていた。つまり、完全に発達した認知能力をもつ人々は、科学者のように――発達心理学や、（ずっとましだが！）粒子物理学、分子生物学を研究する人々のように――考えるだろう、というのだ。学者が自分の学問を映す鏡をのぞきこんでそこに自分の姿を見たのは、学問の歴史でこれが最初ではない。実際、今日の知能検査の項目の作成に導いたものは、この種の自己中心的思考なのだ。

ある意味では、私も似たようなものだった。しかし、ちがいがひとつだけあった。青年時代、芸術一般、とくに音楽が、私の生活の重要な一部だった。したがって、「発達している」とはどういうことだろうかと考えはじめたとき、最適な人間の発達とは何だろうかと自問したとき、私はこう確信するようになった。発達心理学者は、画家、作家、音楽家、ダンサーや、他の芸術家のスキルと能力に、もっと注目する必要があるのだ、と。〈認知〉の定義を拡げられるのではないかという期待に（おびえるよりは）鼓舞されて、芸術家のもっている能力は完全に認知的なものだと考えると具合がよいということがわかった。仲間の発達心理学者が認知的だとみなす数学者や科学者のスキルと同じように、芸術家の能力も認知的なのだ。

私の初期の研究は、自然とこの筋道に沿って進んだ。ピアジェとその共同研究者たちは、「子供はどのようにして、科学者のように考えられるようになるのか」をたどり、子供の認知発達に光を当てた。同様の考え方にもとづいて、私は仲間と、「子供はどのようにして、芸術家のように考え、行動できるようになるのか」を研究した。そこで、芸術性の発達段階と局面を解明するための実験と観察による研究を、いろいろと考案していったのだった。

哲学者ネルソン・グッドマンはじめ、芸術的思考や発達、教育に興味をもつ人たちと交わるようになって、私は広範囲にわたる現代の芸術についての思想、より広くは人間のシンボル化についての考察に触れることとなった。その機会のほとんどは、「プロジェクト・ゼロ」におけるものである。それはハーバード大学教育学大学院の研究グループで、私は1967年の開始以来参加している［訳者解説を参照］。

疑いなく私にとって画期的な出来事は、1969年、ほとんど偶然に、当時すでに著名な神経科学者だったノーマン・ゲシュヴィンドの講演をプロジェクト・ゼロで聞いたことである。それまで私は、人間の脳についてあまり考えたことがなかった。実際、1960年代後半に、人間の発達を研究する同僚で神経系についてよく考えていた者はまずいなかった。しかし、ゲシュヴィンドは過去一世紀の神経科学の文献を精査していただけでなく、卒中や他の種類の脳損傷に冒された多くの人々を研究していた。彼は共同研究者と共に、そのような損傷によって残された能力と失われた能力の、驚嘆すべき、そして直観に反するパターンを記録していた。

神経心理学の研究

間髪を置かず、私は神経心理学の研究者に変身した。そのときまで私が取り組んでいた問題は、「芸術家はどのように、彼らが示す能力を発達させ、どのように高い水準で創造したり表現したり、批判したりするのか」ということだった。だが研究はあまり進捗していなかった。それにはいろいろ理由がある。私自身は本当の意味で、芸術家ではなかった。当然ながら、たいていの芸術家は、自分の心を心理学の大学院生に切り刻まれるのを嫌がる。快くモルモットになってくれた人もいたが、自分の心のはたらきを洞察できるわけではない。そして、なにはともあれ、芸術家のスキルはまことに流れるがごときが一般で、前後関係を腑分けし分析するのは困難だとわかる。

脳損傷による破壊は、こういう事態を変える。(3) すべての脳卒中は、自然が被った事故であり、それを慎重に観察すると多くのことがわかる。たとえば、流暢に「話す」能力と、流暢に「歌う」能力のあいだの関係を調べたいとしよう。これらの能力が互いに関係しているのか独立なのか、いくら議論を続けても切りがないが、脳損傷の事実によって、まさに論争に決着がつく。人間の歌唱と言語は、別々の能力であり、独立に損なわれたり残ったりする。しかし逆説的だが、人間の「手話で話す」ことと声で話すことは、似た能力である。健聴者の話し言葉に寄与する脳の部位は、聴力障害の人の手話に寄与する脳の部位と（大まかに言って）同じ部位である。ここには、感覚・運動モダリティを横断する、基礎的な言語能力がみられるのである。

神経心理学について少し学んだ後、私は神経学の研究チームに加わるべきだと気づいた。そして、健常者では脳はどのように作動し、また神経系が傷ついたら脳はどのように損なわれたり機能回復するのか、詳細に調べるべきだと思った。ゲシュヴィンドと同僚たちの支持のおかげで、私はまさしくそれができた。私は、「ボストン大学失語症研究所」（医学大学院に付設）および「ボストン在郷軍人局医療センター」の研究員として、多くの時間を過ごした（そしてその後二〇年間続けた）。実際、これは私の職業的な二重路線の一部になった。

毎朝私は、失語症研究所に出かけた。そこには、脳卒中にあい、言語障害や他の種類の認知・情緒障害を受けている患者がいた。私は、個々の患者の能力のパターンを理解し、患者に集団で実験も行おうとした。とくに、脳損傷という条件によって芸術的な能力がどうなるかに興味があった。しかし、きわめて自然なことだが、私の研究は広がって、広範囲の人間の問題解決能力を含むようになった。

そして昼過ぎには、ハーバード大学のプロジェクト・ゼロにある、もうひとつの実験室に出向いた。そこでは、ふつうの子供と才能児について研究し、人間の認知能力の発達を理解しようとした。ここでも、私は芸術的な能力（物語ったり、絵を描いたり、芸術スタイルの感性を示すなど）を中心に研究した。しかしだんだんと、一般的な認知の一部と考えられる、他の多くの能力を含めるようになった。

多重知能（MI）理論の芽生え

子供と脳損傷の大人を毎日調べていると、人間性のひとつの厳然たる事実を認識させられた。すなわち、「人々は広範囲の能力をもっている」ということである。何らかの行動領域で得意な人も、他の領域で同じように得意かどうかは予測できない。

もっと明確に言えば、得意なことが多い子供もいれば、ほとんどない子供もいる。しかし、ほとんどの場合、得意なことは、ゆがんだ形で分布する。たとえば、外国語を覚えるのが得意な人でも、よく知らない場所では自分がどこにいるのかわからないこともある。あるいは、新しい歌を覚えたり、よく知らない人々のなかで誰が権力者なのかを推測できないこともある。同じように、外国語の学習が苦手でも、他のほとんどの認知的課題の出来不出来は予測できない。

長所が偏っているということは、脳の病気の後に、とくに損傷の部位に関連して、ずっとはっきりする、という事実にも私は気づくようになった。たとえば、もし右利きの人が左半球の大脳皮質の中央の領野［言語野］に損傷を受けたなら、ほぼまちがいなく、失語症になるだろう。つまり、言葉を話したり聞いたり、読み書きがむずかしくなる。（失語症の専門家は、皮質の損傷の精密な位置と深さにもとづいて、もっと厳密な予測ができる。）しかし、他のほとんどの機能は、十分無傷のままであると言える。その同じ人が、右半球の同じような部分に損傷を受けても、今述べたような言語的な問題はほとんどまったくないだろう。しかしその人は、損傷の部位しだいで、空間の方位を保ったり、メロディーを歌ったり、他の人々と適切に関わるのがむずかしくなるだろう。まったく奇妙なことに、こういう問題は、右利きの人が左半球にひどい損傷を受けても、ほとんど表れない。（私は左利きの人を軽視するつもりはない。私は生まれつき左利きだったが、ヨーロッパ文化の背景をもつ多くの子供たちのように、右利きに矯正された。）

左利きの人の能力の組み立ては、それほど予測可能ではない。左利きの人のなかには、ちょうど右利きのような構成の皮質をもつ人もいれば、左右逆のパターンの人も、奇妙な混成パターンの人もいる。(4)

私が研究していたどちらの集団も、同じメッセージへの手がかりになった。つまり、人間の心は、一連の比較的別々の能力からなり、互いに弱くて予測できない関係しかない、と考えるほうが適切である。人間の心は、内容と文脈に関わりなく一定のパワーで動き続けるような、単一で汎用の機械ではないのだ。直観的なレベルで、私は、今では〈モジュール性〉と呼ばれる、人間の脳と心についての考え方をもった。数十万年以上をかけて、人間の心と脳は、いくつもの別々の器官、すなわち情報処理装置を進化させたという見方である。(5) 私は1974年までには、この考えに至っていた。そしてその年に、神経心理学の本『砕かれた心』を出した。

じつは、私のファイルのなかには、1976年に始まる、『心の種類』という本のアウトラインがある。そのなかで私は、私たちがもって生まれたさまざまな種類の心を説明しようと計画した。さまざまな心は、子供のときどのように発達するのだろうか？　そして種々の脳損傷によってどのように分解するのだろうか？

しかし、私はその本を書かなかった。たぶん、そういう種類の心が正確に「何である」のか、また最もうまく説明するにはどうしたらよいのか、自分が知っているという確信がまだなかったからだ。

こういう問題に真正面から取り組む機会は、1979年に具体化した。その年に私と同僚たちのチームは、オランダの「ベルナルド・ファン・レール財団」から、五年にわたって潤沢な研究助成金を得た。その助成金によって、私たちは、「人間の潜在能力の性質と実現」について、生物科学、社会科学および文化科学が立証してきたことを学問的に統合しようとしたのだ。私自身の関心からして、「人間の潜在能力プロジェクト」への取り組みは、少したじろぐところはあったがまさに時宜を得たものだった。すなわち、「人間の心の理解の最近の進歩」について書くことである。(6)

多重知能の定義と基準

多重知能の新しい定義

ファン・レール財団の助成を受けてから『心の種類』のアウトラインで探究した理論を提示するまでに四年の研究を要した。人間の諸能力を説明したいとは直観的にわかっていたが、それについてどう書くかに加えて、それら能力を確定する方法が必要だった。私は日頃から、いろいろな個別の学問のレンズを通して人間の認知を調べることに挑戦し成果の期待できることに、大いに関心をもっていた。芸術や人文科学だけでなく、心理学や神経学、生物学、社会学、人類学を調べるのは楽しかった。

それで、これらの領域の文献を体系的に読みはじめ、さまざまな種類の人間の能力の性質と能力間の関係について、できるだけ多くの情報を得ようとした。

同時に私は、どうすれば最もうまく見いだした結果を書けるかについて考えた。由緒ある学問用語〈人間のファカルティ（能力）〉とか、〈スキル〉や〈キャパシティ〉などの心理学用語を使うか、あるいは〈英才〉や〈才能〉、〈能力〉のような世間の用語を用いるかを考えた。しかし、これらの言葉にはそれぞれ、落とし穴があることに気づいた。最終的には、心理学の言葉を使って、それを新しい方法で拡げるという、思い切った手段をとることに決めた。その言葉はもちろん、〈知能〉である。

私はまず、定義することから始めた。すなわち、〈知能〉とは、「ひとつ以上の文化的な場面で価値があるとみなされる問題を解決したり成果を創造する能力」である。私は、ほとんどの知能理論においてカギとなる事実に、注意を促した。すなわち、それまでの知能理論では、問題解決だけが見られて、成果の創造は無視された。そして、特定の文化で特定の時期に何が尊重されるか、されないかを問わず、知能はどこでも明白で高く評価される、と想定されていたのだ。この定義は、ファン・レール・プロジェクトから生まれた1983年の本、『心の構成――多重知能の理論』におけるものである。

それから二〇年ばかりが経ち、私はさらに洗練された定義を提案したい。私は今知能を「情報を処理する生物心理学的な潜在能力であって、ある文化で価値のある問題を解決したり成果を創造したりするような、文化的な場面で活性化されることができるものである」と概念化している。言い回しが大きく変わったわけではないが、この変化は重要である。なぜなら、ここから「知能は、見たり数えられるものではない」ということが示唆されるからだ。知能は、見えるものではなくて、潜在能力、おそらく神経的な潜在能力である。この潜在能力が活性化されたり、されなかったりするのは、特定の文化の価値や、その文化で利用できる機会や、個人やその家族、教師などによる個人的な決定しだいで変わる。

もし私が『人間の七つの才能』とか『人間の心の七つの能力』などというタイトルの本を書いたら、どうなっただろうか。たぶん、あまり注目されなかっただろうと思う。学問の世界でラベルづけが大きな影響力をもつことがあると考えるのはもっともだが、私は、「人間の諸知能」について書こうと決心したのは宿命的であったことに、ほとんど疑いはない。人々が卓越可能なことをカタログにしただけの理論（そして本）を作るのではなく、〈知能〉という用語の意味を拡げるよう提案して、知能に含まれないと思われていた多くの能力をとりこんだのだ。さらに、「これらの能力は互いに比較的独立である」と論じて、私は広く行きわたっている信念に挑んだのだった。つまり、多くの心理学者がもっていて、われわれの言い回しのなかにもしっかり定着している信念、知能は単一の能力であり、全面的に「賢い」か「愚か」かのどちらかである、という信念に挑戦したのである。

多重知能の基準

比較的独立な人間の諸能力を想定した心理学者は、けっして私が最初ではない。もっとも、〈知能〉という用語を複数形にして、英語（や他のインド・ヨーロッパ語族の言語）の規則を破った最初の一人のうちではあったろう。実際、人間の能力の分類をめぐって心理学の全歴史を（短いにしても）書くこともできるだろう。これは2章で述べたし、『知能——多面的な観点』という教科書［著書一覧を参照］でも詳しく述べた。

しかし私がしたことは、人間の知能のリストを支える、証拠の源を探究する方法の開拓であった。それまでの知能の説明は、主として精神測定学の伝統から来ていた。心理学者はテストやテスト項目を実施して、結果の得点間の相関のパターンを調べた。もし得点が互いに高く相関するなら、心理学者は、それらが単一の、基礎にある〈一般知能〉（名高い「g」）のはたらきを反映するのだ、と想定した。しかし、もし相関行列がさまざまな因子によって生じているようであれば、心理学者は別個の人間の能力の可能性を認めた。

どちらの場合でも、知能が複数あることへの精神測定的なアプローチは、ふつう短い口頭での質問や、「紙と鉛筆」によって評価できる能力に限定されていた（そして、今でもそうである）。また、スティーヴン・ジェイ・グールドが強調したように、精神測定学者の結論には、彼らの特定の統計仮説や、データ処理の方法、結果を解釈する方法が反映されている［2章20頁を参照］。

私のやり方は、完全にちがっていた。主として精神測定的な用具の結果に頼るのではなくて、私は八項目からなる基準をかかげた。そして候補となる能力が存在することの証拠を求めて、関連する科学文献をしらみつぶしに調べた。実際、ゴールトンやビネのように、私は特定の感覚モダリティと密接につながっている能力から始めた（候補としてはたとえば、〈視覚的知能〉や〈触覚的知能〉であった）。もちろん、それぞれの候補の能力に関する研究は、量においても質においてもさまざまであった（たとえば、科学者は自己認識能力よりずっと多く言語能力について知っている）。それでも、利用できる証拠がそのようであるということを認めて、それぞれの候補の能力が基準に理にかなってよく適合するかどうかを自問した。もし適合するなら、私はそれを、人間の知能のひとつとみなした。もし適合しないなら、私はこの能力を概念化する別の方法を探索するか、あるいは捨てるかした。

基準の背景と意味

基準を説明するひとつの方法は、それらを学問的な背景に従ってグループに分けることである。まず、生物科学から、二つの基準がきた。

1　脳損傷による孤立の可能性

私は神経心理学者として、ひとつの知能候補が他の知能から分離できる、という証拠にとくに興味があった。他の能力が損なわれても、この知能は残っている患者が存在する。一方、この能力が損なわれても、他の能力は残っている患者がいる。どちらのパターンでも、ひとつの知能が発見されたという可能性が増す。したがって、言語が他の能力から分離していることと、話したり、聞いたり、書いたり、手話を用いたりする形式が本質的に類似していることは、ひとつの分離した〈言語的知能〉の証拠となる。

2　進化の歴史と進化的妥当性

私たちの種の進化についての証拠は、多々ギャップがあるとしても、現代の心と脳のどんな議論にも重要である。私が『心の構成』を書いたときは、証拠のほとんどは、ヒトとその前身についての推定か、現存の種についての情報からきていた。原人は、さまざまな地勢にあっても空間的に道がわかったはずだ、と推定できる。また、ラットのような、他の哺乳動物種の高度に発達した空間能力［空間的知能］を研究できるというわけである。

もっと最近になって、新たに出現してきた進化心理学の分野が、人間の認知の研究者に新しい道具を提供した(7)。進化心理学者は、リバース・エンジニアリング（逆行分析）にたずさわる。つまり彼らは、現在の人間の能力のはたらきから、特定の能力の発達に至った数千年にわたる淘汰の圧力を推定しようとする。こういう研究から、たとえば、動植物の世界を吟味する知能［博物的知能］とか、種の他のメンバーの動機を見積もる知能［対人的知能］などの能力の進化論的な説明に新たな妥当性が得られる。

論理学的な分析から、他の二つの基準がきた。

3　識別できる（ひとつまたは一組みの）中核的操作

実世界では、それぞれの知能は、豊かな環境のなかで、ふつうは他のいくつかの知能といっしょにはたらく。しかし、分析のためには、ある知能にとって中心的な、つまり「中核」であると思われる能力を取り出すことが重要である。こういう能力は、特殊な神経メカニズムに媒介されて、関連する内的または外的なタイプの情報によって引き起こされると思われる。たとえば〈言語的知能〉には音素の識別や、統語の統制、言語の実際的運用への感受性、言葉の意味の獲得などの中核的操作があることが、分析から示唆される。他の知能にも、構成要素となる操作または過程がある。たとえば、大空間や局所的な空間、三次元や二次元の空間への感受性（空間的知能）とか、ピッチやリズム、音色、ハーモニーを含む音楽的な処理の諸相（音楽的知能）などである。

私が〈知能の中核〉ないし〈下位知能〉と呼ぶものが存在することから、重要な疑問が生じる。これらの「中核」（下位知能と呼ばれることもある）を、七つか八つの一般的な見出しのもとにまとめてよいと保証できるほど、これらは十分密接に結びついているのだろうか？　私が考えるには、たとえこれらの「中核」または下位知能が実際には互いに別々であっても、互いに関連しつつ用いられる傾向があり、それゆえ、いっしょにまとめられる価値がある。言いかえれば、たとえ「中核」をバラバラにすることに何か科学的な正当性があるとしても、少数の知能を仮定することには利点がたくさんある［7章A8を参照］。

4　シンボル体系による記号化の可能性

とくに職場や学校では、私たちは多くの時間を、さまざまな種類のシンボル体系を習得し操作することに費やしている。たとえば、話し言葉や書き言葉、数学的体系、図表、描画、論理式などである(8)。これらの体系は、自然に発生したのではなく、文化的に有意義な情報を体系的に、正確に伝えるために、人々によって開発され、今も開発されている。歴史的には、シンボル体系は、人間の知能が最も感受性のある、そういった意味を記号化するために、まさに生じたのだと思われる。

実際、人間のそれぞれの知能に関して、社会的シンボル体系と個人的シンボル体系の両方があり、それによって人々は特定の種類の意味のなかでやりとりできる。そしてまた、人間は事象を分離し、それについて推理するので、私たちは、事象の意味を簡便にとらえられる言語的シンボルや絵画的シンボルを開発した。人間の脳は、特定の種類のシンボルを効率的に処理するように進化したようだ。(9)別の言い方をすれば、シンボル体系が開発されたのは、まさに、関連する（ひとつまたはいくつかの）知能とすでに適合していたからかもしれない。

発達心理学から、二つの基準がきた。

5　固有の発達歴をもち、熟達者の「最終状態」の運用ぶりを明確に取り出すことができること

人は知能を「生のまま」示さない。社会のなかに適切なニッチ（住み処）を占めることによって示すのであり、そのためには、しばしば長々しい発達的な過程を経て、準備しなければならない。ある意味では、それぞれの知能には、独自の発達歴がある。だから、数学者になりたい人は、〈論理数学的知能〉を特定のやり方で発達させねばならない。また、たとえば、よく発達した〈対人的知能〉をもつ臨床医とか、よく発達した〈音楽的知能〉をもつ音楽家になるには、それぞれ固有の発達的な道筋をたどらねばならない。

6章で詳しく述べるが、残念なことに、知能を社会的な領域と混同したり、まぜこぜにしたりする傾向がある。理想的には、数学的知能の発達よりも、数学と呼ばれる社会的領域における、数学者の

発達について話すべきなのだ。もし私が今、この基準を見直すとするなら、特定の知能が活用された結果である最終状態の発達について話すだろう。さらに、「異文化的な観点」をとることの重要性を強調するだろう。なぜなら知能は、ひじょうに異なった役割と価値体系を示すさまざまな文化において、はっきりと突きとめられるだろうからである。たとえば、アメリカ文化の臨床医も部族文化のシャーマンも〈対人的知能〉を用いているが、その使い方はちがうし、また目的も幾分異なっている。

6 サヴァン、天才児、および他の特殊な人々の存在

すでに触れたように、ふつうの生活では、各知能は自由に、ほとんど際限なく混ざりあっている。だから研究者は、トラウマ（精神的外傷）や脳卒中などの、自然の偶然を利用することが重要である。そうすることによって研究者は、特定の知能がどのようなものであり、どのようにはたらくのかを、鋭く浮き彫りにして観察できる。多重知能の研究者には、もうひとつの自然の恵みが与えられている。すなわち、脳損傷の記録はまったくないが、知能の特殊なプロフィールをもつ人々である。

ひとつの例が〈サヴァン〉［以前はイディオサヴァンと呼ばれていた］である。彼らは、ひとつの領域でずばぬけた才能を示すが、他の領域の能力はふつうか、目立った欠陥さえ示す。自閉症の人々が、よい例である。なぜなら、多くの自閉症児は、数の計算や、音楽の演奏、メロディーの再生、描画などで傑出しているからだ。(10) 同時に彼らは、コミュニケーションや言語、他人への感受性に、著しい損

傷を示すという特徴がある。実際、研究者たちは近年、自閉症の人々は、右大脳半球に重大な損傷を受けた人のように、他人の意図を理解する能力を司る脳領野に損傷があるのではないかとかいう考えを出している。

もっと幸運なのは〈天才児〉である。彼らは特定の領域で傑出していて、他の領域でも才能があるか、少なくともふつうである。[11] 自閉症の人のように、天才児は、規則が支配していて生活経験をほとんど必要としない領域で出現する傾向がある。たとえば、チェス、数学、写実的な描画、他の種類のパターン認識や創造などである。しばしば天才児には、生活上の特別な地位に伴う、利点と不利な点がある。彼らはずっと年上の人々といっしょに効果的に働けるだろうが、同年代の仲間と関わるのはむずかしいだろう。一般的な金言［栴檀は双葉より芳し、など］とは反対に、ほとんどの天才児は偉大な創造者にもならないし、挫折者に終わるということにもならない。彼らはむしろ、ひとつあるいはそれ以上の知能を要する領域の熟達者になるが、世の中に永久的な足跡を残しそうにはない。

伝統的な心理学的研究から、最後の二つの基準が引き出された。

7　実験心理学的課題からの支持

心理学者は、人々がどれほどうまく二つの活動を同時に実行できるかを観察することによって、二つの操作が互いに関連する程度を突きとめることができる。もし一方の活動がもう一方の活動を妨げないなら、それらの活動は脳と心の別個の能力を活用している、と研究者は想定できる。[12]

たとえば、ほとんどの人は、会話しながら歩いたり正しい道を進んだりするのにはぜんぜん苦労しない。それぞれに必要な知能は、別々のものである。一方、クロスワード・パズルに取り組んだり、歌の歌詞を聞きながら会話するのは、ひじょうにむずかしい。こういった場合、〈言語的知能〉の二つの表れが競合している。学習の転移（ふつう良いこと）や不当な干渉（ふつう悪いこと）の研究は、私たちが別個の知能を識別する手助けになる。

8　精神測定学の知見からの支持

多重知能理論は、精神測定学への反対から考え出されたので、その理論を支持する基準を論じるのに精神測定的な証拠を持ち出すのは奇妙に思えるかもしれない。そして実際、多くの精神測定法の証拠は、多重知能に対する批判として読める。なぜなら、その証拠は、ひとつの「絶対的な集合体」、つまりさまざまな課題得点間の相関が存在することを示しているからである。

それでも、精神測定学の結果を考慮に入れるのは、賢明なことなのである。たとえば、〈空間的知能〉と〈言語的知能〉の研究により、これら二つの能力には、せいぜい弱い相関しかない、という説得力ある証拠が得られている。さらに、心理学者が知能の定義を拡げ、知能を測定する道具が増えるにつれて、多重知能を支持する精神測定的な証拠が蓄積してきた。だから、たとえば、社会的な知能の研究から、標準的な言語的知能や論理的知能とはちがう、一組みの能力［対人的知能］が明らかになった。同様に、〈感情的知能〉［いわゆるEQ］という新しい構成概念が調べられたが、これは、およそ二つの個人的知能［対人的知能と内省的知能］の混合であり、この現象が、伝統的な知能テスト項目での得点とは独立なものであるらしいことが示された(13)。

1983年に私が提示したこの基準は、諸知能を見定めるための決定的な言葉とはなっていない。今なら私は知能をちがったふうに定義するだろうし、比較文化的な証拠の妥当性をもっと強調するだろう。それでも、全体として、これらの基準は、人間の認知の研究で考慮されるべき一連の要因を妥当に構成している。実のところ、これらの基準を設定したことは、多重知能理論の不朽の貢献のひとつだと思う。だから私は、論評者たちが、理論に好意的であるないに関わらず、これらの基準にほとんど注意を払わなかったことに驚いたのである。たぶん、これらはいろいろな学問から自覚的に引き出されたものなので、多くの批評家の興味と専門的知識の範囲を越えていたのだろう。

最初に提唱された七つの知能

私は『心の構成』で、人間には七つの別個の知能が存在すると提唱した。

最初の二つ、つまり〈言語的知能〉と〈論理数学的知能〉は、一般に学校で尊重されてきたものである。

〈言語的知能〉に関係するのは、話し言葉と書き言葉への感受性、言語を学ぶ能力、およびある目標を成就するために言語を用いる能力などである。弁護士や演説家、作家、詩人は、高い言語的知能をもつ人々の例である。

〈論理数学的知能〉は、問題を論理的に分析したり、数学的な操作を実行したり、問題を科学的に究明する能力に関係する。数学者や論理学者、科学者は、論理数学的知能を活用する。（ピアジェは知能のすべてを研究していると主張したが、実際は論理数学的知能に焦点が絞られていたと思う。）

言語的知能と論理数学的知能を併せもっていることは、疑いなく、学生や、その他テストを定期的に受けないといけない人には、恩恵である。実際、ほとんどの心理学者や他の学者が、言語的知能と論理数学的知能のしかるべき混合を示すという事実から、これらの能力が知能テストを支配することをほとんど必然的なものにした。私はよく思うのだが、もしテストを開発した人々が、ビジネスマンや政治家、エンタテイナー、軍人などだったら、ちがう組み合わせの能力が取り出されていただろうか？

つぎの三つの知能は、とくに芸術に認められるが、それぞれ他にも大いに役立つ。

〈音楽的知能〉は、音楽的パターンの演奏や作曲、鑑賞のスキルを伴う。私の考えでは、音楽的知能は、構造的には言語的知能とほとんど対応しているので、一方（ふつう言語的）を「知能」と呼んで、他方（ふつう音楽的）を「才能」と呼ぶことは、科学的にも論理的にも意味がない。

〈身体運動的知能〉は、問題を解決したり何かを作り出すために、体全体や身体部位（手や口など）を使う能力を伴う。明らかに、ダンサーや俳優、スポーツ選手などが、身体運動的知能を代表する。しかし、この種の知能は、工芸家や外科医、機材を扱う科学者、機械工、およびその他多くの技術方面の専門職にも重要である。

〈空間的知能〉は、広い空間のパターンを認識して操作する能力（たとえば、航海士やパイロットが用いる能力）や、また、もっと限定された範囲のパターンについての能力（彫刻家や外科医、チェス・プレーヤー、グラフィック・アーティスト、建築家などに重要な能力）が特徴である。文化が異なれば空間的知能の使われ方も多岐にわたることから、さまざまな目的のために進化したいろいろな領域で、どのように生物心理学的な潜在能力が利用できるかが、はっきりとわかる。

オリジナルの知能リストの最後の二つの知能は、私が〈個人的知能〉と呼ぶものだが、最も眉をひそめられたものである。

そのうちの**〈対人的知能〉**が指しているのは、他人の意図や動機づけ、欲求を理解して、その結果、他人とうまくやっていく能力である。外交販売員や教師、臨床医、宗教的指導者、政治的指導者、俳優にはすべて、鋭い対人的知能が必要である。

最後に、**〈内省的知能〉**は、自分自身を理解する能力に関係する。そして自分自身の欲望や恐怖、能力も含めて、自己の効果的な作業モデルをもち、そのような情報を自分の生活を統制するために効果的に用いる能力に関係する。

『心の構成』で、私は最初の五つの知能にそれぞれ章を充てたが、個人的知能はひとつの章で、まるで単一の知能であるかのように扱った。けれども私は、二種類の個人的知能について話すのは意味があると今も思っている。そして実際、最近の進化論的研究および心理学的研究では、対人的知能の長い歴史が強調されている。これに対して、内省的知能の出現は比較的新しく、おそらく人間の意識と関連している。

内省的知能の初期の議論で、私はそれが人の感情生活に起源をもつことと、感情の要因と強く結びつくことも強調した。生活の感情面は、内省的知能の重要な要素だという考えに変わりはないが、ライフ・コースのなかでの決断に、内省的知能が不可欠な役割を果たすことを今は強調したい。また、感情は、一つか二つの個人的知能に限定されるのではなく、それぞれの知能に感情的な側面があると、今では思う。11章と12章で、新ミレニアムの到来とともに、内省的知能がますます重要になることを、さらに論じよう。

初めから強調しているように、この知能リストは暫定的なものであり、また、各々の知能には固有の領域や下位知能があり、さらには、各々の知能が比較的自律していること、知能の相互作用のようすを知るには、いっそうの研究が必要である。『心の構成』の刊行以来、さまざまな知能地図の作成に最終的に影響するかもしれない研究を慎重に調べてきた。実際、4章は、もっと他の知能が存在するかどうか、という問題に焦点を合わせている。

二つの重要な主張

多重知能の理論は1980年代前半に公表され、それ以来私はそれについて何百回も話してきた。しかし自分でも驚くのだが、多重知能についての二つの重要な主張の正確な性質を十分に認識したのは、ようやく1997年頃になってからのことだった。多重知能理論には、二つの補足的な主張がある。

第一に、この理論は、人間の認知の全体を説明するものである。私はこれらの知能を、人間の認知的な性質の新しい定義として提唱する。ソクラテスは、人は理性的な動物だと考え、フロイトは、人間の不合理性を強調した。一方私は（当然ながら暫定的に）、「人間は、七つか八つ、あるいは一〇以上の基本的な知能をもつ生き物である」と説明する。進化のおかげで、誰でもこれらの知的な潜在能力を備えている。そしてそれを、自分の性向や文化の好むところに応じて、動員し連結できる。

この観点からすると、人間の知能と比較して他の種の知能がどのようなものであるかを考えることは有益である。たとえばラットは、空間的知能と身体運動的知能では、ヒトに勝るかもしれない。しかし、ラットが何らかの〈内省的知能〉をもっていると考えるのは危険だろう。他の霊長類、とくにチンパンジーのプロフィールは、ヒトにずっと近いだろう。人工知能についても同じように考えてみることができる。なるほど人工知能のプログラムは、論理的知能では私たちを負かして、じきに多くの空間的および言語的な技でもしのぐかもしれない。だが私は、機械の〈対人的知能〉の概念は「カテゴリーエラー」［カテゴリーミステイク、範疇誤認。概念の限定を無視してありえない問題をたてる］だと思う。

種全体を考慮した定義であるというのが、人間の知能についてのひとつの重要な主張であるが、もうひとつの主張は、知能のプロフィールには個人差があるというものである。人間は誰でも、これらの知能を生まれながらに授かるが、どの二人の人も、ちょうど同じ知能を同じ組み合わせでもってはいない。けっきょく、知能は、個人の遺伝的資質と、特定の文化や時代の生活条件の結合から生じる。同じ子宮と同じ家庭で育った一卵性双生児は明らか環境のほとんどを共有するけれども、それでも二人は互いに異なる。これは二人の生活の事実が異なるためで、そのため、二人の精神も脳も確実に同一ではないのである。実際、多くの一卵性双生児は、自分をもう一人とはちがうようにしようと奮戦する。そして、もし将来クローン人間が出現しても、彼らはドナーとは多少異なる知能をもつだろう。発達する環境が異なるからである。

つまり第二の主張は、私たちの知能の組み合わせはそれぞれ独自である、ということである。ここに、新ミレニアムにとってこの理論がもつ、最も重要な意義がある。私たちは、この独自性を無視もできるし、最小限に抑えようと努めることもできる。それを楽しむこともできる。自己中心性や自己愛をよしとする意図は毛頭ないが、人的資源を配置する上での大きな挑戦は、いくつかの知能を示す種として私たちに与えられたこの独自性を、どれほど活用するか、ということであると私は考える。

最後に一点だけ述べるが、これには後でもくり返し戻ろう。ある特定の知能を、「良い」とか「悪い」とか考えたくなるものであるし、また、より多くの、あるいは特定の知能をもっているほうが、それらの知能を大部分またはまったく欠くより、良いのはたしかだ。しかし、そうだとしても、どの知能もそれ自体は、道徳的でも不道徳でもないことを強調せねばならない。知能は厳密には道徳とは無関係であり、どんな知能でも、建設的にも破壊的にも用いることができる。

詩人ヨハン・ヴォルフガング・フォン・ゲーテも、宣伝相［ナチス］のヨゼフ・ゲッベルスも、ドイツ語の達人だった。しかし、ゲーテは言語を用いて偉大な芸術を創造したが、ゲッベルスは憎悪を生んだ。マハトマ・ガンディー［インド独立運動の指導者］も、ニコロ・マキアヴェリ［イタリアの政治思想家］も、他人を理解することの重要性を強調した。しかし、ガンディーは共感的反応を奨励したが、マキアヴェリは彼の知力を他人の操作に向けた。明らかに、私たちは、知能も道徳も育てて、可能ならば、それらを徳として結合するよう努力しなければならない。しかし、その二者を混同することは、重大な誤りである。知能の建設的で積極的な使用は、偶然には起こらない。どのように自分の知能を使いこなすかを決めるのは、計算力の問題ではなく、価値の問題なのである。

4章　追加できる知能はあるか？

『心の構成』［1983年］では、七つの知能をリストにあげた。これは主に、その七つの知能が私の八つの基準に最もうまく合っていたからである。しかしリストが七つであると決めたことに何の論理的・科学的必然性もないことは、よく承知していた。それ以来何度となく、リストは増えないんですかと尋ねられたものである。最初は、気軽に答えていた。

「料理知能やユーモア知能、性的知能があるのかと、よく学生に聞かれました。学生たちの結論では、私が認める知能は、私自身がもっている知能だけだそうです。」

もっとまじめに言うと、追加候補の知能を、いくつも考えていた。しかし最近まで、リストを拡げないのが賢明だと考えていた。

ここでは、三つの「新しい」知能候補について、端的にその証拠をとりあげて考えてみる。すなわち、〈博物的知能〉、〈霊的知能〉、および〈実存的知能〉である。これらの知能に対する証拠の強さはそれぞれ異なっているし、人間の特定の能力がもう一種の知能だ、と宣言するかしないかは、たしかに判断の問題である。知能を識別するプロセスを改めて調べて、あまり確実でない方向に概念を拡げるのは保留しようと表明するのが、ここでの私の務めである。

博物的知能

博物的知能と博物学者

私はふつうそれぞれの知能を紹介するのに、その〈最終状態〉について述べる。つまり、特定の知的能力に大いに依存しているような、社会的に認められ尊重される役割である。だから、言語的知能を示すのに「詩人」をあげるし、論理数学的知能を表すのに「コンピュータ科学者」、対人的知能の例には「外交販売員」や「臨床心理学者」をあげる。

〈博物的知能〉の「博物的(=博物学者)」という用語はまさに、中核にある能力の記述と、多くの文化が尊重する役割の描写が結合している。博物学者は、自分の環境の多数の種、つまり動植物を見分けて分類するすぐれた能力を発揮する。とくに貴重だったり著しく危険な種に属するものを見分けられるだけでなく、新しかったり見慣れない生物を適切に類別できる人々は、すべての文化で高く評価される。正式な科学のない文化では、博物学者は、人々に受け入れられている「素朴分類学」を適用するのに最も熟達した人々である。[1] 科学的指向をもつ文化では、博物学者は生物学者であり、受け入れられた正式の分類学によって標本を見分け類別する。たとえば植物の分類学は、一八世紀にスウェーデンの科学者カルル・フォン・リンネ（カルロス・リンナエウス）が考案したものだ。

西洋文化では、〈博物学者〉という言葉は、生物界の広い知識をもっている人々にピッタリである。環境保護活動家［海洋生物学・科学作家］のレイチェル・カーソンや、鳥類学者［画家］のジョン・ジェームズ・オーデュボンとロジャー・トーリー・ピーターソンが心に浮かぶ。もっと理論化を目的として生物を研究した、チャールズ・ダーウィンや、ルイス・アガシ［地質学］、アーンスト・マイヤー［動物学］、スティーブン・ジェイ・グールド、エドワード・O・ウィルソン［社会生物学］などもそうである。おもしろいことに、ダーウィンは、自分は「生まれながらの博物学者だ」と言っている。[2] またウィルソンは1994年に出版した自伝に『ナチュラリスト（博物学者）』というタイトルを付けた。[3] そのような人は、これまでの七つの知能によっては分類できないことがわかり、私は、このもうひとつの種類の知能を考えるようになった。そして博物学者の能力の範囲をもっと広く解釈するようになった。

種々のものを区別したりその区別を正当とするさいにこれらの能力を適用することは、通常の視覚でも行われるし、顕微鏡で拡大した世界でも行われる。あるいは視覚によらない手段でも起こりうる。たとえば、盲人は種を見分けるのに鋭いことがあり、二〇世紀のオランダの有名な博物学者ヘーアマット・フルメイは、触覚に頼ったのだった。[4] また、博物学者の能力が、人工物についても発揮されるだろうと考えても、妥当だろう。幼い子供が、植物や鳥、恐竜をやすやすと区別することがあるが、スニーカーや車、ステレオセット、おはじきなどを分類するときにも同じスキル、つまり知能を利用しているのだ。

『心の構成』で提示した（そして3章でも述べた）八つの基準によって判断すると、博物的知能は、他の知能と同じようにしっかりした基礎をもっていることがわかる。

中核となる諸能力の存在

まず、事例をある集団（より正しくは種）のメンバーだと認識し、ある種のメンバー間を区別し、他の近接の種の存在を認識し、そして、正式、非正式に、いくつかの種間の関係を図示するという、中核となる諸能力がある。

進化の歴史

明らかに、博物的知能の重要性は、進化史的によく確立している。ある生物が生き残れるかどうかは、よく似た種どうしを区別し、ある種（捕食動物）を避け、また別の種を（捕食や遊びのために）探し出す能力にかかっていた。博物学者の能力は、進化的に人間に最も近い霊長類だけにあるのではない。鳥も、動植物の種のあいだの差異を識別する。さらに「通常の」予期される環境にはないもの、たとえば、写真のどの姿が人間かということさえ見分けられる(5)。

固有の発達歴と最終状態

人間の文化における博物学者の役割に移ると、本格的な博物学者は、分類する能力をただ適用するよりずっと多くのことをしているということは、注目に値する。博物学者は、ウィルソンが「バイオフィリア（生物愛）」と名づけたもの［自然界に対する先天的な愛情］を示す(6)。博物学者は生物の世界にいると快適で、さまざまな生物を世話し、飼いならし、微妙なやりとりをする才能を大いにもっているだろう。そのような潜在能力は、すでに述べた「最終状態」だけではなく、狩人から漁師、農夫、庭師、コックに至るまで、他の多くの役割にも存在している。

エンジン音から自動車の車種を識別したり、科学実験室で新奇なパターンを検出したり、芸術的スタイルを見分けるといった、一見かけ離れた能力でさえ、もともとは、たとえば有毒なツタと無害なツタ、ヘビ、イチゴ類を区別するのに有効だったために進化してきたメカニズムを利用しているだろう。したがって、芸術家や詩人、社会科学者、自然科学者のパターン認識の才能はすべて、博物的知能の基本的な知覚スキルにもとづいている、ということはありうる。

他の知能の発達過程と一致して、初心者から熟達者に及ぶ、博物的知能の発達を示す尺度を規定できる。(7) 初期の段階では正式な指導は必要ないが、植物学や昆虫学などの研究分野のすべてが、博物学者のスキルが発達、展開するためには必要となってくる。

特殊な個人

ある知能が独立かどうかの重要な情報源は、ある特定の能力に寄与していると思われる「専用の」神経領域を同定するだけでなく、特定の能力が卓越しているか欠如している人を同定するような研究である。だから、音楽的知能と言語的知能があって独立しているということは、言語的処理と音楽的処理を媒介する脳中枢を同定することだけでなく、天才児からサヴァンまで、特定の能力に早熟だったり驚くほど欠如している人々を同定することによってはっきりとしたものになる。

ふつうの子供が、たいていは幼いころに言葉をすぐに習得するように、ほとんどの子供が生まれながらに自然界を探検する傾向をもっている。五歳児に恐竜が人気があるのは、けっして偶然ではない！しかし、ある種の幼児はたしかに、著しく早くから自然界に興味を示すだけでなく、多くのちがいを見分け適用する、鋭い能力を示す。生物学者の伝記には決まって、幼いころに動植物に魅惑され、それらを見分け、分類し、関わることへの衝動が記録されている。ダーウィンやグールド、ウィルソンは、そういう人々のなかで最も際立つ人々の一員にすぎない(8)。

興味深いことに、こういうパターンは、物理学者の人生では起こっていない。物理学者のほうは子供のころ、ずっとよく、見えない力（重力や電気など）によって現れた現象を探究したり、機械的システムや化学的システムで遊んだのだ。同様に、社会科学者は子供のころ、ずっとよく、言語活動に熱心で、ノンフィクションを読んだり、他の人々とのやりとりを求めることが多い。

脳損傷による孤立

博物的パターンを見分ける才能をもつ人々がいる一方で、この点に損傷を受けている人々もいる。最もドラマチックな例が、臨床や実験的研究で広く報告される、脳損傷の人の例である(9)。そういう人は、無生物を見分けて名づける力は残っているが、生物を見分ける能力を失っている。あるいは逆に、生物を見分ける能力はあるが、無生物を見分けるのに欠陥が表れる。生物と無生物を見分けて名づける能力には、まさしくどの神経中枢が関係しているのかは、まだはっきりと確定されていない(10)。種の認識は、人によってさまざまな方法で表象されているということが大いにありうる。たとえば、種を主として絵や写真で知っているのか、あるいはその動植物との直接的な触れ合いによって知っているのかによってちがってくるだろう。しかし、人間の博物的能力は他の動物のそれと密接に関連するようなので、どの脳領域が博物的知覚に重要なのか確認するのは可能なはずだ。顔や動物［かぎ爪のある哺乳類」の手足の認識などの、特殊な形の認識に関係する神経ネットワークを見つけることで、この企てに重要な手がかりが得られるかもしれない。[11]

心理学的課題と測定からの支持

博物学者の能力は、心理学ではあまり研究されてこなかった。心理学では伝統的に、パターン認識を評価するために、人工的な刺激（幾何学図形など）を用いてきた。したがって、そういう研究からは、もっと自然な形の〈カテゴリー化〉についての情報はほとんど生まれなかった。同様に、テスト作成者は、種の所属性をカテゴリー化するスキル（または博物学者の他のスキル）を評価するような項目を、まったくといってよいほどテストに含めてこなかった。ひとつの重要な例外は、心理学者エレナー・ロッシュらによる、カテゴリー化の研究である。[12]

彼女らの研究から、「自然な種類」（たとえば、鳥や木）を見分け、そういう概念を「典型との類似度」によって組織化する（たとえば、問題の生き物がどれだけ「鳥らしい」か、とか「木らしい」とか）特殊な心理学的メカニズムの存在が示唆された。子供の初期の言語学習と分類の多くもまた、こういう自然な形のカテゴリー化にもとづいているようで、人工的な物を扱うために発展した（または作り直された）形のカテゴリー化によるのではない。

シンボル体系による記号化

知能の最後の基準は、シンボル体系で記号化が可能かどうかである。動植物を分類するための、膨大な言語的体系、分類法の体系がすべての文化に存在するということから、この特徴の普遍性が証明される。（西洋文化では、とくにアリストテレスやリンネの先駆的な分類法の恩恵を受けている。）また、洞窟絵画から儀式的ダンス、舞踏における振り付けの表記に至るまで、芸術作品は、博物学者の世界の現象を見分ける決め手となる特徴を表現して残すための、他のいろいろな方法を表している。神聖な儀式も含めて、宗教的および霊的な生活の多くもまた、自然界に迫り、その文化内で尊重される方法で自然をとらえ解釈しようとする。

こうして再検討してみると、博物的知能は明らかに、もとの七つの知能リストに付け加える価値があることがわかる。この価値ある人間の認知は、以前は無視されるか、空間的知能または論理数学的知能の下にこっそり隠さざるをえなかったのだが、単一の題目として認め、その下に結集するに値する。仰々しい公式的な儀式は避けて、簡単に八番目の知能として正当であると認めることにしたい。ここでの再検討の過程は、後で、他の能力を人間の知能としてさらに加えるのが適切かどうか検討するのに使えるだろう。

霊的知能をめぐる問題

博物学者の領域はわかりやすいようだ。これに対して、霊的な世界へ遠慮がちに足を踏み入れるだけでも、ずっと複雑であることがわかる。霊魂の議論は、霊的生活や霊的能力、霊的感情、あるいは宗教的才能、神秘主義、超越などなんであれ、学問世界のいたるところでというわけではないにしても、科学のなかでは異論が多い。言語や音楽、空間、自然、さらに他人の理解でさえ、すべて「比較的」単純に思える。心や身体を認識するように、霊魂を認識する人はあまりいない。また、たとえば数学的なことや音楽的なものの存在は認めても、超越的なものや霊的なものに同じような存在論的状態を認める人はあまりいない。

霊的な領域には同感できない人々でも、それがほとんどの人間にとって重要であることは認める。実際過度に重要すぎると皮肉を言う者もいるだろう。大統領たち（と夫人たち）は、歴史家や臨床医より、占星術師に相談する。宗教は、何千もの生命を救うが、またそのために多くの人々が死ぬ。霊や魂についての本は、書店の心理学の棚にあふれ、記憶や知覚の本は片隅に押しやられている。残念なことに、認知科学や生物科学の大部分の学者は、霊的な性質の問題を受け付けず、この領域を主に心底からの信者とペテン師に引き渡している。

実のところ、〈霊的知能〉は考慮に入れないと「頭から」決めつけることは、命令や信仰によってそれを認めると決めるのと同じように、正当ではない。けっきょく、個人的な領域の理解［対人的・内省的知能］を知能研究に含めたのなら、霊的なもののような人間の性向も、正当に考慮されねばならない。たしかに簡単に決められる根拠はないけれども、他のいくつかの知能は、純粋に物質的な問題以外の現象を扱っている。もし数学の抽象的な領域が、知能の妥当な領域を構成しているなら（そしてその判断に反対の人はまずいないだろう）、霊的なものの抽象的な領域も含めてよいのではないだろうか？

そこで、可能性として霊的知能、または一組みの霊に関連する知能について検討するのが妥当だ、と仮定してみよう。すると、霊的な領域に入るときに呼び起こされる能力と特質は何だろうか？　この領域にアプローチするために、霊的なものの三つの異なる意味を私は提案したい。そして、議論の助けになるように、二つの霊的な関わりのちがいに留意するとよいだろう。つまり、ひとつは、伝統的なまたは組織的な方法（正式な宗教への参加など）を通じてのアプローチであり、もうひとつは、もっと個人的で特異な、または創造的な方法によるアプローチである。

宇宙あるいは実存の問題との関わりとしての、霊的なもの

霊的なものの最初の種類は、物質的な意味ではただちに把握できないが、それにもかかわらず人間にとって重要に思える経験や宇宙の実体を知りたいという欲求を反映している。もし私たち人間が自然界と関われるのなら、直接知覚できるものを超えて広がる宇宙、私たち自身の存在の神秘、および私たちがふだん出会うものを超越する生死の経験といった、超自然の世界とも関われる道理である。そして実際、神話や宗教、芸術の領域には、人生の究極の問題や神秘、意味を理解しようとする、私たちの絶えることのない努力が反映されている。「私たちは誰なのか？ どこから来たのか？ 未来には何が待っているのか？ 私たちはなぜ存在するのか？ 人生や愛、悲しい喪失、死の意味は何なのか？ より広い世界や、神のように理解を超えた存在との、私たちの関係の本質は何なのか？」

人々はこういう問題を自問し、また隣人たちと大いに議論してきたが、何世紀にもわたって、そのような問題を扱う組織的なシステムが作られもしてきた。どんな文化でも、人々は、こういう究極的関心に関わる問題について、既存の法典や一連の信念を受け入れることを選択する（または強制される）だろう。伝統的な霊的知識を取り入れる者もいれば、霊的な知識の個人的な（ときには特異な）混合物を創り出す者もいる。

こう述べると、霊的な知識の内容は比較的単純にみえるかもしれない。しかし実際は、霊的な知識をもつと推定される人が会得した内容、つまりその領域、真理値、限界などがどのようなものである

のかを認識することは、問題が多く、論争の余地がある。実際、霊的な領域についてたくさんの説明を読めば、「すべてのことが述べてある」と断定したくなる。つまり、心、身体、自己、自然、超自然、そしてときには無さえも！　この概念の広がりは、科学や数学の分野とはくっきりと対照的だ。科学や数学では比較的範囲が明確であり、疑問の余地が少ない。

存在状態の達成としての、霊的なもの

どんな知能について考える場合にも、「知る」ことの二つの伝統的な意味を区別しなければならない。つまり、「方法を知る」ことと、「内容を知る」ことである。他の知能については、この区別は疑問の余地がない。なぜなら、知能の内容は明白であり（たとえば、音楽的パターンや空間的配列）、また、その領域を扱うのに、人によってスキルや専門技能が異なることも明らかである。

しかし霊的な領域となると、この二種類の「知ること」は、より慎重に区別されねばならない。最初の「内容を知るという」意味での霊的なものは、人々が理解しようとする経験領域、または存在領域を述べる。もちろん、多くの共同体が、ある心理状態に達するのにずっと熟練していたり、「霊的」と思われるような何か驚異的な経験をもっている特別の人々がいると認めている。そのような共同体内では、誰が方法を知っているかについて、妥当な合意がある。瞑想したり、恍惚状態に達したり、超越的なものを想像したり、超常的、霊的、または認識論的な現象と接触するのに、明らかに他の人

より熟練して人々がいる。実際、ある生理的な脳状態と、そのような意識変容の達成との関連が予測できるかもしれない。神秘家やヨガ行者、瞑想家は、こういう状態に達する能力をもつ人々であり、そしてもしかすると、他人がこういう状態に達することができるようにする能力があるということは、注目しておくに値する。(13)

この二つ目の種類の［方法を知るという意味での］霊的なものについて、先に紹介した区別がここでも持ち出せるだろう。「伝統的な」道筋に従うことによって、霊的な状態に達することができる。たとえば、特別な聖職者や神秘家、導師が指示する一連の行為を実行することである。しかし、もっと「個人化」された形の意識コントロールによって、そのような精妙な状態に達することもできる。つまり、特殊な物質（幻覚剤など）の刺激や、感覚経験（音楽を聞いたり山に登るなど）によってである。慎重な観察者なら認めるだろうが、「ある精神状態に達する才能」は、大いに科学的分析の範囲内にあるとみなしてよさそうである。同様に、精神状態をコントロールする「鍛錬」の側面は、〈身体運動的知能〉の亜種だと解釈できるだろう。

しかし、霊的なものの信者や代弁者はさらに進んで、「霊的な関わりによって、より深い、またはより高い真理との出会いにたどりつくのだ」と主張する。彼らによると、「人々は一般に自分自身を、宇宙に、そして無限小に位置づける必要がある」（これは論じるまでもないという人もいる）とは言えないばかりか、「ある意識状態がどの人にとっても望ましい」とさえ言えない。むしろ、熱心な信者の論ずるところでは、特殊な内容、つまり霊的な真理があり、そこへは少数の、あるいは特定の道筋をたどった者だけが接近できるというのである。

そして、このブレーキの効かない危険な坂道は、しばしば、世界は霊的、宗教的、または形而上的素地をもつ人々と、そうでない人々とに分けられるという信念にたどりつく。さらに、意識の変化した状態を達成することは客観的に測定できても、霊的な真実の状態を達成することには当てはまらない。こうなると、知能の領域を離れて、信条の範囲に移ってしまう。

ひとつの観点から見れば、これら二種類の「知る」こと、つまり一連の内容の習得と、自分の意識を変える技能の習得は、いずれも「心の使用」だとみなすことができる。ただそのような使い方を、深遠だ、馬鹿げている、的確だ、ずれている、と各様にみなしているというだけのことである。しかし、霊的なものの認知ベースの議論は、問題が多いということがわかるだろう。というのも、認知に関心をもつ観察者は、霊魂の本質が主として現象論的なものであるとみなすからである。(14) つまりそれらは「自分を明け渡したいという感情」と呼ばれる特定の状態の達成だからであり、何らかの種類の問題解決や成果の産出を含む「知能の」領域とはみなされない。実際、霊的な関わりは主として情動的、感情的なものであり、特定の調子や強度をもつ感情に集中しており、それゆえ認知的研究の範囲を越えているとみなす人もいる。

他人に影響を及ぼすものとしての、霊的なもの

特定の人々が霊的だと考えられるのは、その人の活動や、あるいはさらに、その人がただ存在することによって、明らかに他人に影響を及ぼすためだろう。(15) たとえば、マザー・テレサ［インド］の人生について知ったり、ローマ教皇ヨハネス二三世［在位1958－63］に祝福されたり、パブロ・カザルス［スペイン］の演奏するバッハの「無伴奏チェロのための組曲」を聞くと、より全体を感じ、より自分自身や神、宇宙に触れていると感じる人々もいる。そして、もっと温和な例を引きたいところだが、アドルフ・ヒトラーが多くの国民にこのような影響力をもっていたことは、認めねばならない。

霊的な人々

さて、上記の三種類のどの意味での霊的なものも、現れうる。霊的な力の強い人が、宇宙的な問題の探究に人々を駆り立てることがある。ときには、霊的な影響力のある人が、意識の変容状態を引き起こす。たまには、伝染することがあり、霊的な人に影響された人々が、反射された霊的なものを他者に渡す。実際、多くの宗教が広まったのは、まさしくそのようなカリスマ的な過程によってである。弟子や、弟子の弟子のあいだを循環し、かつ広がっていったのである。(16)

偉大な宗教指導者、たとえば、ブッダやキリスト、孔子はしばしば、ある水準の意識に達し、残さ

れた世界と結合し、自己を滅却したと見られ、模範的な霊的存在を代表している。明らかに、そういう状態に達するという見込みこそが、多種多様な文化を反映している何百万もの人々の動機となって、霊的な状態を達成したり、個人的な霊的な面を高めようと、努力させるのである。疑いもなく、霊的な感じ、宇宙と接触しているという感じを放つ人々がいる。そしてそういう人々は、まわりの人々も、自分が触れられ、より全体や自分自身を感じ、超越的存在との高められた関係に導かれたと感じるようにさせる能力をもっている。

そのメカニズムが何であれ、〈カリスマ〉という言葉が（ほとんど何の説明にもならないが）まさにピッタリのこの「霊的なものとの接触」は、人々に探求の目標を伝え、さらにたぶん等しく重要だが、どうやって正しい道に進み出したらよいかを伝える重要な要素である。しかし、ブッダやキリストの偉業にどんな知性の力が反映されていようとも、「問題解決」や「成果産出」が適切な記述ではないことは明らかだろう。特定の「存在状態」の達成というのが、より適切である。

霊的知能は認められるか？

こうして簡単に概観しただけでも、霊的なものの「言葉」や「例」は、多くの人間の能力や傾向、業績をカバーでき、少なくともそのうちのいくつかは、他の知能を見つけようとする企てから遠く外れてしまうことは明らかである。ひとつの理由は、私は〈知能〉を道徳とは無関係な表現で慎重に定義したからだ。どんな知能もそれ自体は、道徳的でも不道徳でもない。そしてどの知能も、向社会的にも反社会的にも用いることができる。だから、どんな種類の霊的なものであれ、ある道徳律に固執して、だから適切だとか不適切だとかと言うのは妥当ではない。

個人的［対人的および内省的］知能が特定の政治システムや社会システムに制限できないのと同じように、特定の信念セットをもつに至ったり、組織的宗教内での特定の役割を達成したことをもって、特定の知能の例証だとは言えない。同様に、特定の驚異的な状態に達したかどうかということで、その人が特定の知能を実現したとか、実現できなかったとか、みなすべきではない。認知的状態や感情状態にかかわりなく、高い音楽的知能や論理数学的知能をもつことができる。同様に、「数学的に考える」とか「音楽的に感じる」とかいう主張が意味をなすのは、その人が問題解決したり作品を作り出す能力を示すときだけである。

最後に、他人に影響する能力は、知能について教えるよい手段となるかもしれないが、厳密に言えば、それは知能の現れの確証とはならない。たとえば、私が対人的知能をもっていなかったり、示さなくても、たんに予測不可能なやり方や反社会的なやり方でふるまうだけでも、他者の対人的理解の発達を刺激できるだろう。一方、抜群の論理数学的知能をもっていたとしても、他の誰かが数学の分野を習得するのを手助けできない、ということもある。他人への個人の影響（または影響の欠如）が私の知能の定義に含まれるとするなら、それは不当に拡大されることになる。

霊的知能の可能性を考えると、いろいろな問題に突き当たる。霊的知能の「内容」は本質的に問題が多く、おそらく感情的、現象論的側面に特徴があり、真理値について、しばしば特権的な、だが確証のない主張がなされる。そしてその必要が、一部他人への影響に結びつけられている。

人生のこの重要な面を扱うには、「宇宙の問題について考えることにたずさわる能力」について語るほうが、私は快く感じる。そういうことを考える動機は、苦痛や、強い個人的なまたは美的な経験、霊的な思考と経験を強調する共同体での生活などであるかもしれない。多くの狂信者やペテン師たちは、霊的なものがまるで所与の、あるいは既知の真理であるかのように持ち出して、慎重な分析とかなりの謙遜が必要な、非常に複雑な現象だとは考えない。そういう人々と同列に見られるかもしれないと警戒したことも、率直に認めねばならない。しかしそうは言っても、知能理論のなかで考慮する価値のある一連の人間の能力を、早まって排除する危険を冒したくはない。霊的な領域を、「心の中で」、他の知能のすぐ近くに切り分け、その上で、博物的知能に適用したのと共鳴する方法で、この知能候補がどうなるのか確かめるほうが、ずっと信頼できるだろう。そのとき、「霊的」という用語は明らかに問題の多い意味を含むので避け、その代わりに、多種多様な装いをもつ存在の本質を調べるような知能について話すのがいちばん良いだろう。こうなると、霊的、あるいは宗教的問題への端的な関心は、〈実存的知能〉の、しばしば最も重要な一種となるだろう。

実存的知能と八つの基準

霊的なものを認知的にとりあげるには、「究極的なこと」をめぐる関心である〈実存的知能〉がもっともふさわしいと思われる。私の定義では、実存的知能には知能としてとりあげるのに不適切な特徴が含まれないからである。もしこれが実際に知能としての資格をもつことが確認されたなら、実存的知能について正当に語れることになる。もしそうでないなら、霊的な領域についてこれ以上考察する必要はない。

中核的能力

まず始めに、知能候補としての実存的知能の、中核的能力をあげてみよう。それは、宇宙の深奥——無限大と無限小——に自らを位置づける能力であり、それに関連して、人生の意義、死の意味、物理的・心理的な世界の究極の運命、人を愛したり芸術作品に没頭するなどの深遠な経験といった、人間的な条件の実存的特徴との関係に自らを位置づける能力である。

音楽的知能を用いる人が特定の種類の音楽を作ったり好んだりする必要はないのと同じで、ここには究極の真理に到達するという必要は述べられていないことに注意してほしい。むしろ、超越的なものと関わる潜在能力をもつ生物としての種があって、その能力は、特定の状況で引き出され、使われるのである。

シンボル体系

この能力は、知られるかぎりの文化で、重要なものとされてきた。それぞれの文化は、実存的な問題を扱うために、宗教体系や神秘主義的な体系、あるいは形而上学的な体系を作り出した。そして現代においては、あるいは世俗の場面では、美学や哲学、科学の研究と体系も、この人間の必要性の総体に言及している。（カトリックの典礼に特徴的にみられるような）最も重要とされて保持されてきたシンボル体系の多くには、特定の組織のなかで発展したカギとなる概念と経験が結晶されて表れている。

洗練の程度（固有の発達）

さらに、これらの文化的に考え出された体系にはそれぞれ、洗練度を示す明確な段階がある。宗教体系や哲学、表現芸術の初心者は、高位者や専門家の地位を得るために励むことができる。（後の教皇ヨハネス二三世は彼の『ある魂の日記』に、霊的あるいは実存的な側面に関わる何年ものつらい訓練について記録している。[17]）社会が実存的探究と表現のその特定の担い手を重視すればするほど、卓越へと向かうステップがより詳細に定められる。そして、学習者や徒弟、熱心な学生、師匠になろうとしている人々の洗練の程度について、たいていは広く共有された合意があるだろう。そのような評価は、認知的なものを越えて、社会的、道徳的、あるいは感情的な側面も含むだろうが、しかし、音楽家や詩人、あるいは科学者といえども、その発展には、［多様的な評価という］同様の折衷性が言えるのである。

特別な人

将来のダライ・ラマ［チベット仏教（ラマ教）の教主、活仏］（および他のラマ僧）が生後一年以内に見つけられるという話には、とくに興味をそそられる問題がいろいろとある。もし生まれ変わりを信じないなら、二つの仮説のうちどちらかを選ばねばならない。その個人は幼いけれど途方もない霊的、実存的な才能をもつ、とするか、その子を（どんな特徴についてであれ）幼いうちに見い出したということが、予言の成就をもたらす、と考えるかである。最近の報道によると、ラマ候補は、最近亡くなったラマ僧の持ち物を正しく選んで、その底力を見せるという。[18] 成功するのは、ラマが自分の前世の記憶を利用できるからだという。もっと世俗的な仮説は、将来のラマが抜きん出ているのは、環境の一定のパターンを識別する能力があるからだというものである（超自然というより自然の、つまり博物的知能の形跡）。後に実存的にすぐれることのもっと良い目印は、宇宙的問題への関心が早く現れることだろう。ガンディーのような民族指導者や、アルバート・アインシュタインのような物理学者について報告されている種類の関心である。

進化の妥当性

実存的知識のもっと生物学的な側面に移ると、証拠を評価するのはそれほど簡単でないとわかる。儀式的でシンボル的な経験の手がかりが高等霊長類や現生人類の先駆者に見いだされているが（たとえばネアンデルタール人は、墓を花で飾った）、はっきりと実存的関心が見られるようになったのは、おそらく石器時代である。進化のこの時点で人類は明らかに、無限や言語に絶するものを想像でき、実存的知能にとって中心となる宇宙的問題を考えることのできる脳をもった。じつは私がさらに考えるところでは、初期の人類の主要な認知活動のひとつは、こういう実存的問題に取り組むことだった[19]。そして、多くの初期の芸術やダンス、神話、演劇には、宇宙のテーマが暗黙に、または明示的に扱われている[20]。

形式の整った宗教や体系的な哲学の到来によって初めて、実存的領域が直接、言語命題によって説明されるようになった。（神話と演劇は、実存的な問題の暗黙の探索であると考えたほうがよい。）言語のように、実存的能力は人間特有の特質であり、私たちと他の種を画する領域である。この能力が出現したのは、有限の空間と非可逆的な時間への意識的な感覚、およびそれらと格闘しようとする衝動からかもしれない。もっと一般的に言うなら、人間の意識は、より完全な意味で、実存的問題との関わりを前提としているのだと言えるだろう。[21]

脳損傷

宇宙的問題に関する知識に関わる生理学的については、情報がほとんどない。断片的な証拠から示唆されることは、宗教の分野の言葉（神や儀式的慣習を指す用語）が、側頭葉の特定の領域を活性化することである。しかし、最も示唆的な証拠が、側頭葉てんかんの人たちから得られる。[22] 彼らは予測可能な一群の徴候を示すが、過剰な信仰心がそのひとつである。ひじょうに微細な物や経験を途方もなく重要視し、しばしば、それを出発点にして自分の内部にどんどん分け入り、こまごまと日記に記したり、霊的な幻想を飛翔させたりする。ヴィンセント・ヴァン・ゴッホ（ファン・ホーホ）［オランダの画家］やフョードル・ドストエフスキー［ロシアの作家］のような芸術家は、側頭葉てんかんを患っていたと広く信じられているが、それでも、その徴候と苦痛を、力強く印象的な芸術作品に導いた。

自然に起こる経験と人工的に引き出された経験の両方にもとづいて、霊的・宗教的関わりの並はずれた側面に関連する証拠が増えてきている。たとえば、人々が耐え難い苦痛（肉体的、精神的、その両方）を受けるとき、いつもの世界から切り離されたように感じ、通常の意味での経験のカテゴリーを超えた世界に行きたい、（たぶん完全に身体的な苦痛の彼方へと）注意を向け直したいという激しい欲求を経験する。そして、外界および超常的な世界と自分との関係をとらえ直す。実存的問題についての思想は、必然的な苦痛への反応として、おそらくは苦痛を減らしたり、それに対処できるようにうまく備える方法として発展したのだろう。したがって、究極的なことへの関わりには、何らかの順応的な意義があると、少なくとも想像できる。[23]

人々はこれらの超越的で並はずれた経験を、苦痛なしに薬物や宗教的状態によって再現できるようになったのも、不思議ではない（自分の精神状態をコントロールできる神秘家や導師は、自在に超越的領域に入ることができる）。〈フロー（高揚）状態〉のような、注意が高進した状態になることも、少なくとも部分的にはその経験者の統制下にある。[24] そのようなひじょうに望ましい状況下では、人々はその活動をすることに没頭して、時間や空間の感覚をすべて失う。薬物を摂取したためか趣味に没頭してのことか、あるいは純粋な意志統制によってかによらず、こういう状態にあっては特定の脳中枢と神経伝達回路が動員される。[25]

心理学的課題と精神測定学

証拠の最後は心理学的研究から集められたものだが、混交した様相を呈している。性格検査には、信仰心や霊的な特性を含むものがあり、そういう測定用具から得られた得点には一貫性が見られる。実際、別々に育った一卵性双生児にも、信仰心の高さに強い関連がみられる。このことから、この能力には遺伝的な要素がある可能性が示唆される。[26]けれども、そういう道具でまさに何を調べているのか、また自己報告が実存的知能の信頼できる指標なのかどうかということは、まだはっきりしない。精神測定学［IQテスト］で調べた知能を、実存的知能を活性化する能力や性向と関係づけようとする試みについては、私は知らない。もっとも、映画『フォレスト・ガンプ』［知的障害で純朴な青年の成功物語］が得た人気から見ても、これらの二つの能力は、互いに正反対ではないにしても、別物だという一般の信念がうかがえる。

意外ではあるが、実存的知能は、八つの基準についてかなり点が高い。そして、これを霊的知能の一種と考えるなら、探求を無効なものとするであろうような問題となる側面のいくつかが取り除かれる。経験的な心理学的証拠に乏しいとはいえ、得られている証拠は、たしかに実存的知能という構成概念を無効とするものではない。こうなると、私の分析は窮地に陥ったようにみえるかもしれない。しかし、ここで「実存的」と名づけた狭く定義された種類の霊的知能は認めることもできるが、より広く定義された〈霊的知能〉は認められない、というのが私の結論である。[27]

霊的知能について個人的なこと

この霊的知能という難問に、他の、もっと個人的な角度から取り組んでみよう。すでに述べたように、私は個人的には、霊的な領域への関わりをまったく感じない。私は、ユダヤ人として、文化的なアイデンティティはもっているが、宗教的なアイデンティティはもっていない。そして、自分自身を霊的な人だと思っている人々（または他人からそう思われている人々）に、興味があると同時に恐れも感じる。彼らが信奉する信念の奇妙さを恐れているし、またカリスマ的人物がしばしば不運な追従者に及ぼすことのある影響を恐れてもいる（ジム・ジョーンズ［人民寺院］やデイヴィッド・コレシュ［ブランチ・デヴィディアンズ］のように［共に集団自殺した］）。

それでも、私の生活の少なくともひとつの領域では、霊的な問題だとみなしうる経験をした。それは、音楽である。とくに、ある種の音楽を聞いたり演奏するとき、私は現世の憂いを忘れ、空間と時間の知覚が変わり、ときには宇宙の重要なことに触れたと感じる。こういうことは、自然（山や海など）や、ある種の宇宙的な問題（生と死の意味など）や、音楽愛好家やルートヴィヒ・ファン・ベートーヴェン［ドイツ］やグスタフ・マーラー［オーストリア］などの作曲家がよく言及する種類の連想に限定されるものではない。ただ、こういう存在の領域にまっこうから出会っていると本当に感じ、この出会いによって、豊かに、気高く、謙虚になるのを感じるのだ。

それほど激しいものではないが、よく似た気持ちになるのは、美術や建築作品や、心を揺り動かされる演劇や、ひじょうに力のある作家の文学と接したときである。そして、領域を変えると、こういう経験をするのは、愛する人々と接するときであり、とくに喜びや悲しみを抑えきれないときである。

私が霊的または実存的知能について語ろうと決めたのには、必然的に意味論的な判断がある。私の音楽的、言語的、あるいは芸術的な知能が刺激されて、その結果、宇宙的なことへの感受性が高まった、と言えるだろう。それは、刺激されて、誰かを傷つけたり、貯金を慈善運動に差し出したかもしれないのと変わるところがない。ある作品に強い感情的な反応をしている、とも言えるだろう。そんな場合には、霊的知能のことも、実存的知能のことも話さないだろう。けれども、同じほどに正当に、私は芸術作品や愛する人々との強い関わりを通じて、霊的あるいは実存的知能をはたらかせているのだとも結論できるだろう。もし宗教の導師といっしょに励んでいたら、そうするだろうように。したがって、あるきっかけとなる出来事を経験して、つまり「影響力のある」物や経験によって、実存的知能が活性化されるのである。

こういう考え方は、マルセル・プルースト［フランス］の一節に、力強く述べられている。(28)

彫刻とか音楽とかで、より高次な、より純粋な、より真実な感動をそそるものが、一種の霊的な現実に照応していないはずはない、そうでなかったら、人生はなんの意味ももたないことになるだろう。［井上究一郎訳］

しかし、九番目の知能は魅力的ではあるが、私は実存的知能をリストに加えていない。この現象はひじょうに複雑で、また他の知能との隔たりも大きいので、少なくとも今のところ、慎重を期したいと思う。ここではせいぜい、フェリーニ［イタリア映画「8½」の監督］風に、「知能は8½」だと冗談を言っておこう。

最後の進展度評価

もちろん、私はアイデアを開発したことについては責任を引き受けるが、多重知能（ＭＩ）の概念の独占権は要求できない。オリジナルの多重知能のリストの場合と同じように、読者は自由に、私の基準を検討し、博物的、霊的、実存的（あるいは他の）知能が「本当に」知能としての資格があるのかないのか、自分自身の結論に達することができる。しかし、判断は、八つの基準を慎重に適用させた結果にもとづくべきだ、と私は強く思う。もし知能を真剣に決定しようとするなら、得られるデータの公正な検討にもとづかねばならない。それは、私が『心の構成』で始めた仕事であり、この本で再び取り組んでいることなのである。

5章　道徳的知能はあるか？

いったん多重知能（ＭＩ）の考え方を追求しはじめたなら、いずれ誰かが〈道徳的知能〉を言い出すのは時間の問題でしかない。そしてなるほど、知能の基準の概念を拡げて人間についての知識を含むようにすれば、道徳的な領域の知能があっても不思議ではない。しかし、知識と行為、価値のあいだの関係をある程度正確に確立できないかぎり、道徳的知能を認めるのは大きなリスクを背負うことになる。

私がオリジナルの知能リストを開発したときは、道徳的知能の可能性を真剣には考慮しなかった。先に述べたように、私は伝統ある、記述［～である・存在］と規範［～べきだ・当為］の区別が大切だと考えていた。(1)したがって、知能は「道徳的に中立」あるいは「価値に左右されない」ものでなければならないと考えた。（もちろん知能は、文化において尊重される能力ではあるが、私自身は、それらの評価の妥当性は判断しない。）明示的に道徳的知能を加えるとなれば、「道徳的なこと」という特有な領域について述べる必要があるだろうし、その領域において示されるスキルを測定できる用意がなければならない。

私の見方では、道徳は一種の文化的な価値体系である。人々は言語的、論理数学的、個人的［対人的・内省的］知能によって、自らの文化の価値体系を習得する。人々がそれからその価値体系を遵守しようとするか、建設的に、または破壊的に変更するかは、個人的な決断であり、私が（ひとつの）知能と呼ぶ計算システムのはたらきではない。「真」と「善」の分離は、西洋文化では確立されている。多くの他の文化では知識と徳の領域が混合しているという事実はあるが、ほとんどの現代の西洋人は、それに当惑すると言ってよいほど心を動かされることはない。性格と同じで、道徳は重要かもしれない——本当は知能より重要かもしれない——しかし、道徳と知能を混合、混同してはならない。

霊的知能と感情的知能からの手がかり

前述した基準に照らして新たな知能候補を調べた最近の研究から、ひとつ明らかに追加できる知能のあることがわかった。つまり、〈博物的知能〉である。また、〈霊的知能〉の可能性は疑わしいということがわかった。実際、霊的知能に含まれる性質のうち、他の知能と調和していると思われるのはひとつだけである。つまり、宇宙における私たちの存在と役割、生や死、至福、悲劇の本質など、宇宙と実存の問題について考える能力である。ほとんどの社会では、組織的宗教や神話、哲学の体系がこういう問題を扱うが、独特な実存的、または霊的な枠組を発展させる人もいる。まだ九番目の知能を宣言するには至っていないが、究極の宇宙や実存的な問題について熟考する性向が、独自の知的能力を構成している可能性を受け入れるのにやぶさかではない。

〈実存的知能〉を仮定することが、道徳的知能の場合にどう影響するだろうか？　実存的知能を承認すれば、道徳的知能もうまくいくのではないかという見方もある。けっきょく、道徳の領域がなんとなく認知的ではないと言うなら、実存的知能もたしかに（そして霊的知能はもっと確実に）、認知的ではないとみなされるだろう。しかし、また別の観点から見れば、実存的知能は、道徳的知能の正当性を高めるものではない。実存的知能は、「究極の」問題について考える能力、明晰さ、深さを示す人の誰しもが示すことができる。その考えが肯定的か否定的か、道徳的か不道徳的か、まだ結論に至っていないか最終的なものかには関わらない。一方にはピエール・テイヤール・ド・シャルダン神父［フランスのイエズス会］がいれば、他方にはデイヴィッド・コレシュやグリゴリー・ラスプーチン［帝政ロシアの国政に関与した修道僧］がいて、彼らも「実存的」だと主張できる。

カギは、道徳的な領域のスキルが考えられるかどうかであり、そのスキルは、特定の使われ方から独立でなければならない。最近の〈感情的知能〉［EQ］の例が、この点をよく示している。ダニエル・ゴールマンはその著書『EQ』でひとまとまりの能力を記述したが、それらは、「感情の知識」、「感情のコントロール」、および「自分や他人の感情状態への感受性」と関係している。この特徴づけは、私自身の〈対人的知能〉と〈内省的知能〉の見方とうまく適合している。しかし、ゴールマンは感情的知能には、「共感」、「思いやり」、「家庭や共同体［職場など］がより円滑に機能するよう努めること」など、まるで特定の推奨される行動が必要であるかのように述べる(2)。彼がこう言うとき、厳密に学問的な意味では、知能の領域を離れて、価値や社会政策という別の面に入り込んでいるのだ。

道徳的領域を記述する

生の尊厳に関わる道徳的領域

道徳的知能が存在するかどうかは、これが道徳的領域であると示すことのできる領域が存在するかどうかにかかっている。この領域は、一方では、通常の対人的知能や内省的知能を越えたところに広がっていなければならない。また一方では、こうあらねばならないとされるいかなる特定の道徳的行動や態度とも同じであってはならない。道徳的領域を記述しようとして、学者たちは、いろいろとむずかしい問題を議論してきた。道徳的行為と道徳判断のあいだの関係や、普遍的な道徳律の可能性、また、正義や真実、気づかいといった、カギとなる美徳の役割などである。[3] このような問題をめぐっては無数の哲学的立場やあまたの社会科学的研究データがあることから見て、「道徳性」の記述はどれひとつとして、すべての立場を納得させるものではないというのも意外なことではない。だが幸いなことに、ここでの私のもくろみは、あまねく合意できる定義にではなく、つぎの二つの目標を成就する概念にある。すなわち、ひとつは、この領域の学者が強調してきた諸テーマを含むことであり、もうひとつは、知能（広い意味での）と道徳のあいだの関係を、いっそう探究できるということである。

道徳的な領域では、「生の尊厳」を支配する規則や行動、態度への関心が中心となる。生の尊厳はとくに、人命の尊厳、また多くの場合、あらゆる他の生物と、それらが住む世界の尊厳である。道徳的意識には、そのような問題を認めて判断する能力が要求される。明らかに、生活の多くの面は道徳の領域外にある。すべての社会には、それぞれに特徴的な無数の習慣や風習があり、日常生活の一助となっている。そして何が人間の存在について神聖かとか重要かとかには触れずにいる。しかし、他者を不当に扱ったり、自分自身の生きる機会、さらには慎み深く生きる機会を台無しにしてしまうとき、人は道徳的な領域に入っている。すべての社会が、交通法規と、「十戒」に言うような戒律とのちがいを、何らかの方法で認めている。ただ社会のあいだで基本的にちがいがあるのは、実用的なこ

と社会的、道徳的なことを分ける線を「どこに」引くか、という点だ。(4)

この［生の尊厳に関わる能力という］定義を採用することによって、道徳的知能の高い人々が示すであろうことを見分けられるようになる。

・生の尊厳に関わる問題を、その多様な側面においてすぐに認められる。
・神聖な問題を扱う、伝統的なシンボル表現および体系を習得できる。
・そのような問題を持続的に考え続ける。
・従来のやり方を超えて、人間の相互作用の至聖の側面を統制するような、新しい形態または過程を創造する潜在力がある。

他の能力の場合と同様に、これらの能力の兆しをどの程度早くから示すかは人によって異なる。また、これらのスキルや感受性を最大限に伸ばす程度や能力も異なる。たぶん周囲の文化が決定的な役割を果たすだろう。だから、そのような問題が重要であるような文化がなかったら、どうやって人が道徳的な領域で力を伸ばせるか、想像しにくい。

経験的な考察

道徳的領域での能力やスキルは、いくつかの基準については、知能としての資格があるように思える。

固有の発達

ほとんどの子供は二歳までに、正しいこととまちがったこと（善悪）の何らかの意識を発達させる。[5]そして子供時代を通じて、この道徳的意識は独特な発達の道筋をたどる。[6]かなり多くの研究が示しているように、何らかの認知的特徴が、道徳判断と行為に伴う。しかし道徳的意識を、一般的な認知の精緻化に還元してしまうことはできない。

シンボル体系

疑いなく、社会は、道徳的な考慮を記号化するシンボル体系を発達させた。そして、ほとんどの社会では、裁判官や長老などの特定の個人が、道徳的領域でとくに資格があるものとみなされる。

進化と脳の部位

道徳的意識の進化と、それが人間の脳に反映されている可能性についての証拠は、もっと不確かである。けれども、霊長類が正しいこととまちがったことの初期的な意識をもっていることは、明らかになってきている。[7] さらに、進化心理学者は、公正さの意識は、人類という種における自然淘汰の結果であると信じるようになった。[8] また、ある種の精神病と社会病理は、正しいこととまちがったことの意識が弱まることと関連している、あるいはその意識が、引き起こされる感情と分離することと関連している、といわれている。[9]

特殊な個人

知能候補としての道徳的知能へのもうひとつのアプローチの方法は、並はずれた認知的業績を残した人の、道徳的な特性について考えることである。私は、三〇人ほどの傑出した創造者とリーダーの特異性について研究したことがあるが、彼らの道徳的な問題への関心に、特段の注意を払ったわけではない。[10]（詳細なプロフィールは、『創造する精神』と『「リーダー」の肖像（リードする精神）』という私の本にある。8章で、知能がどのように、そのような人々の生活と関連するかを考察する。）道徳的なレンズを通して見ると、こういう人の生活はなかなか教訓的である。たぶんマハトマ・ガンディーだけは例外だが、私が研究した近現代の創造者の誰も、個人的な生活ではとても道徳的な模範とは言えない。[11] 実際、パブロ・ピカソ［スペインの画家］、イゴール・ストラヴィンスキー［作曲家］、T・S・エリオット［イギリスの作家］、マーサ・グレアム［舞踊家・振付師］、ジグムント・フロイト、さらにアルバート・アインシュタインでさえ、道徳的な聖人伝を書くのと同じくらい、道徳的な「病跡学」を書くのはやさしい、とわかるだろう。残念ながら、この人たちはみな、個人的な生活の多くの面で、道徳的な無神経ぶりを示した。

そうは言っても、こういう人たちはみな道徳的というにはほど遠いと切り捨てるなら、単純に過ぎるというものだ。彼らは、何らかの道徳的な主張と関わった。アインシュタインは平和主義とシオニズム［ユダヤ人の祖国建設運動］を支持し、ピカソは共産主義と平和主義のイデオロギーを奉じた。さらに、ミハイ・チクセントミハイが指摘したように、すぐれた創造的人物は、どのように特定の領域の仕事が実行されるべきかの鋭敏な感覚（道徳ではないにしても道徳に近い感覚）をしばしば示す。だから、マーサ・グレアムは完璧なダンスにこだわった。T・S・エリオットは、他人の詩を批評するとき、厳密な原則を見事に公正なしかたで適用した。イゴール・ストラヴィンスキーは、自分や他人の楽譜を「侵入的に」再解釈することを固く規制した。そしてアインシュタインは、自らの研究に単純で美しいという美学を固く奉じていたので、この調和を乱すような経験的結果には目をつぶった。

もっとふつうの意味で、やがてはリーダーになった人々に目を転じると、道徳的な問題への関心に一定の特徴があることに気づく。子供のころ、道徳への関心は典型的に、宗教的問題への興味と一致している。それは組織的な宗教を通してのこともあれば、もっと個人的な倫理にもとづく場合もある。マーティン・ルーサー・キング・ジュニア［黒人開放運動指導者］やロバート・メイナード・ハッチンズ［シカゴ大学学長。大学教育改革を推進］のように、牧師の家系に生まれ、家庭環境の一部として道徳的な問題への興味を吸収した人たちもいる。また、J・ロバート・オッペンハイマー［物理学者。原爆を開発したが水爆製造に反対］やマハトマ・ガンディーのように、他者にどう対処したらよいのか、道徳律を破るとどういうことになるのかに、早熟な関心を示した人たちもいる。やがては政治や道徳に全体主義的なアプローチをした人々でさえ、子供のころの「傷」を癒そうとする動機づけを、ときに認めることができる。そういう人々には、たとえばV・I・レーニン［ソ連］や毛沢東のように、特権的な環境にあった場合も、あるいは、アドルフ・ヒトラーやヨセフ・スターリン［ソ連］のように、貧しい家庭に育った場合もある。

さまざまな研究にも示されていることだが、才能児は仲間より、道徳的な性質の質問をたくさんする傾向がある。ただし、この関心はかならずしも、その結果として周囲の社会の規範に固着することにはならない[12]。

たぶん、道徳性への関心が最もはっきり示されているのは、アンジェロ・ロンカーリ、つまり後の教皇ヨハネス二三世が受けた訓練（そして自己鍛錬）だろう[13]。ロンカーリは、彼の宗教の定める戒律のすべてを習得し、日常生活でそれを実践しようと努めた。そして、道徳的戒律にはっきり違反したときには、最も厳しい自己懲罰を課した。彼がカトリックの道徳律の限界を「試す」［近代主義の考え方をとる］ことに誘惑されたという記録がひとつだけ残っているが、このとき彼は上司［枢機卿］に厳しく叱責された。その後ロンカーリは、疑いを心の内に固く秘めておこうと決心した。彼は何年も隠し通して、ついには、自らの個人的な道徳的関心を公表する権限のある地位に就いた。

最も傑出した創造者は、自分の領域内で許されることと許されないことについての、強く発達した感覚をもっている。こういう感覚の側面は、厳密に言えば、今検討している意味での道徳ではない。それでも、仕事の世界についての不可侵の感覚が、他の人間に対してとる姿勢に反映されることがある。ただし、仕事における強い信念が、より広い人間や社会への関わりとの関係でも同じように現れるかどうかは、それぞれの創造者によって大きく異なる。ほとんどの場合は、そのような結びつきはせいぜい断片的でしかない。

最終的に専門としたことが、他者にどう対処するかが中心になるような人々のほうが、幼いころから道徳的な問題に関心を示すことが多い。ガンディーのような人たちにあっては、この関心は、自分の行為が他人に及ぼす影響にとりわけ敏感なことを反映しているようである。また、それほど幸福でないケースだが、この関心が、個人としてあるいは特定集団の一員として、不公平に扱われたという感情を反映していることもある。(14) そのとき、そういう指導者は、知覚した不公平を埋め合わせるべく駆り立てられていると感じるかもしれない。ヒトラーとスターリンの例が、すぐに思い浮かぶ。

道徳的関心について考えるための枠組

以上述べたことから、私たちは、物理的な領域（物体とそれらのあいだの関係を支配する法則）、生物学の領域（生物の根本的な生理学的過程を支配する法則）、社会的な領域（人間間の活動の作用全体と関係を支配する法則）、心理学的な領域（個人の考えや行動、感情、行為を支配する法則）とも異なる実存的領域、つまり道徳的領域について語ることができるだろう。人が道徳的な領域に入るのは、人間の生命（またはすべての種類の生命）を、その多様な可能性において尊重することに関わる原則を考えるときである。たしかに、実存的な領域が宇宙の本質的な性質に関係するのと同じように、道徳的な領域は人間の生命の本質的な性質と質に関係している。

この関心のカギとなるのは、人間の生命（あるいは、さらに拡大して、あらゆる種類の生命）の尊厳に照らして、何が適切か不適切か、正しいかまちがいか、公正か不公正かを、きちんと述べることである。こう見ると、道徳の特定の側面は比較的論争の余地がないように思える。たとえば、事実上すべての社会は、人命やひじょうに価値の高い個人の所有物をいわれなく奪うことを禁じている。一方では、堕胎や安楽死、死に至らしめる闘いなどの行為は、個人（または集団や文化）のあいだの、深くてときには妥協しがたい差異と関連している領域の例である。そういうちがいがあっても、他の点では深い道徳的な関わりを共有できるかもしれないのだが。

しかし、たとえ道徳的領域を認めるとしても、「人はそれぞれ、道徳的知能が異なる」と言うべきだろうか？　もしそうなら、いかなる根拠で、そのような評価ができるのだろうか？

ここで、道徳的領域を認知的用語で解釈するという問題が現れてくる。オリジナルの七つの知能についてては、人々がどれほどその知能をもっているかを判断する〈能力〉についてては、あまり問題のないことがわかった。たとえば、ある文化で発達した数学体系の種類にかかわりなく、人々を計算力［論理数学的知能］について順位づけることができる。先に論じたように、個人的［対人的・内省的］知能や博物的知能についても、ずっと議論が多いかもしれないが、同様な判断をするための信頼できるデータを得ることができる。しかし、そのような証拠は、私が詳しく吟味したなかでももっとも可能性のある霊的側面である、実存的知能についてさえ、まだ得られていない。道徳的知能を評価するためには、再び焦点を絞らねばならない。

〈道徳的知能〉という用語は、何か特定の道徳律を採用することを意味するかぎり、私には認めがたい。そうするなら、まさに価値の領域に入り込んでしまう。しかし私たちは、この用語を、「人間の生命の尊厳と、その尊厳に関する人々自身の姿勢に付随する能力や性向」に限定できる。その能力が、どれほど肯定的にみえるか、否定的にみえるかには関わらない。

たとえば、多くの社会（ナチス・ドイツなど）が「完全な人間」を狭く定義して、特定の個人または集団の人間性を否定することさえある。また社会によっては、身体だけでなく、すべての人々の感情や考えも含む、もっと広い定義を好む。（動物の扱いについても含めて考える社会や下位文化もある。私は最近、ロボット工学の専門家が、ロボットや他の人工知能を組み込んだ物の道徳的な権利と義務について話すのを聞いた。(15) 科学作家アイザック・アシモフの［ＳＦ小説の］、ロボットの処遇を律する法律といったところだ。）同様に、道徳を律する社会や個人の規範は多様であり、それはさまざまな文化において何千年もかけて発展してきた、神話や哲学、宗教の多彩さと変わるところがない。

暗に道徳的知能を認めることでさえ、新しい問題を引き起こす。「存在や時間、生命、死の本質」といった宇宙的問題と、「人々はどのように互いを扱い、どんな規範が共同社会の調和と不和を律するべきか」などといった人間の生命の尊厳に関する問題のあいだに明確な線を引くことに、本当に意味があるだろうか？　一般的な〈哲学的知能〉について語ったほうがまだ意味があるのではないだろうか？　そして、霊的とか超越的、感情的、道徳的、宇宙的、宗教的等々の知能を突きとめようとして、それらを分解してしまわないほうがよいのではないだろうか？

結論——知的領域と道徳的領域の関係

ある領域の本質をうまくとらえられて初めて、その領域が〈知能〉のありかであり、「知的」だと考える意味がある。私は（他の人も）まだ、人間の知能の例として、道徳的領域の本質をとらえていないと思う。心理学者のローレンス・コールバーグや、キャロル・ギリガンのように、主として〈道徳判断〉に焦点を合わせることはできる。[16] そのような研究では、被験者は、ある仮定の状況でどうするか尋ねられる（たとえば、病人の命を救うために、薬を盗むべきか）。そのような推測は哲学の理解のレベルのもので、道徳的領域としての固有性は弱い。これに対して、〈道徳的行動〉に焦点を合わせることもできる（たとえば、不当に追われている人をかばう機会があれば、正しいことをするだろうか？）。[17] しかし、そうするとき、自分の行為を概念化する道を避けることになる。個別的な知的領域というより、よく確立された習慣を扱っているのかもしれない。

私の解釈では、道徳的領域の中心的な構成要素は、行動の主体として関与するという個人的な感覚である。つまり、「自分は他の人々に関して他者に還元できない役割をもっており、自分の他者への行動には、状況を分析した結果と、自分の意志の行使とが反映されねばならない」という認識である。私たちがガンディーを道徳的な人だと思うのは、たんに彼の哲学が洗練されていたり、彼の行動が賞賛に値するからではない。むしろ、ガンディー（またはマザー・テレサやネルソン・マンデラ［南アフリカの政治家］、アンドレイ・サハロフ［ソ連の物理学者］）を道徳的な人だと思うのは、人間の問題の領域で、進んで中心的な役割を果たしたからである。カギとなる役割を果たすには、たしかに、一連の人間的知能が必要だ。そこには、個人的、言語的、論理数学的、そしておそらく実存的知能が含まれる。しかし、それは根本的には、その人が「どういう種類の人か」という陳述である。あるいは、より適切に言えば、その人がどういう種類の人に発達したか、という陳述である。それ自体は、知能ではない。そこで、〈道徳〉は、適切には、パーソナリティや個性、意志、性格についての陳述だと言うのが適切である。そして最も幸運な場合に、人間性の最も高い実現についての陳述となるのである。

6章　多重知能についての誤解と真実

『心の構成』が出版されて以来、「多重知能（ＭＩ）理論とは何か」、そして「それはどのように学校に応用できるか」ということについて、何百という解釈を読んだり見たり聞いたりした。十年以上、私は、ＭＩ理論がそれ自身の命をもつことに満足していた。私は一連のアイデア（または「ミーム」〔遺伝子のように受け継がれる思想的因子〕）を世の中に送り出したのであり、そのミームを自立させたかった。(1) しかし、読んだり観察したりしたことを考慮するうち、この自由放任の方針は不適切だったという結論に達した。

行動を起こさねばならないと強く考えさせるひとつの契機となったのは、オーストラリアのある州全体が、部分的にＭＩ理論にもとづく教育プログラムを採用したと知ったときだった。このプログラムのことを聞けば聞くほど、ますます安閑としていられなくなった。プログラムは部分的には妥当で、研究にもとづいていたが、大部分はたんなる実践の寄せ集めで、科学的な基礎も臨床的な根拠もなかった。左脳と右脳の対比、感覚にもとづいた学習スタイル、「神経言語学的プログラミング」などとMIアプローチとが、目も眩むばかりにごたまぜにされていた。明らかに誰も、教科でもなんでもないモミ殻と、教科という小麦とを分離していなかった。

怒りが頂点に達したのは、オーストラリアの民族や人種集団が、特定の知能と（対応する領域の知的な欠点とともに）結びつけられている一覧表を見たときである。この露骨な人種的、民族的ステレオタイプ化は、私の科学知識とまっこうから対立するものであり、私の個人的な倫理にも反している。私は他の批評家といっしょにテレビのニュースショーに出演して、この教育プログラムを非難した。うれしいことに、その後まもなく、このプログラムは州のカリキュラムからはずされた。

こういう具合に駆り立てられて、私は、つぎにあげるような多重知能についての誤解をいくつも見つけることになった。それぞれについての真実を述べ、少し解説も添えてある。

［誤解1］

八つないし九つの知能が見つかったのであるから、研究者は、各種のテストを作り、それぞれに関する得点をとらえられるし、たぶん、そうすべきだ。

［真実1］

ＭＩ理論は、研究者が構成概念を取り出し（外向性やだまされやすさなど）、それから、その程度を評価するためにテストを作るという標準的な精神測定のやり方を批判している代表者だと言える。したがって、ＭＩテストのバッテリーをもつというのは、この理論の主張と一致しない。

［コメント］

私の多重知能の概念は、「先験的な」定義や一組みのテスト得点の因子分析の結果ではなく、人間の脳と文化について蓄積された知識の結果である。したがって、知能は、「知能に公正な」やり方で評価されねばならない。すなわち、（ふつうの紙と鉛筆の検査でやるように）言語的知能や論理数学的知能のレンズを通してではなく、知能を直接調べるやり方で評価されねばならない。だからたとえば、もし空間的知能を評価したかったら、人にある地域をしばらく探索してもらって、なじみのない地点から入ったり出たりしなければならないときにも、そこできちんと道がわかるかどうかを調べるべきである。あるいは、もし音楽的知能を調べたいのなら、適度になじみ感のある新しいメロディーを聞かせて、どれほど、それを歌えるようになったり、再認したり、変形したりなどができるかを知るべきなのだ。

多重知能の評価が必要なのは、そうする強い理由があるときだけである。たとえば、ある子供に、特定の種類の学習を抑制するような認知的損傷があるかどうかを確かめる場合などである。評価をしたほうがよいときは、快適な場面で、その人になじみのある材料（と文化的な役割）で、それを実施するのが最もよい。[2] こういう条件は、検査の一般概念、つまり、テストを受ける人になじみがないように計画された材料を用いた、中性的な環境で切り出された、文脈に依存しない課題という概念とは、まっこうから対立する。子供の知能を評価するのなら、標準化されたテスト・バッテリーを与えるより、子供を何時間か「子供博物館」［11章を参照］で観察するほうが、どんなにか得心がいく。

原理的には、「知能に公正な」MI尺度を作ることができる。そして私たちは、「プロジェクト・スペクトル」（就学前の子供向けの、評価とカリキュラムのプログラム）で、そうしようと努めた[3]［9章と訳者解説を参照］。魅力があって、子供が親しみを感じ、気楽に遊べるような材料を用いたのだ。たとえば、子供に魅力的なモンテッソーリ・ベル［音階が鳴る］のメロディーを探究させたり、新しい歌を覚えさせたりして、音楽的知能を判断する。子供の論理数学的知能、空間的知能、および身体運動的知能は、鉛筆削りやドアノブのような、なじみのある家庭にある物を分解したり、再び組み立てたりさせることで、評価される。

私はよく、他の研究者が考案した多重知能の尺度にコメントするよう依頼される。原則として、私は特定の用具について特段の批評をするのは控えているが、代わりに、どんなテスト開発者も心に留めておくべき、いくつかの一般的な要点を強調するようにしている。つまり、まず、材料または知能についての個人の〈好み〉と、その領域での〈能力〉を区別することが大切である。また、言語による尺度だけに頼って能力を測ることは危険である。そして、実際のスキルの観察にもとづくこと、また、評価されている人をよく知っている人の意見にもとづくことも大切である。より一般的には、いかなる知能も、ある知能の中核となる構成要素のいくつかに注目するやり方を複数相補的に用いて評価するよう推奨したい。だから、たとえば空間的知能を評価するなら、知らない土地で進むべき道を見つけるとか、抽象的なジグソーパズルを解くとか、自分の家の三次元モデルを作るなどをしてもらうのがよいだろう。

［誤解2］
それぞれの知能は、領域や学問分野と対応する。

［真実2］
MI理論のそれぞれの知能は、新しい種類の構成概念であって、生物学的および心理学的な潜在能力にもとづく。それは、社会的に構成された人間活動の結果である、領域や学問分野と混同されてはならない。

［コメント］
私は、この二番目の誤解が広まった責任のかなりを負わねばならない。『心の構成』を書いたとき、知能を他の関連概念と区別すべきだったのに、その点の配慮を欠いていた。とくにミハイ・チクセントミハイやデイヴィッド・フェルドマンとの共同研究を通じて、今ではよく理解するようになったの

だが、〈知能〉というのは、人間という種の成員であることによってもつ、生物心理学的な潜在能力なのである。(4) この潜在能力は、人に影響する経験的、文化的および動機づけの要因の結果として、さまざまな程度に実現される。

これに対して、〈領域〉というのは、ある文化内で組織された一組みの活動であり、一般に、特定のシンボル体系およびそれに付随する操作によって特徴づけられる。コンスタントに参加していて、さまざまな程度の専門技能が認められ育てられるような文化的活動は、いずれも領域とみなされるべきである。だから、物理学や、料理、チェス、憲法、ラップ・ミュージックなどはすべて、現代の西洋文化における領域である。こういった領域のそれぞれに、特定のシンボル体系(たとえば、数的シンボル、音楽シンボル)や、そのシンボル体系に関連する操作(チェスゲームを記録して再生したり、レシピに変更を加えるなど)を取り出すことができる。

どんな領域も、いくつかの知能を用いることによって実現できる。たとえば、「音楽の演奏」の領域には、身体運動的知能や、個人的[対人的・内省的]知能、音楽的知能が関係する。同様に、特定の知能は、空間的知能のように、彫刻から航海、外科手術まで、無数の領域に応用できる。MI理論は同語反復だと評した人もいる。つまり、「人はある領域が得意で、したがってその知能を示す」[たとえば、音楽が得意だから、音楽的知能がすぐれている]、というわけである。再び、この主張は〈知能〉と〈領域〉の単純な混同にもとづいている。ある領域が得意だが、かならずしもそのような熟練とふつう関連している知能を示さない人もいるだろう［楽譜の読めない名演奏家のように］。また逆に、ある高い知能を示しても、かならずしも同じく名づけられた領域をかならずマスターするというわけではない［数学にも学習が必要なように］。

私はよく、「知能は才能や能力と同じものか」と尋ねられる。概念の明晰さは達成したいが、私は術語の議論は好きではない。というのも、それでは結論に達しなかったり、非生産的であることが多いからだ。もし誰かが八つか九つの〈才能〉や〈能力〉について話しても、私はぜんぜん反対しない。しかし、いくつかの能力（たとえば言語）を知能と呼んで、他の能力（たとえば音楽）を「たんなる」才能と呼ぶなら、私は断固反対する。すべてを、知能または才能と呼ぶべきであり、能力間の不当な順位づけは避けねばならない。

［誤解3］

知能は、学習スタイルや、認知スタイル、作業スタイルと同じである。

［真実3］

スタイルの概念は、ある人が不特定の内容に等しく適用できる、一般的なやり方を指す。(5) それに対して知能は、その構成要素として計算過程をもち、この世界の特定の内容とかみ合っている能力である。これらの内容は（それに関わる知能とともに）、言語音から音楽の音、自然や人工世界の物にまで及んでいる。

［コメント］

知能とスタイルのちがいを理解するために、こういう対比を考えてみよう。もしある人が「熟慮的」または「直観的」スタイルをもっていると言われたら、「その人は、言語から音楽、社会的分析まで、すべての内容についての方法が、熟慮的または直観的なのだろう」と私たちは推定するだろう。しかし、この推定はチェックする必要がある。その人は、音楽では熟慮的でも、数学的思考または空間的思考が必要な領域では、そうではないかもしれない。また別の人は、社会的領域ではひじょうに直観的でも、数学または機械の領域では、少しもそうではないかもしれない。

公平に言えば、知能に関しても同じように考えるべきである。母語で書くことが得意な人でも、かならずしも公衆に向けてのスピーチや外国語学習がすぐれているとは限らないだろう。そして、他人をリードするのに苦労する人でも、かならずしも接するようになった人の動機を理解するのに苦労するとは限らないだろう。

私の考えでは、私の知能の概念と、さまざまなスタイルの概念のあいだの関係は、スタイル一つひとつについて、経験的に調べ上げる必要がある。スタイルは、この用語を使うすべての研究者によって同じものが意味されているとは思えない。たとえば、心理学者のカール・ユング［内向型、外向型］、ジェローム・ケイガン［衝動型、熟慮型］、教育学者のアンソニー・グレゴーク［具体的・抽象的×順次的・ランダム」、バーニス・マッカーシー「具体的経験・抽象的概念化×能動的実験・内省的観察」の使い方は、互いに異なっている。それに、あるひとつの環境や内容、テストであるスタイルを示す人が、かならず他の多様な内容でもそうだ、という証拠はほとんどない。そして、スタイルを知能と同一視するための根拠は、ますます少ない。

　最近、教育学者のハーヴィー・シルヴァーが、知能とスタイルのあいだの可能な関係について、興味深い提案をした[6]。つまり、特定の知能に長所がある人でも、その長所をどう活用するかをさらに決めないといけない、というのだ。たとえば、言語的知能に恵まれた人も、詩やシナリオを書くのか、ディベートを行うのか、外国語をマスターするのか、クロスワードパズル・コンテストに応募するのか、という選択がある。たぶん、自分に恵まれた知能を「どうやって」使うかについての決定には、好むスタイルが反映される。だから、たとえば内向的な人は、詩を書いたり、クロスワードパズルのほうをしそうだし、外向的な人は、公衆に向けてのスピーチや、ディベート、テレビのトークショーに引きつけられるだろう。

【誤解４】

ＭＩ理論は、経験的ではない。（この誤解のバリエーションは、ＭＩ理論は経験的「である」が、誤りだと立証されたと主張する。）

【真実4】

MI理論は、全面的に経験的な証拠にもとづいており、新しい経験的な知見にもとづいて修正できる。

【コメント】

実のところ、『心の構成』では数百の研究が参照された。そして脳科学、心理学、人類学、および他の関連学問からの経験的な結果にもとづいて、七つの知能が実際に取り出され、説明されたのである。『心の構成』で説明された知能は、議論と批判の可能な心的能力のスケールを見いだそうという、私の真摯な努力の表れである。この本を出版して以来、他の知能を付け加える可能性はずっと開かれている。すでに見たように、今では八番目の知能、もしかすると九番目の知能を提案するための証拠もある。

私は、特定の知能の主張を支えるような、他の学者の経験的研究をうれしく思ってきた。とりわけ、個人的［対人的・内省的］知能についての経験的研究は印象的だった。なぜなら、人間のこの分野についての知能が、他の経験領域についての知能から独立であることが、多くの研究で示されたからである。(7) とくに関連するのは、子供の〈心の理論〉の発達の研究である。(8) たいていの子供は四歳ころまでに、他者は心をもち、この「他者の心」は、子供自身がもっている情報を明かされていないこともある「自分は物の場所や中身を見て知っているが、他人は見ていないので知らない、ちがったふうに考える、など」、ということを理解する。

自閉症児には明らかに〈心の理論〉が欠けていることは、この能力が自律的であることの、別筋からの証拠となる。[9] いわゆる感情的知能［EQ］について蓄積された研究は、内省的知能と対人的知能についての私自身の主張を支えるものであり、よく適合している（3章で述べた）。

私は、音楽的知能を他の認知領域と関係づけようとする最近の努力を、興味深く見守ってきた。[10] とくに、心理学者のフランシス・ローシャーと物理学者のゴードン・ショーたちが始めた研究である。彼ら（カリフォルニア大学アーヴィン校における共同研究）は、神経系の成熟パターンにもとづいて、人間の認知では音楽的能力と空間的能力が密接に連合しているかもしれない、と考えた。クラシック音楽を聞いている大人は、物や幾何学図形を思い浮かべて回転させるよう求められるような空間的課題で、そのときだけ成績が良い、という証拠が得られた。そして同様の方向の研究で、キーボード楽器を学んでいる子供のほうが、さまざまな対照群より、空間‐時間的な操作を必要とする課題で、成績が良いことがわかった。

それでも、音楽的能力と空間的能力をまとめたり、あるいはおそらくは特定の空間的能力と音楽的能力を結合して、人間の能力地図作りを修正するというのは時期尚早だろう。適切に統制されたもっと多くの研究が行われる必要がある。しかし、もし音楽的（または空間的）知能が一次的なもので、他の知能の発達を刺激すると判明したならば、私はもちろん、知能のリストを再設定するだろう。

実際、経験にもとづく理論で、恒久的に確立されたものなどない。どんな主張であれ、たえず新しい発見によってくつがえされるという「危機」に瀕している。そして、それが当然である。新しい理論に尋ねるべきは、それが重要な問題と探索を刺激するかどうか、そして、それがまずは描き出している諸要因の叙述が正しい道筋にあると思われるかどうかである。多重知能の探求は、適切な節目で自然を切断しようとする努力であって、経験的な証拠だけが、そのような知的手術の有効性を決定できるのである。

［誤解5］

ＭＩ理論は、〈g〉（一般知能の存在を示すために精神測定学で用いられる用語）とも、知能の性質と原因についての遺伝学的説明や環境による説明とも、相容れない。

［真実5］

ＭＩ理論が問題にしているのは、gの存在ではなく、その範囲と説明力である。同様に、ＭＩ理論は、特定の知能の遺伝性の問題には中立であり、遺伝と環境の相互作用が重要であることを強調する。

［コメント］

gに関心をいだいているのは主に、学業的知能を調べている人や、テスト得点間の相関を調べている人々である。[11] 近年、研究者たちは、gの神経生理学的基盤の可能性に惹きつけられている。この手の研究の多くは、あまりにも人間の知性の重要な要素を見落としていると私は主張してきた。しかし、gの研究が科学的に疑わしいとは思わないし、特定の理論的な目的のためにはgが有用であることを認めるのにやぶさかではない。明らかに私の興味は、gに包摂されない知能と、その知的な過程が中心となっている。

MI理論が遺伝的見方や環境的見方と相反しているとされる問題については、大方の生物学的知識のある科学者と同様に、「氏か育ちか」の二分法は退ける。代わりに、受胎の瞬間からの、遺伝と環境の要因間の、不断の動的相互作用を強調する。(12)一方では、人間の能力や差異には、遺伝の基盤があることはまちがいない。ヒトゲノム・プロジェクト（人間のすべての染色体の、すべての遺伝子［DNA配列］を解読しようとする計画）が完了に近づいているとき、現代の科学者の誰が、知的な長所や短所に関連した遺伝子と遺伝子複合体の存在を疑うことができるだろうか？ 行動遺伝学の研究を無視したり、何の影響もないと強弁することは、意味をなすだろうか？(13) とくに、別々に育った一卵性双生児の研究では、人間のほとんどの能力と特徴にかなりの遺伝性があるという証拠があげられているのである。もしさまざまな知能のためのテストが考案されたら、個々の知能に高い遺伝性があるだろうことにほとんど疑いはない。たぶん、その遺伝性はまちまちだろう。私が思うに、論理数学的、空間的、音楽的知能は、言語的、博物的、個人的知能より、遺伝性が高いだろう。

一方、環境の要因は明らかに、出生時にはたらきはじめる。いや、出生「以前に」［胎内で］はたらきはじめる、という証拠も増えてきている。特定の知能や領域に天賦の才があると思われる人でも、その知能を使う材料に触れることがなければ、ほとんど何も成し遂げることができないだろう。同様に、「鈴木メソード」「バイオリン教育法」のような教育プログラムに鮮やかに示されるように、そつがない環境的介入によって、ふつうの人々でも、ひじょうに熟達した演奏家や専門家になれるのである。[14] 実際、環境がより「賢く」て、介入と利用可能な資源がより強力なほど、人々はより熟練することができ、特定の遺伝はより重要でなくなるだろう。

[誤解6]

〈知能〉という用語を拡げて広範囲の心理学的構成概念を含めたため、MI理論は、この用語とそれが典型的に意味する内容を役立たないものにした。

[真実6]

この批判は、単純に誤りである。それどころか、〈知能〉の標準的な定義こそが、特定の種類の学業的成績を、まるで人間の能力の全範囲を含むかのように扱い、また、たまたま特定の精神測定の検査で得点が良くない人々への軽蔑を生んでおり、私たちの考えを狭く制約している。

[コメント]

MI理論は、知性、つまり人間の心の認知的側面に関わる。いくつかの半独立的な知能を概念化するほうが、知力の単一のベルカーブ（釣鐘型曲線）［ＩＱで表せる知能］を仮定するよりも、人間の認知についてより支持できる考えを表している、と私は信じる。しかし、ＭＩ理論は「知性を超える問題を扱う」とはまったく主張していないことに、注意してほしい。ＭＩ理論は、パーソナリティ、性格、意志、道徳性、注意、動機づけ、または他のどんな心理学的構成概念にも関わらない。また、どんな倫理や価値にも関連しない。

［誤解7］

ＭＩ理論にもとづく、唯一の「承認された」教育方法がある。

［真実7］

ＭＩ理論は、教育的な処方ではまったくない。心がどのようにはたらくかという科学の主張と、実際の教室における実践とのあいだには、いつでも隔たりがある。ＭＩ理論を実践の手引きにするべきかどうか、そしてどんな範囲までそうするべきか、決定するのに最も良い立場にいるのは教師である。

［コメント］

これまで書かれてきた多くのことに反して、ＭＩ理論は、能力別学級編成や、才能教育、学際的カリキュラム、授業の時間割、年間授業日数、または他の強い関心を呼ぶ教育問題に対して、ひとつの立場に立つものではない。私が助言するときは、いつも、中国の格言を述べてきた。「百花繚乱。」

（9章で、ＭＩ理論と学校についてさらに述べる。）それにもかかわらず、数々のＭＩ教室を何時間も訪ね、ビデオを見るうちに、私は理論の皮相な応用が起こりうることに敏感になった。とくに、つぎのようなやり方は疑問である。

・すべての知能を使って、教科のすべての概念を教えようとする。たしかに、たいていのトピックは、さまざまなやり方で教えられる。だが、手当たりしだいのやり方を全部のトピックに適用することは、努力と時間のむだである。

・特定の動作を行うことが、特定の知能を活性化したり訓練する、と信じる。私が見たいくつかの学級では、子供たちが腕を動かしたり、走り回るよう促されていた。そのような運動によって、身体運動的知能が高まると仮定されているのだ。そんなことはないのは、赤ちゃんがバブバブ言ったからといって言語的知能や音楽的知能が高まるわけではないのと同じである。運動するのが悪いと言っているのではない。ただ、でたらめな筋肉の動きは、心の育成とも、体の育成とさえ、関係がないということである。

・知能を、主に記憶の手段に使う。何かのリストを覚えるのに、歌ってみると（またはそれに合わせて踊ってみると）、覚えやすいということもあるだろう。しかし、こういう知能「材料」の使い方は、本質的に些末である。些末ではないのは、音楽的に考える能力である。たとえば、クラシックの「ソナタ形式」〔提示・展開・再現〕の構造の特徴を活用して、「生物の進化」や「歴史の循環」のような概念の諸面を解明することだ。

・知能を、他の望ましい結果とまぜこぜにする。とりわけ個人的知能に、こうした混乱がみられる。対人的知能、つまり他人の理解は、協同学習のためのプログラム、または外向的な人たちの遊び場だと、ゆがめて受け取られることが多い。内省的知能、つまり自分自身の理解は、自尊心プログラムの原理として誤用されるか、または内向性の人がもっているものだとされてしまうことが多い。こういう歪曲や誤った応用は、私が知能について書いたこと（または書いてもいないこと）を浅薄に理解しているためである。

・人々を「その人の」知能によってラベル付けする。多くの人々にとって、いろいろな知能の用語をもちいて論じることは、楽しいゲームである。誰かが自分のことを、「ひじょうに言語的だ」とか、「空間的に障害がある」とか非公式に話しても、私はべつに反対しない。しかし、これらのラベルが教師の手っ取り早い符丁となるとき、かなり危険がある。そうラベルを貼られた人は、特定のやり方だけで働いたり学んだりできるのだとみなされるだろう。そういう特徴づけは、およそ事実ではない。そのようなラベルづけに、たとえ何か大ざっぱな妥当性があるとしても、さまざまな子供がうまくいくように最善の教育的介入を与えようとする努力が妨げられることになる。

こういう理由で、私は、いわゆる「MIスクール」［9章と訳者解説を参照］に何であれ、ああしろ、こうすべきだと言うことには大いに反対である。代わりに、MI理論は、三つのカギとなる命題を明白に支持するものだと思っている。すなわち、(1)私たちはみな同じであるわけではない。(2)私たちはみな同じ種類の心をもっているわけではない（つまり、私たちはみな単一のベルカーブ上の、別個の点であるわけではない）。そして、(3)もしこういう差異が、否定されたり無視されることなく考慮に入れられたなら、教育は最も効果的にはたらく。人間の差異を真剣に考えることは、MIの考え方の中心にある。理論的なレベルでは、これは、「単一の知的な次元では、すべての個人にとって有益であるように人々をプロットすることはできない」ということである。実践的なレベルでは、「〈どんな〉教育方法であれ、画一的であれば、それが最適なのはごく一部の子供たちだけだ」ということを意味している。

いわゆるMIスクールを訪ねるとき、私は〈個人化〉のサインを探す。つまり、教育的な出会いに関わるすべての人が、人間の差異を真剣に考え、その差異を考慮してカリキュラム、教授法、および評価を作成している、という証拠である。もし子供が画一的なやり方で扱われるなら、MI理論と私の努力にどれほど意識して注意しようとも、ほとんど意味がない。同様に、スタッフがMI理論を耳にしたことがあるかどうかにかかわらず、私は自分の子供たちを、つぎのような学校にならら喜んでやろう。子供たちの差異を真剣に考える。差異についての知識を、子供や保護者に伝える。子供が自分の学習に責任をもつように励ます。子供たち一人ひとりが教材を習得し、学んで理解したことを他人や自分自身に示す最大の機会をもてるように、教材を提示する。そんな学校である。

実際、教育における新ミレニアムの課題は、まさにつぎのような点にある。人が知識を獲得して表象するやり方には大きな差異があることを私たちは知っているのであるから、これらの差異を教授・学習の中心にすることができるだろうか？　それとも、そうしないで、すべての子供を画一的なやり方で扱い続けるのだろうか？　もしこれらの差異を無視するなら、待っているのは一握りのエリート――たいていは、決まり切った、ふつうは言語的または論理数学的な方法で最も良く学ぶ人々――に奉仕するシステムをずっと続けることになるだろうということだ。一方、もしこれらの差異を真剣に考えるなら、人はそれぞれに、知的で社会的な潜在能力をずっと完全に発達させることができるだろう。

私が大事にするのは、ＭＩ理論の議論と応用が、学校教育の基本的な課題の触媒としてはたらくような教育場面である。そういう課題とはたとえば、それぞれの共同体の価値の文脈に応じた、重要な目標であり、将来の生産的な生活の概念であり、教授法や教育による成果である。他の学校を訪問し、ＭＩの推進者（そして批判者）のあいだのネットワークを拡大することも、有効なしくみを形成していく重要な構成部分である。もしこれらの議論と実験からさらに個人化された教育が生まれるなら、

ＭＩ理論の核心が具体化されたことになる。そして、もし個人化が、すべての子供を教育的に理解するための関わりと融合するなら、力強い教育のための基礎が本当に築かれたことになる。ＭＩを真剣に考える共同体が増えてきているのは、私の誇りというだけでなく、理論が生産的に発展し続けていくであろうことの、最良の証でもある。

7章　多重知能をめぐるQ&A

毎週、ときには毎日のように、私は多重知能（MI）理論についての質問を受ける。質問には、理論自体に関するものもあるが、さらに多いのは、お勧めの実践とか、あやしい応用とかに関係している。質問は、たくさんの州、地方の、研究者、教師、親、大学生、高校生、さらには小学生からも来る。以前は、主に手紙や電話で来たものだが、今ではもちろん、ファックスやEメールでも来る。そして、私が講演やラジオ、テレビで理論について話すたび、かならずその後で新しい質問の山が研究室にやって来る。

最初は、質問に個別に答えようとした。しかし最近では、スタッフに助けてもらっても、そうするのは不可能になった。それで、よくある質問に答える汎用の短文をこしらえた。たとえば、「多重知能のテストはあるのですか？」――答え「私が認めるようなものはありません。」「MIを中心にしている高校はありますか?」——答え「今のところ少しですが、あります。」そして、興味深くて目新しい質問が来たときは、長い答えを書いたり、刊行物のなかでそれについてさらに詳しく述べることもある。

1992年に、『多重知能——実践のための理論』を出版する準備をしていたとき、私はいちばんよくある質問二〇組を選んで、それぞれに対する答えを、そのなかで述べた。この本でも［6章など］、さしつかえないかぎり、そうした質問と答えを最新の観点から扱った。しかし、いくつかの質問はまだくり返し出てくるし、新しい質問も現れるし、1990年代初めとはちがう新しい答えが必要な質問もある。さらに、MI理論がよく知られるようになって、より長大でさらに厳しい理論への批判が、一般向けの書物にも学術書にも現れるようになった。

以下には、今もよくある質問に対して、最新の答えを［Q&A形式で］述べる。いくつかの答えは最初、プロジェクト・ゼロにおける長年の同僚ジョーセフ・ウォルターズが用意したものである。

用語についてのQ&A

【Q1】 用語には混乱してしまう。知能とは、成果、過程、内容、スタイルなのだろうか、あるいはこれら全部なのだろうか？

［A1］　簡単に答えられる問題だったらよいのだが。基本的に、知能は、特定の種類の情報を特定の種類の方法で処理するような、私たちの種の生物心理学的な潜在能力のことを指している。そのようなものとして、明らかに、専用の神経ネットワークによって実行される〈過程〉に関係している。疑いなく、知能のそれぞれが独自の神経過程をもっていて、大部分は人間どうしでよく似ている。過程によっては、個人ごとにかなりちがうことが判明するかもしれない。

知能はそれ自体〈内容〉ではないが、特定の内容とかみ合っている。たとえば、言語音を聞くときや何かを他人に言葉で伝えたいとき、言語的知能が活性化される。しかし、言語的知能は音に限られているわけではない。書かれた文章を読みとるときには、視覚的情報によっても活性化される(1)。そして、耳が聞こえない人では、言語的知能は、見たり触ったりするサイン（統語的に組み合わされた手話なども含む）によって活性化される。

進化論の観点からみれば、たぶん予測可能な世界で特定の種類の内容を扱うために、それぞれの知能は進化したのだろう。しかし、いったんその能力が現れたなら、もとのきっかけになった内容に縛られたままでいなければならないという法は何もない。ちがう言い方をすれば、その能力は他の目的のために〈転用〉できる。私が思うに、たとえば自然の種の認識と関連したメカニズム［博物的知能］は、今では商品を見分けるのに常用されている。また、書き言葉のような、最も強力な人間の体系のいくつかは、進化によって直接発生したのではなく、別々の目的のために進化した視覚・空間的能力と言語的能力の結合によって発生したのだ。

ラフな言い方をすれば、たとえば地図やデッサン、建築設計図など、特定の〈成果〉として製作されたものには、特定の知能が関係していると言える。この場合は、空間的知能である。しかし、どんな知能が関係しているかを特定するには、観察者の側の推理が必要とされる。なんといっても、非空間的な知能の組み合わせを使って地図やデッサン、建築設計図を完成させることもできるのである。たとえば、言語的知能と身体運動的知能を結合させれば可能だろう。はたらいている知能を表現する神経回路を特定できるようになるまでは、あるときにどの知能がはたらいているのかを明確に知ることはできないだろう。

【Q2】 体育館や運動場におけるスキルを知能だと言うのは、変ではないだろうか？ もし変ではないのなら、身体に障害をもつ人は知能障害だ、ということにならないだろうか？

【A2】 たとえばスポーツ選手や、ダンサー、外科医の身体的スキルを、知能の現れだと言うのを変だとは思わない。こういう人たちが成し遂げることは、多くの社会で価値があるとされているし、そこには膨大な量の計算、訓練、熟達が関係している。(2) 身体を使用することを何か低いことのように見る見方には、デカルト流の心身二元論が反映されていて、精神的でないことやあまり精神的でないように思える過程を見下している。しかし、現代の神経科学はこのギャップに橋を架け、動作（そしてさらに感情）に関係する認知を詳細に明らかにしようとしている。

「認知的欠陥」という特徴づけについて言えば、たしかに、特定の身体的能力の損失が、身体運動的領域の「知能の」問題を引き起こすことがある。それは、聴力や視力の損失が、言語的能力や空間的能力の問題を引き起こすことがあるのと同じである。そのような場合、セラピストは、身体メカニズムを適応させたり人工装具を用いるなど、他のシステムで代用することが求められる。

実際、損なわれた感覚・運動能力に代用できる人工装具だけでなく、情報科学者はすでに、持ち上げたり、分類する、歩くといった身体動作を実行するロボットを作り出した。将来はこれらの装置の助けで、健常な人が自分の体で行う動作を、障害をもつ人々も実行できるようになるだろう。身体障害と健常のあいだの、かつてのような大きなギャップは消えるだろう。

そんな場合にも、まだ〈知能〉という用語を使うべきだろうか？　それは、その人が果たす役割しだいである。もし機械がその人の代わりをするだけなら、人ではなくて機械が、知能を示している。しかし、もし人が機械のプログラムを作ったり、重要な決定をするなら、その人は特定の知能を行使して、コンピュータを道具として使っているのである。（同じ推論が、音楽についても当てはまる。かつて作曲には、楽器演奏と記譜のスキルが前提とされていたものだが、いまやコンピュータがどちらも代行できる。分析者は知能の源がどこにあるのかを示さねばならない。つまり知能は、プログラマーか、プログラムか、それともプログラムのユーザーに由来するのだろうか?)

理論に関するQ&A

[Q3] 多重知能理論は本当に理論なのだろうか? それは実験によって立証したり反証したりできるのだろうか?

[A3] 〈理論〉という用語には、二つの異なる意味がある。自然科学者のあいだでは、それは、概念的に連結された一組みの明示的な命題を指す用語であって、その妥当性は、個別にまた他の証拠と組み合わせて、体系的な実験によって評価できる。一般の人々は、この言葉をもっと厳密ではなく使っていて、話されたり書かれたりした一組みのアイデアを指している。たとえば、「君の理論はわかったよ」などと言うだろう。MI理論は、この二つの使い方の中間にある。科学者の集まりで投票して可決したり否決できるほどの体系的な命題セットではないけれども、たんに私がある日思いついた一連の観念というわけでもない。むしろ、私が提示するのは定義であり、知能とみなすときの基準、個々の知能が十分存在する理由を語るデータ、および理論の組み立てを修正する方法である。

多くの科学では、理論はこのような中間段階に位置づけられる。たしかに、社会科学の理論は、できるだけ体系的であろうとするが、決定的に証明されたり反証されることはめったにない。そして、自然科学の一般的な理論も同様に、進化理論やプレート・テクトニクス（地質構造学）理論のように、単一で単純なテストによっては検証できない。むしろ、それらは長いあいだに蓄積された多くの知見にもとづいて、その正当性を勝ち得たり失ったりするのである。MI理論もまたそうであると私は考えている。私は、一組みの知能候補をあげた。それらは独特な過程をもち、互いに十分独立だと述べた。時とともに、あげられた各知能も互いの依存度あるいは独立度も、もっと確かなものになっていくだろう。

どんな知能理論であっても、決定的に肯定したり否定できると考えているなら単純素朴というものである。そうは言っても、理論に多少とも確からしさを与えるだろう要点を示すことは重要である。たとえば、特定の脳領域が、じつは複数の知能に寄与しているとか、ある知能に強い人は例外なく、別の知能が損なわれているとか、ひとつの知能と関連しているとみえるシンボル体系が、実際は、別の知能と同じ認知過程を用いているとかがわかったとしよう。こういうたぐいの証拠はどれも、理論全体の妥当性に疑問を投げかけるだろう。しかし、理論が適切に修正されれば、妥当であり続けるかもしれない。たとえば、たんに特定の主張のいくつかが後続の研究で崩されたからといって「幼児は種々の認知領域でもっと有能だ、など」、ジャン・ピアジェの認知発達理論の全体を否定したりはしない。

それぞれの知能のテスト・セット（確実に知能に公正なバージョン）を作成し、それから、いくつかのテスト得点間の相関を単純に決定できる、と考えたことがあった。しかし今では、それぞれの知能の尺度がいくつか開発され、それから、それぞれの知能を測定するのに用いられる材料と方法を被験者がストレスなく扱えることが確かめられた場合にかぎって、それは成就できるだろうと思う。そして、すでに［6章真実1で］述べたように、ある人の空間的知能は、知らない土地を歩いたり、チェスをしたり、青写真を読んだり、最近引き払った部屋の物の配置を思い出したり、といった活動を行うことによって評価されるだろう。もしそんな知能の測定法が開発されたら、結果は科学的に興味深いだろう。少なくとも私にとっては！

しかし、私がこういう尺度を作ることから離れたひとつの理由は、そうすることが、新しいレッテル貼り、烙印押しにつながるだろうからである。私が強調するところだが、知能は、人々が重要な内容を学ぶのを助けるために活用されるべきであって、人々を類別するために使われるべきではない。私を批判したある人の表現を借りれば、私は、新しい「負け組」を作るのに荷担したくはない。

【Q4】　脳の研究は、MI理論を支持し続けるだろうか？

【A4】　脳科学では、十年は長い時間であり、多重知能理論は二〇年前に開発された。現在の私たちは、神経系の機能と発達についてずっとよく知っている。皮質のプロセスを、実際にそれが生じているあいだモニターできる、強力な新しい機械もある。神経科学で蓄積されている証拠は、MI理論が全体として向かうところを驚くほど支持している。研究は、私が述べた特定の知能を支持している。言語的、数学的、および音楽的などの処理能力の細かい構造に、的確な証拠を与えている。同時に、こういう研究から、それぞれの知能が脳のどの特定の部位に局在するのかを突きとめようとする努力には疑義が呈されている。今では、どんな複雑な知的活動にも、いくつかの脳領野が関係しているというほうがずっと意味がある。そして、人によって、特定の機能を遂行するのに、どの程度脳の異なる部分が使われているのかに焦点を合わせるほうが、ずっと生産的である。

脳は初期経験の出来事に影響されるひじょうに柔軟な器官であるから「発達のごく初期段階では、本来の処理領域が損傷されると、別領域が代理補償することがある」、MI理論は疑わしい、と論じられることがある。この意見は適切ではない。なぜなら、「神経の可塑性」は、種々の知能の問題とは別だからだ。MI理論では、たとえば言語的な処理は、空間的処理や対人的処理とは異なる神経メカニズムによって起こると主張する。初期経験のために、人によって、処理が脳の多少ちがった部位で起こることがあるという事実は興味深いけれども、知能を決定すること自体とは関係がない。

実際、たとえばある人において、音楽的処理が部位Aで、空間的処理が部位Bで起こるとしよう。さらに、もう一人の人では、これらの部位が逆になっているとしよう。そのために、MI理論が影響されるということはない。たとえ一人の人で、音楽的知能が部位A、B、Cで表され、もう一人の人では部位D、E、Fで表されていたとしても、その事実はまだ理論に影響しないだろう。しかし、もしある母集団で、音楽的処理と空間的処理が同じ部位で表されるなら、その事実は、二つの別個の知能ではなく、一つの知能の存在を示唆するだろう。

［Q5］ 他の学者はMI理論をどう考えているのだろうか？

［A5］ 心理学者のあいだでも、生物学や行動科学を見ても、広範囲の意見が存在する。精神測定学者は、たいていこの理論に批判的だ。一方、他の心理学者は一般に、知能の概念と測定の拡大に格別の反対はない。だが、心理学者は構成概念のきちんとした測定が好きであるし、「新しい」知能が、標準的な「一般的」知能ほどたやすく測定できないことに、多くの心理学者はいらだっている。

学者が新しい理論に寛大でないのは常のことであるし、MI理論にかなりの批判が向けられたのも驚くにあたらない。たぶん、より信頼できる受容の指標は、どれほど理論が学術論文や教科書に引用されたかである。何年にもわたって、MI理論は、おびただしい論文、および知能の問題をとりあげているほとんどのテキストで言及された。そこでの言及のされ方は、おおむね好意的であった。とても喜ばしかったのは、「自然」科学（生物学など）と科学ではない分野（芸術や人文学など）の学者からの反応だった。多重知能の考え方は、諸学問を通じてかなりアピールしたし、私が選択した特定の知能は、支持されることが多かった。もちろん、他の分野の学者は、知能の心理学の専門家ではないと言うこともできるだろうが、彼らのほうが利己的なもくろみがないことも事実である。

【Q6】　MI理論と、その競合理論のあいだで、和解は可能なのだろうか？

【A6】　ある程度は可能だろう。理論のいくつかの側面は、他の理論家の提案（2章で述べたような）と両立する。私の理論と折り合う理論としては、スティーヴン・セシが擁護した生物文化的アプローチ、デイヴィッド・オルソンが採用したメディアとシンボル体系の強調、パトリシア・グリーンフィールドが強調した文化的感受性、およびL・L・サーストンのような初期の学者の多因子的な立場がある。もっと広く言えば、スティーヴン・ピンカーのような心理学者、ノーム・チョムスキーのような言語学者、およびスティーヴン・マイセンのような人類学者が提出したモジュール的なアプローチは、個別の知能の認識と調和している。（3章で述べたように、モジュール的なアプローチは、人間の心で多くの別個の情報処理装置が進化した、と考える。）

最近、最も広く議論された知能へのアプローチは、ロバート・スターンバーグの〈三部理論〉だった（2章を参照）。スターンバーグと私は、新しい理論的研究がたどるべき方向というよりも、標準的な知能理論への批判という点で一致するところが多い。すなわち、特定の種類の短答テストで測定される、単一の学業的知能に焦点を合わせることを、二人とも拒絶する。スターンバーグは、知能には三つの異なる側面があると述べ、それを、〈構成要素的〉、〈経験的〉、および〈文脈的〉［いずれも

〈下位理論〉と呼び、それぞれ［に対応する、分析的、創造的、および実際的知能］を測定する尺度［質問紙］を考案した。この領域の他のほとんどの理論家と同じように、スターンバーグは、知能がはたらく特定の内容には関知しない。すなわち、言葉、絵、身体的情報、あるいは人の世界や自然界の材料を処理しているのかどうかは、彼の理論では重要ではない。むしろスターンバーグは、心の「水平的な」［領域横断的能力の］考えのほうに共感しているので、どんな種類の材料を処理するにせよ、同じ構成要素がはたらくと想定する。(3) ここで、二人の直観と主張が根本的に分かれる［著者は能力の垂直的モジュールを想定する。A10を参照］。

私は、知能の新しい尺度を開発しようとするスターンバーグの努力は讃える。それは明らかに、私たち人間の能力の観念を拡げるのに役立つだろう。しかし、私は彼の新しい尺度がもっと大胆であればと願う。スターンバーグは、伝統的に知能検査を支配してきた言語的および論理的な種類の項目に、固執しすぎている。そして、彼の新しい尺度は、けっきょくは標準テストとも、彼の尺度どうしも、高い相関をもつだろうと予想される。こういう点を強調することで、スターンバーグは、私よりずっと心理学者であり精神測定学者であることが明らかになる。そして、なぜ彼の研究が心理学者に大きく興味をもたれ、一方私の研究は教師や一般の人々の興味をとらえたのかが、これで説明できるだろう。

知能の構造とその組み合わせに関するQ&A

【Q7】　各知能は完全に独立な必要があるのだろうか？

【A7】　もし各知能が互いにまったく独立なら、理論は、概念的にも生物学的にも、もっと単純である。けれども、それぞれの知能は、他の知能から独立でなければならないというわけではないし、少なくとも特定の文化的な場面では、特定のいくつかの知能が他よりも互いに密接に結びついていることが、経験的にわかるということもあるだろう。知能の独立は、よい作業仮説になる。それは、異なる文化的な場面で、適切な尺度を用いたときにのみ、調べることができる。さもなければ、見かけの相関がじつは特定の文化での特定の尺度の人為的産物なのに、「二つの知能が互いに結びついている」と即断してしまうかもしれない。

独立を強調するのは、ひとつの領域の長所がかならずしも他の領域の長所のしるしではないことを強調するためである。これは短所にも同様に当てはまる。実際的なレベルでは、人々はいくつかの長所や短所を併せもっているだろう。たとえば、数学者のなかには音楽に関わるようになる者もいることから、音楽的知能と論理数学的知能のあいだの結びつきが示唆される。しかし、人生はおもしろいもので、この組み合わせが予測可能でないのは、二人の人が互いに惹かれ合うか（あるいは嫌悪し合うか）が予測可能でないのと同じだ。

【Q8】 どうやって各知能が分析単位として適正な大きさであるとわかるのだろうか？ たとえば、それぞれの知能を限りなく細分化できないだろうか？

【A8】 知能のような複雑な領域で、唯一正しい分析の単位があるということはないだろう。たとえば知的障害児が学校教育によって恩恵を受けられるかを決定するというような特定の目的のためには、IQのような単一の尺度でも十分な「こともある。」しかし、指揮する、演奏する、あるいは作曲するというように、特定の音楽的な課題に何が関わっているかを示したいのならば、〈音楽的知能〉という単一の構成概念では、あまりに大まかすぎる。

多重知能について書くとき、私はいつも、それぞれの知能がそれを構成する単位から成っていることについても述べてきた。いくつかの音楽的、言語的および空間的な「下位知能」がある。そして、特定の分析または訓練の目的では、このレベルで知能を調べることが重要だろう。しかし「簡潔性」と「有効性」という点で、私の知能リストは妥当だと思う。もし数十の下位知能について書いたなら、科学的にはもっと正確かもしれないが、それでは、教育に利用するには扱いにくいだろう。さらに、下位知能はしばしばいっしょにはたらき、支え合うことを示唆する証拠がある。この点からもまた、一個や百個ではなく、八つか九つの知能について述べることに意味があるのである。

［Q9］　数学的知能と音楽的知能の結びつきがよく指摘されるが、どう考えるか？

［A9］　疑いなく、数学の才能がある人は、音楽への興味を示すことがよくある。数学者はパターンに興味があり、音楽は、和声、韻律、曲の構成のパターンの宝庫だから、このような結びつきが生じるのだろう。しかし、興味はスキルや才能と同じではない。数学者が音楽に興味があるからといって、うまく演奏したり、他人の演奏を鋭く批評するだろうと予測できるわけではない。推定される結びつきが、逆も言えることはめったにないことに注意することが大切である。つまり、無作為に選んだ音楽家が、数学に興味がある、ましてやすぐれている、とは期待できない。さらに、問題となる音楽の種類にバイアスがあるかもしれない。つまり、クラシック音楽に関わる人のほうが、ジャズ、ロック、ラップ、その他のポピュラー音楽をやる人より、ずっと科学や数学志向の傾向がある。

つぎのような観察から、もうひとつの要因が示唆される。特定の家族、そしてたぶん特定の民族集団は、学業や芸術の成果を強く重視する。そして自分の子供が、学校で良くでき、楽器を立派に演奏できることを期待する。この双子の目標によって、数学にも音楽にも抜きん出た多くの子供からなる母集団ができあがる。他にも、共通の基礎になる要因があるかもしれない。たとえば、きちんと練習する自発性とか、紙の上の記号を扱う正確さの傾向、そして高い標準を達成しようとする欲求などである。音楽的知能と数学的知能のあいだには特権的な関連があるという結論に飛躍する前に、時間に正確なことから説得力のある小論を書くことまで、多種多様なスキルをとりあげて調べる必要があるだろう。

［Q 10］ 記憶のような、いくつかの知能にまたがる能力はどうなるのだろうか？

［A 10］ 私は水平的な能力の存在については懐疑的である。つまり、記憶や注意、知覚など、あらゆる種類の内容を横断して等しくはたらくと言われる能力のことだ。認知科学と脳科学の最も重要な発見のひとつは、心は垂直方向で考えたほうがよいということである。つまりそれは、外界と人間の現象的経験における特定の［領域の］内容とかみ合っている一連の能力の集まりなのである。

記憶を子細に見れば、かなりの神経心理学の証拠から、記憶には異なる種類があることがわかる。(4) つまり、直接記憶、短期記憶、長期記憶、意味（または類）記憶、エピソード記憶（特定の出来事の記憶）、手続き的記憶（方法の知識）、および命題的記憶（内容の知識）である。これらの記憶は、異なる心理学的プロセスを反映し、異なる神経中枢が扱っている。言語的記憶は、音楽的記憶とも、形や顔、身体運動などの記憶とも分離できるという、説得的な神経心理学の証拠がある。単一な一元的記憶という概念は、詳しく調べれば分解してしまう。

これに関連して、誰かが「記憶が良い」と言うとき、どういう意味なのか考えてみるとよいだろう。

ふつう、これは、その人の「言語的」記憶が良い、つまり、名前や日付、定義を覚えられる、ということを意味している。しかしこの人が、視覚的パターンや音楽的パターン、体の動き、あるいは最近の社交的ことがらでその人（または他の人）が感じたことを、同じように良く記憶しているかどうかはわからないのがふつうである。これらのスキルには、それぞれ独自の記憶過程があり、他の記憶過程とはまったく無関係ということもありえる。

【Q11】　多様でおそらくは独立している知能が、リーダーや管理者なしで、どうやって効果的に機能できるのだろうか？

【A11】　管理機能を想定しない理論には、想定する理論より利点がある。つまり、そのほうが単純で、「無限後退」、つまり誰・何が管理者を管理するのかという「ホムンクルス（こびと）」の難問を避けられる。また、効果的な作業には管理者が要るというわけではない。芸術であれ、スポーツであれ、多くのグループは、リーダーを任命せずともうまく力を発揮する。そして、階層的でないパターンで組織される仕事チームが増えている。

管理者の問題は、私は〈中央知能局〉［CIA（中央情報局）のもじり］と呼んだことがあるが、理論的にも実際的にも、考える必要がある。理論的なレベルでは、問題は、管理機能を仮定した結果、行動がよりうまくモデル化されるかどうかである。管理機能が「賢く」て、意図的に十分に動機づけられた決定をするかもしれない。あるいは「無能」で、二つの対立する過程が同時に動かないようにしているだけかもしれない。かなりの証拠から、そのような管理機能は、前頭葉の構造によって処理されていると示唆される。そこで、「モデル作成者」は、これを別個の知能と考えるのか、それとも内省的知能のような他の知能から現れる存在と考えるのかを、決めねばならない。現在、私は後者の選択肢に傾いている。

実際的なレベルでは、大きくて興味深い個人差を考慮すれば、人々はどうやって自分の活動と生活を最もうまく組織できるのかを問う必要がある。熟慮的で「上位（メタ）認知的」な「考えについて考える」人々もいる。彼らは自覚的な計画に没頭していて、それは目標を成就するのにひじょうに役立つことがある。一方、もっと直観的な人々もいる。彼らは、自分のしたいことを知っている。そして、環境が適切であると知るや、仕事を成就する。ダンテ［イタリアの詩人］やシェイクスピア［イギリスの劇作家］はひじょうにすぐれた精神をもっていたので、一片の逡巡たりと入り込む余地がなかったと言われる。もしこの言明に意味があるなら、どちらの巨匠も、何を、いつ、どうやってすべきか、と悩むことには、あまり多くの時間をとられなかったと示唆される。創作を開始する準備ができるまで、ただじっと待ち、それから一気に仕事をしたのだ。

けっきょく、何らかの種類の管理機能を持ち出すのが役立つと思う人がいても、私はぜんぜん反対しない。モデル作成という目的のためには、そのような階層を考えなくても人間の行動を説明できるのか、それとも、別個の管理知能を持ち出すことなく、階層が自然に日常の機能の一部として現れるのかどうかを調べることが有益である。

【Q12】〈批判的思考〉という一般的な能力はどうなるのだろうか？　これは今日の社会では重要ではないだろうか？　青少年がこの能力を伸ばすのを助けるコースを開くべきではないか？

【A12】　管理機能と同様、批判的思考の概念に、私は何が何でも反対というわけではない。なるほど私は、自分自身批判的に考えたいし、私の子供たち、学生、友人にもそうしてほしい。だから、その過程の助けとなることなら何であれ勧められるべきだ。しかし、〈批判的思考〉と呼ばれる特定の形式の思考がある、というのは疑わしいと思う。(5)記憶その他の「通領域的」と思われる能力に関して述べたように、詳しく分析すると、それらの存在は疑わしい。特定の領域は、それぞれ独自の形式の思考と批判をもつようである。音楽家、歴史家、分類生物学者、舞踏振付師、コンピュータ・プログラマー、文芸評論家、彼らはすべて、批判的思考を尊重する。しかし、フーガ（遁走曲《とんそう》）を分析するのに必要な「種類」の思考は、多様な種を観察して類別したり、詩を推敲したり、コンピュータ・プログラムをデバッグしたり、新しいダンスを創造し修正するのに関わる思考とは根本的に異なる。このなかのひとつの領域で批判的思考を訓練することが、もうひとつの領域で批判的思考を訓練することと同じだ、と考える理由はほとんどない。そして、新しい領域を切り開いても、それとわかるほど

「節約」や「移転」が起こるとは思われない。なぜなら、個々の領域は、独自の対象や手順、連関の論理を示すからである。

たしかに、領域を横断して役立つ、ある考え方の習慣というものがあるかもしれない。じっくり取り組み、選択肢を考慮し、ブレインストーミングをし、思いやりのある仲間からの批判的なフィードバックを引き出し、思わぬ障害が現れたらしばらく仕事を脇に置いておくなど、いわゆる「弱い手」は、益するところが多い。そのような心の習慣は、早い時期に広く磨かれるべきだ。しかし、こういうことでさえ、それを使ってよいところで、明示的になされねばならない。実際、それらが「弱い」と呼ばれるのは、まさにそれ自体が、それほど強く人を縛るということがないからだ。じっくりと宿題をやる人が、株式に投資したり恋に落ちたときもかならずそうするだろうと期待するのは、非現実的だろう。

こういう理由で、批判的思考それ自体をテーマにする講義や講演を、私はあまり信頼しない。批判的思考が価値があるすべての講義や活動のそれぞれで、テーマにされるほうがずっとよい。そういうレッスンを利用する手助けになる講義は、役に立つかもしれない。しかし、特定の領域における批判的思考のモデルを作らずに、その代わりになるとか、それを不要にするとかの講義は、私には時間の浪費に思える。けっきょく、通領域的な批判的思考への最も確実な道は、つぎつぎと別の学問や領域で批判的思考を教え込まれる修練である。したがって、たとえば生徒［以後、小学校児童も含む］を説得力のある説明ができるようにしたかったら、歴史の議論や、科学の例証、文芸の解釈に必要な種々の説明を導入することは意味がある。たぶん、もしこういう形式の批判的思考がそれぞれ習得されるなら、生徒は将来、訴訟手続きや講習会で説得力ある説明をしやすいだろう。

数学者や論理学者と話すとき、私はこの見方への最も大きい抵抗に出会う。彼らにとって、「思考は思考だ」というわけだ。つまり、もし論理的であることのなんたるかを知っているなら、どこでも論理を適用できる。数学と論理学が私たちの賞賛に値するのは、まさにそれらが、命題やパターンについて彼らの重んずる最大の一般性を探求することに関わっているからである。しかし、彼らとて、しばしばその自ら奉ずるところの範とはならない。彼らは私生活では実際的でなかったり、非論理的だったりすることがよくある。また、論理を、愛情関係の探求や気難しい人を扱うといった不適当な活動に適用しようとする。「心 - 理」は、数学の論理とはまったく異なるものだとわかるのだ。

【Q13】　芸術的知能はあるのだろうか？

【A13】　厳密に言えば、「芸術的知能」は存在しない。むしろ、知能は、シンボル体系の特定の特性をどれほど活用するかに応じて、芸術的にも、非芸術的にも機能する。誰かが言語を、ここで私がしているように、ふつうの説明的なやり方で使うときは、言語的知能を美的に使ってはいない。しかし、もし言語が比喩的に、表現豊かに、またはその形式的あるいは審美的な特性に注意を引くやり方で使われるなら、それは芸術的に使われている。同様に、空間的知能は、彫刻家や画家に美的に使われうるし、幾何学者や外科医には非美的に活用される。音楽的知能でさえ、非美的に機能することもある。兵士を食事や旗の掲揚に呼び出すための軍隊ラッパを考えるとよい。逆に、数学的な目的のために数学者がデザインしたパターンが、美術館に展示されたこともある。たとえば、M・C・エッシャー［オランダ］の不思議な絵がそうだ。

知能が美的な目的のために使いこなされるかどうかは、個人と文化の決定する問題である。たとえば、人は言語的知能を、弁護士、外交販売員、詩人、または演説者として適用できる。しかし、文化もまた、知能の芸術的な使用に重きを置いたり、あるいは妨げたりする。文化によっては、ほとんど誰もが、詩を書いたり、ダンスをしたり、楽器を演奏したりする。これに対して、プラトンは詩を彼の構想した「国家」から取り除こうとしたし、スターリンはすべての詩を、まるで外交上の信書であるかのように詮索した。

もちろん非公式には、芸術的知能について話してもまったくさしつかえない。とくに芸術的な目的のためにひんぱんに活用されるさまざまな知能の省略表現としてなら、私も使う。この文脈で注意しておく価値があるのは、芸術を重視する学校では、MIの考え方が歓迎されて発展している一方で［A17および9章で述べるプロジェクト・サミットで実証］、芸術が軽視されたり片隅に追いやられている学校では、MIの考え方が不愉快な差し出口だと思われているということである。

集団の差異についてのQ＆A

【Q14】　多重知能は集団を横断して質や量が同じなのだろうか？　たとえば、男性の知能のプロフィールは、女性のそれとは異なるのだろうか？　そして異なる人種や民族集団ではどうなのだろうか？

【A14】　これは大反発を招きかねない問題である。もし知能に公正なテストが開発されたら、性差など特定可能な集団間に差異が見られるだろう、と私は思う。[6] しかし、もしそのような差が見つかっても、それをどのように解釈するのかは明白ではないだろう。西洋では、女性は空間的課題で、男性より成績が悪いかもしれない。一方、空間定位が生存のために重要な環境では（たとえばエスキモーのように）、そのような差は消えるか、逆転することさえあるだろう。同様に、アメリカでは数学の標準テストの得点にいつも見られる性差［男性のほうが高い］が、アジアの母集団では小さくなっている。実際、アジアの女性は、アメリカ人よりしばしば得点が良い。

男性と女性とでは、知能を同じやり方で使うのかどうか、という興味をそそられる問題もある。さまざまな研究によると、下等哺乳動物の空間定位は、メスでは目印で、オスでは身体位置でもたらされるという。だから、同じようなちがいが人間でも存在しておかしくない。そして、男性と女性とでは、それぞれの知能を同じような優先順位で見るかどうか、という問題がある。道徳判断に関するキャロル・ギリガンの先駆的な研究が示唆するところでは、女性のほうが対人的な考慮を重視するが、一方男性は、論理数学的な思考に頼る傾向がある。(7)

私自身の研究では、この問題は追求しないことに決めた。見かけの集団の差は、6章で述べたオーストラリアの場合のように、あやしげな政治的目的のために利用されてきたし、私は、そのような連中にさらなる弾薬を提供したくない。とにかく、もし調査によって集団間に再現可能な差異が実証されたなら、私は、その差異を、集団内の生得的な制限の証拠としてではなく、改善のための想像力豊かな努力のための出発点とみなしたい。

【Q15】 MI理論は、他の生物種や人工知能にも当てはまるのだろうか？

【A15】 これは興味をそそられる質問である。私の知能のリストは、人間の知性を特徴づけるひとつの方法だが、それは、知能をもっていると考えられる他の存在にも適用できる一組みのカテゴリーを提供してもいる。他の生物の知能の一覧表から、齧歯類《げっし》［ネズミなど］はかなりの空間的知能をもち、(8)霊長類はすぐれた身体運動的知能をもち、鳥類は音楽的知能を示す、といったことが明らかになるかもしれない。たぶん、コウモリやイルカなどのように、人間には未知のあるいは人間では未発達の知能を示す種もあるだろう。そして、内省的知能や実存的知能などの特定の知能は、人間にだけみられるものかもしれない。

すでに、高度な知能をもったコンピュータ・プログラムが作成されていて、作曲したり、複雑な計算をやってのけたり、一対一の対戦でチェスのチャンピオンを負かしたりしている。コンピュータも個人的知能を発達できるかどうかは、重要な論争のテーマである。多くの人工知能の専門家は、コンピュータが人間的な知能を示すようになるのは、ほんの時間の問題だと信じている。すでに［3章で］注意しておいたように、これはカテゴリーエラーだ、と私は思う。特定の価値をもつ共同体の構成員でなければ、個人という概念をもつことはできない。だから、個人の概念をコンピュータがもつと考えるのは、不当な拡張だろう。しかし未来には、人間もコンピュータも、私の近視眼的な考えをクスクス笑うかもしれない。

知能と生涯発達をめぐるQ＆A

【Q16】　晩年には多重知能はどうなるのだろうか？

【A16】　多くの点で、多重知能は子供時代の特別な才能のように思える。子供を観察すると、いくつかの知能を使っているのがすぐに見てとれる。実際、私が〈子供博物館〉に熱中するのも、そこで明らかに、あり余るほどの知能が育成されるからだ。今日では、ふつうの子供博物館でも、ふつうの学校より子供の心にピッタリ合っている(9、11章を参照)。

年齢とともに、多重知能の見えやすさだけでなく重要性も低下していく、ということもあるかもしれない。しかし、私はその反対が正しいと信じる。ただ、歳をとるにつれて、私たちの知能は内面化されていくのだ。一人ひとりの考え方は、あいかわらずちがっている。実際、心的表象の様式における差異は、生涯にわたって増大するようである。しかし、高齢者間の差異は、観察者にはそれほどはっきりと見えないだけなのだ。

たとえば、講演会場で起こることを考えるとよい。講演者が話をすると、聴衆は着席してメモをとるか、またはただ話し手に集中する。観察者は、情報処理がぜんぜん行われていないか、または処理は完全に言語的だ、と考えがちである。しかし、講演の内容を表現する段になったら、聴衆だけでなく講演者も、利用できる表現能力を利用するのに何の制約もない。物理学の講義は、言語でも表現できるし、論理的命題でも、図形でも、ある種の運動的心像(これがアインシュタインが物理学について考えた方法だった)でも、何らかの音楽的形式(ギリシア人は音楽的な力と数学的な力の類似点を強調した)でさえ、表現できるだろう。人々は学んで思い出すために、ノートをとったり、さまざまな補助器具[録音機器など]も用いるだろう。

私たちの心の奥は個人的なのであり、誰も心に向かって何をすべきか言うことはできない。心にとっての課題は、街中であれ、教室の中であれ、経験を意味あるものとすることだ。心は、資源、すなわち私たちの知能を、自由に最大限に使うのである。

【Q17】　MI中心の学校がうまくいくという証拠はない、と聞いたのだが。どんな証拠があるのだろうか？

【A17】　MI理論の影響を受けた学校が効果的だ、という証拠は、たくさんある。校長や保護者、生徒、教師からの満足の声はじつに多い。そして、多くの学級や学校が、生徒がより学校に来るようになり、学校が好きになり、学校をきちんと卒業し、学業成績も良い傾向が高いと述べている。もちろん、この証拠は、ほぼ全面的に自己報告にもとづいていて、MIの批判者よりも彼らの反応を報告するだろうMI支持者寄りに傾いている。

しかし、たとえこれらの主張を個別に実証できたとしても、どの効果がMI理論によるのかは確かめられないだろう。学校は、はなはだしく複雑な環境をもつ、ひじょうに複雑な場所である（9章で詳述）。テストの得点や他の成績尺度が上がったり下がったりするとき、こういう「高」「低」を、お好みしだいでどのヒーローや悪役のせいにもできる。しかし統制された種類の研究なしには、MIが、そしてMIだけが効いたのだ、と「証明」することはとうていできない。そして、そういう研究は、医療場面以外で実施するのはほとんど不可能である。

こういう理由のために、「MI理論を応用すれば学校が確実に変わる」と主張するのを控えてきた。控え目にしていることが望ましいと思ってきた。しかし、そうではなく、私の沈黙はいろんな方面で、「MI理論はうまくいかない」とか「ガードナーはMI中心の学校がしていることに不賛成だ」という証拠だと理解された。

だから、ハーバードの教育学者ミンディ・コーンハーバーたちが「プロジェクト・ゼロ」で、「プロジェクト・サミット（SUMIT）」（MI理論を用いる学校）を始めたことは、とても喜ばしい〔9章を参照〕。研究チームは、MI理論を最低三年間応用しているアメリカ中の学校四一校を調査した。これらの学校の結果は、大いに勇気づけられるものだった。78％の学校は、標準テストに良い結果を報告した。そのうち63％の学校が、その結果をMI理論に示唆を得た実践のおかげだとしている。78％の学校が、学習困難の生徒の成績が改善された、と報告した。80％は、保護者の参加が改善したと報告した。そのうち75％が、その増加はMI理論のおかげだとしている。そして、81％は、生徒の規律が改善したと報告した。そのうち67％が、その改善はMI理論のおかげだとしている。たとえこれらの数字がMIへの賛同によるバイアスをもつとしても、それは経験的データにもとづいており、不偏不党の立場ならそのことを否定はできない。

［Q18］ 学業成績の改善を報告するMIスクールがあったとしても、生徒たちの学習にとくに焦点

ではないだろうか？

を合わせるのでなければ、MIアプローチが生徒間のちがいを本当に大事にしているとは言えないのではないだろうか？

【A18】　これほど真実から遠いものはない。私自身、教えるときにも書くときにも、教科と、教科横断的な基本スキルを習得し理解することを、いつも教育の中心に置いてきた。私は、あくことなく学習そのものに焦点を合わせてきたし、教育の過程に関わるすべての人に高い規準を求めてきた。そして、適切な評価を定期的に利用することを強く支持してきた。

学習内容の性質という点で、私はある種の評論家たちと袂を分かつ。私は事実を蓄積することよりも、概念を理解することに価値を置いている。標準とか必修のコアカリキュラムというものには、あまり信を置いていない。理解はさまざまな材料から達成できるし、また、広い範囲をカバーするよりも、限られた数のトピックを深く探究することによって得られると信じる。同様に、標準化された短答式の機械採点テストを使うことへの評価は低い。むしろ、生徒が自分の理解を堂々と表現でき、適切な批評を受け、その表現と理解を高めてゆける機会のほうがずっと大切だと思う。

個人や学校によっては、学問とは関係のない目標のための原理としてMIをかかげたり、スキルを欠いていたり学業の必要性に応えられないことの弁解として、MIを用いるかもしれない。しかし、私自身がそのような思慮のない事例に出会ったことはほとんどない。そういう例は、ふつう保守的な考え方の批評家の文章に現れる。彼らの先入観は、観察スキルより強いのだ。とにかく、そのような誤用のために、理論（または理論家）を非難するのは、適切とは言い難い。どんな心理学的な考え方であっても、建設的な方法で使うこともできるし、軽率に誤用もできる。「学校におけるＭＩ」について私自身が現在考えるところを、９章と10章で少し詳しく述べよう。

非公式には、私はよく、「ハーバード・プロジェクト・ゼロ」での研究を、こんなふうに説明する。「私たちは良いアイデアを開発して、それらを正しい方向に押し進めようとしています。」これが、私のＭＩ理論への姿勢であったたし、今後もそうありつづけるだろう。

8章　創造者とリーダーの知能

多重知能（ＭＩ）理論の研究は、複数化と分散化への努力である。つまり、かつては単一概念だった知能を、（できるなら）自然が意図した方向に沿って分解する、ということだ。しかし、この努力がうまくいくには、知能が他の徳目と混同されないことが必要である。[1] 知能を道徳とまぜこぜにしないことの重要性を、５章で例として論じた。

しかし、尊重される他の人間の特性、とりわけ〈創造性〉や〈リーダーシップ〉などの知的な領域の特性についてはどうだろうか？　創造者やリーダーは知能がすぐれているのだろうか？　もしそうなら、どのように？　この章では、そのような疑問を検討しよう。

天才児

人は同じようにできていないし、知能もすべて同じにはできていない。文化によらずしばしば観察されることのひとつは、特定の方面で秀でた子供がいるということである。同年齢の他の子供たちより早い時期に、しゃべったり、歌を歌ったり覚えたり、知らない土地でどちらに向かったらよいかを見つけたり、身体的なゲームや知的なゲームをマスターして勝ったりするようになる子供たちがいるのだ。そのような子供が際立っているときには、〈才能児〉とか〈英才児〉と呼ばれる。そして、本当に早熟で、まだロンパース［幼児の遊び着］を着ているのに大人のレベルに匹敵するようなときは、〈天才児〉とか〈神童〉と呼ばれる。

天才児は、注目すると不思議で、知能が別々であることの明白な「証拠」でもある。しかし、才能児と天才児は早熟な熟達者であることに注意するのが大切である。彼らは、ふつうの大人ならできるような、そういう活動に秀でている。私たちは、交響楽団のバイオリン奏者が卓越した演奏技量をもっていると期待する。大学で教えている数学者は、その得意分野の重要な証明を習得しているものと考える。チェスの名人なら、ほとんどのトーナメントで造作もなく勝つだろう。天才児は、こういうそれぞれの領域で知能が大人の熟達者と張り合えるほど十分なスピードで発達した子供である。しかし、他の子供が追いついてくると、天才児はもう目立たない。大人の熟達者は、もと天才児であろうとなかろうと、際立った演奏や創造ができて、人々の賞賛を受ける。この区別を述べた上で、創造性の領域をさらに詳しく探ることにしよう。(2)

創造性と領域、分野

私の〈創造性〉の定義は、〈知能〉の定義と明白に類似している点と相違している点がある。人が創造的なのは、「ある領域で」、最初は新奇だがついには何らかの文化的な場面で受け入れられるしかたで、問題を解決したり、提起したり、何かを創造したりできるときである。同様に、作品が創造的なのは、最初はその新奇さが際立つが最終的にはその領域内で受け入れられるようになる場合である。創造性のリトマス試験は単純である。つまり、創造的とされるその仕事や作品の後、その領域は変化しただろうか？

私の定義による知能と創造性の関係を明白にしよう。両方とも、問題の解決と何かを創造することに関係する。しかし創造性は、新たな疑問を発するという、もうひとつのカテゴリーをもち、それは、私の用語では、「たんに」知能がすぐれた人には期待されないようなものである。すなわち創造性は、さらに二つの点で、知能とは異なる。

第一に、創造的な人はかならず、「ある領域、学問分野、または職業集団のなかで」仕事をしている。人は一般的に創造的だとか、非創造的だとかいうことはない。レオナルド・ダ・ヴィンチ［イタリア］は、西洋世界の究極のルネッサンス人だったと言ってよいだろうが（なんといっても、この言葉は彼を念頭に置いて作られたと思われる）、彼といえども、絵画や発明のような、特定の領域で創造的なのであって、他の領域ではおよそ創造的ではなかった。ほとんどの創造者は、一つか、せいぜい二つの領域で際立つにすぎない。

第二に、創造的な人は、最初は何か新奇なことをするが、その貢献は新奇さだけでは終わらない。たんに何かちがったことをするだけなら、きわめてたやすい。むしろ、創造的な行為や行為者を定義するのは、「その新奇さが最終的には受け入れられる」ということである。そしてここでも、創造性のリトマス試験は、関連する領域に及ぼす影響である。

私の定義は、私の学生が「大文字のCの創造性（Creativity）」と呼んだものに焦点を合わせる。つまり、ある領域に影響する創造性である。たしかに、ちょっとした創造性というものがたくさんある。喜びをもたらし、たぶんその領域にささやかな影響を与えるような、ノベルティー・グッズ（装飾小物）といったところである。そして明らかに、中規模の創造性にたずさわる人もいる。その結果生まれるのはトップ40には入りそうもない曲とか、新しい研究領域を一般向けに要約する本とか、特定の文脈でならうまく使えるチェスの序盤手のようなものだ。しかし、本格的な意味で創造性の概念を理解するためには、明らかにそれぞれの領域に影響した人々を見なければならない。リヒャルト・ワーグナー［ドイツ］やジョン・レノン［イギリス］といった作曲家、ヨハン・ヴォルフガング・フォン・ゲーテ［ドイツ］やヴァージニア・ウルフ［イギリス］といった作家、マリー・キュリー［フランス］やニールス・ボーア［デンマーク］といった科学者、インマル・ベルイマン［スウェーデン］やスティーヴン・スピルバーグといった映画監督などだ。

社会科学では、理論物理学や分子生物学のような大発見は期待されない。創造性の多くはそこそこのものである。中規模のクリエーターが通例だ。しかし私は、心理学者ミハイ・チクセントミハイが「誰がまたは何が創造的かを問うのではなく、どこに創造性があるのかを問うべきだ」と提案したとき、(3) 社会科学の領域に明確な進歩が生じたと思った。彼の的確な表現によれば、創造性は、つぎの三つの個別の要素のあいだの相互作用に由来する。(1)才能や野心、個人的な性癖をもつ、個々の（潜在能力のある）〈創造者〉。(2)文化のなかの、仕事が達成される〈領域〉。(3)文化のなかに生み出された仕事・作品の質を判断する個人や組織という〈分野〉。歴史上いつであれ、多くの人々が、そのときに典型的に好まれているシンボル体系で、特定の領域の萌芽的な仕事をし、あるいはその領域に熟達していった。その結果として多くの仕事・作品が生み出されるが、その分野で傑出しているとして選び出されるのはほんのわずかでしかない。最終的に、これらの際立った成果のうちのほんの少数が、実際にその領域の構造や内容を変える。そして、そういう成果とそれを作った人こそが、大きな意味で、創造的だとみなすことができる。

創造性をこのように説明することによって、チクセントミハイは、個人の精神から創造性を切り離す。つまり、個人の心または脳から発しているものとは考えない。もちろん、これは、個人が創造性に不可欠なことを否定するものではない。少なくとも賢い機械以前の時代には。むしろ、この〈分野〉という概念は、〈創造性〉が本質的、必然的に、共同体の判断を表しているという事実に注意を向けるのである。ある人が創造的かどうかを確実に確かめられる唯一の方法は、その人が作り出した成果の最終的な運命を観察することである。

そして、ここに、知能と創造性の重要なちがいがある。知能は、共同体で尊重されるものを反映しているかもしれないが、最終的にそれは、個人の心または脳のなかの、一台か何台かの「コンピュータ」の円滑で熟練した操作を意味する。創造性はちがう。明らかに、良く設計された、良い性能を発揮する認知的コンピュータ（または二台以上の神経機械）をもっていることは望ましい。しかし、どんなに良く設計されたコンピュータでも、創造性を約束はしない。

こういう創造性の考え方に怒る人たちがいる。彼らが言うには、「創造的だと感じる」こととか、活動に没頭すること（子供が絵を描いているときのように）が、創造的な仕事をすることを構成している。また、生前は無視されて死後に初めて認められた芸術家、作家、科学者などをとりあげて、これは共同体の判断、つまり分野の愚かさや不適切さを表しているのだ、と言う批評家もいる。〈分野〉、つまりその領域の見識がある組織や個人が公正でなく、たしかに短期的には信頼できないことは認めよう。しかし、それは、仕事・作品について合法な判断をするために存在する、唯一のメカニズムなのである。したがって、好もうと好むまいと、私たちは、長年にわたる〈分野〉の評価と再評価に頼らねばならない。エミリー・ディキンスン［詩人］やヴィンセント・ヴァン・ゴッホは、存命中は真価が認められなかったかもしれないが、少なくとも、〈分野〉は私たちの時代には彼らを見いだした。そして、もし、誰かがその〈分野〉が好きではなかったら、その人はいつでも新しい〈領域〉や新しい〈分野〉の創造を試みることができる。たとえばフロイトは仲間の心理学者の考えを好しとはしなかったので、精神分析の領域を創設したように。そして彼は、自分が率いたそれに関わる〈分野〉に、その領域で創造された仕事についての判断をする権限を与えたのである。

創造的パーソナリティ

何につけ社会科学者の考えが一致することはめったにないが、そのまれな例に、ほとんどの創造性研究者が一致している意見がある。「ある領域で熟達するのには十年ほどかかり、その領域を変革するのに十分なほど創造的な仕事をし作品を作り出すには、さらにもう十年かかる」と言うのだ(4)。熟達するには、領域固有の作業を数千時間する必要がある。数学的な問題を解くことでも、バイオリンのむずかしい一節を練習することでも、仕訳帳を付けることでも、生物学や化学の実験をすることでも、そうである。こういう仕事はひとつ以上の知能に関係するので、用語の最も純粋な意味で、認知的である。

しかし、熟達は創造性と同義ではない。ひじょうに創造的な人々の研究によれば、純粋の知能というよりも、性格が際立っている傾向がある。(5) 創造的な仕事ができるようになる前にしてすでに、彼らは仲間とはちがって、野心、自信、仕事への情熱、根性、そしてあけすけに言うなら、創造的であろうとする欲求、世の中に足跡を残そうという欲求がある。

知能のすぐれた人と潜在的に創造的な人のちがいは、直観とも一致する。ひじょうに熟練していて、敏速で、まっさきにパズルに答えられそうな人々を、誰でも知っている。彼らは伝統的な意味で知性があるが、たいていはより多くのことを学んだり、だんだんむずかしくなる他人が作ったパズルを解くだけで満足している。

これに対して、敏速さや一般的な知的欲求の点では目立たないが、他人が考えるような問題からは離れていく人々もいる。彼らはある領域にずっと深く没頭して、自分自身で、変則性や謎を発見するだろう。彼らは最初、見いだした変則性を、なんとか取り除こうとするだろう。フロイトが学生時代、初めてヒステリーの性的な原因について聞いたときがそうだった。ダーウィンが、種は長い時間をかけて自然淘汰の結果として進化する、と初めて気づいていたときもそうだった。あるいはピカソが、友人ゲルトルード・シュタインをふつうの肖像画法では満足のいくように表現できない、と気づいたときもそうだった。こういう変則性はひとりでに消え去るということはないから、潜在能力のある創造者はけっきょく、実際に何が起きているのかを理解しようと精力を注ぐ。もちろん、創造的でありたいと望む人はずっと多いが、現実には成功しない。提案した解決が満足のいくものではなかったり、当人は満足しても、判断をする〈分野〉には理解されないこともある。

私は注意深く、創造者の性格特色は生得的だ、と主張しないようにしてきた。実のところ、野心的だとか、根性があるとか、何年もある領域に没頭するとか、世の中に足跡を残すことに邁進する、といった傾向が生まれつき高い人たちがいる、というのは疑わしいと思う。これらの性向は、ある種の生得的な気質と相関しているのがせいぜいだろう。たとえば、内気や引っ込み思案でなく、精力的でストレス耐性がある、といったことである。もしそうなら、なぜ、十歳か二十歳までに、将来熟達者になる気質と性格をもっている人もいるし、創造性と結びつく特徴をもっている人もいるのだろうか？研究に照らして私が推測するところでは、私たちは多くの異なる要因の偶然の一致を扱っているのであり、そしてそれらの要因がいっしょになって、向上心に燃えた創造者になる素因となるのである。

そういう要因としては、つぎのようなものがある。

・喜んで機会をとらえ、失敗を簡単には認めないような人に、早くから出会うこと。（たとえば、ルネッサンスのフィレンツェで生まれるのは、そういう機会となったろう。）
・若いときに、最低ひとつの分野に秀でる機会。
・若いときにある領域で多少とも熟達できる十分な訓練。
・勝利があまりたやすくは達成されないが、手の届く範囲にあって、つねに若い人を伸ばすような環境。
・自分と同じように実験心に富み、失敗にくじけない仲間。
・反抗を促すか、少なくとも許容するような、後の出生順位や変わった家族構成。
・それぞれの集団内で周辺に追いやるような、何らかの種類の身体的、精神的、社会的な障害または変則性。

このリストは推測にすぎない。たしかに、この基準と一致しない創造的なタイプの人がいるし、一致するが非創造的なタイプの人もいる。たとえば、一七世紀イギリスの暗闇から、世界の最もすぐれた物理学者アイザック・ニュートンが現れたことを説明するような、創造性の理論をまだ発見する必要がある。

代わりに、誕生時に引き離されて、つぎのような、逆の条件の組み合わせのもとに置かれた双子やきょうだいの創造性がどうなるかを考えてみるのも有益だろう。

・機会をものにしたような人とは、ぜんぜん接触がない。
・何かを極めることがまったく奨励されない。
・ある領域で熟達する機会がまったくない。
・たえず、しかし注意深く、要求を高くしていく親や指導者がいない。
・いっしょに実験に加わりそうな仲間がいない。
・長子であるか、反抗の兆しをすぐさま抑えつけるような家族構成である。
・共同体のなかで、まったくふつう（平均的）である。
・知的に伸びようとする努力が無視されるか、無理やり押しつぶされるような環境に入れられる。

明らかに、創造的な精神にこれほどそぐわない環境を想像するのはむずかしい。それでも、こういう条件をざっと書き出してみるだけでも、少なくとも創造者が生まれるには、適切な遺伝子の組み合わせだけでは十分でないことに気づく。

創造性の種類と知能の種類

いまや私たちは、創造性の定義と、どんな人が偉大な創造者になりそうかについての考えをもっている。しかし、知能は実際に、どのように創造性と相互作用するのだろうか？

私は最初、創造性の種類は、知能の種類から直接生じると考えた。作家は言語に創造的であり、数学者は論理数学的知能を使いこなす、等々。最初の近似としては、この同等視がまったく誤りというわけではない。しかし、知能と創造性の関係はもっと複雑で、もっと興味深いことがわかる。

なるほど創造的な人々は、特定の知能が目立つ。だが、ほとんどの場合は、彼らは少なくとも二つの知能のアマルガム（混合）を示す。しかもそのうちの少なくともひとつは、その領域では多少規格外であることがわかる。[6] アインシュタインは、ほとんどの物理学者のように、傑出した論理数学的知能をもっていたが、彼の空間的能力は、物理学者のあいだでさえ並はずれていた。（神経心理学者サンドラ・ウィテルソンによる、アインシュタインの脳の最近の研究によって、この憶測が裏付けられている。）

フロイトは、自分は科学者だと考え、十分な論理数学的な能力をもっていたが、彼のもっと大きな天才は、言語的知能と個人的［対人的・内省的］知能にあった。その事実のおかげで、彼は大衆にひじょうに受けたが、もっと従来の方法で訓練された科学者とは長いあいだ緊張が続いた。ストラヴィンスキーの音楽的知能は優秀だったが、彼はまた他の芸術的な知能［言語的など。7章A13を参照］でも突出していた。そして、たぶんこれが、なぜ彼がバレエの傑出した作曲家になり、巧みに曲に歌詞を付け、彼の時代の鋭利な芸術評論家のひとりになったのかを説明している。

傑出した創造者はすぐれた複数の知能のアマルガムをもっているが、彼らは一般に、知的な弱点も示す。たとえばフロイトは、音楽的知能を欠いていた。またピカソは、ひじょうにできの悪い生徒で、基礎的な読み書きをほとんど習得しなかった。しかし創造者は、こういう知的な弱点で挫折しない。彼らは、それを無視し、欠陥のある領域では助けを求めるすべを学ぶ。創造的な人は、自分の長所を知り、認知的または文化的なニッチ（適所）を認識し、張り合える長所を完全に知って、それらを追求する。彼らは、他人がもっとうまくできることを嘆いて数ヶ月、数年といわず、貴重な数分たりとも浪費はしない。

創造的な人々は、それぞれ異なる種類の活動に引きつけられる。このことを示すのが、つぎの重要な二分法である。(1)主として「人」の世界ではたらくようになる人たちがいる。彼らのなかには、自分自身の心を探究する〈内省者〉がいる（ヴァージニア・ウルフやジグムント・フロイト）。あるいは、他人の行動を変えようとする〈勢力者〉がいる（ウィンストン・チャーチルや毛沢東）。(2)一方、「物や、シンボル、アイデア」の世界、つまり無生物、非人格的な領域に引きつけられる創造的な人々もいる。彼らは、ある領域の卓絶した〈巨匠〉になることが多い（モーツァルトやシェイクスピア）。あるいは、〈創始者〉として現れ、その領域の根本的な構成を変える（ダーウィンやピカソ）。

創造者は、行う仕事のタイプによっても区別することができる。(1)同僚たちも取り組んでいた問題を解決する（DNAの発見者、ジェームズ・ワトソンとフランシス・クリック）。(2)まったく新しい説明的な枠組を創造する（アインシュタインやフロイト）。(3)あるジャンルに恒久的に残る作品を創造する（ピカソやストラヴィンスキー）。(4)儀式的な演技に卓越している（舞踊家マーサ・グレアムや俳優ローレンス・オリヴィエ）。(5)いちかばちかの筋書きのない行動にたずさわりながら創造する（ガンディー。彼は非武装で、武装した軍隊に立ち向かわねばならなかった）。

何が素因となって、〈勢力者〉になる創造者もいれば、〈創始者〉になる創造者もいるのか？ あるいは、なぜ問題解決をする人もいれば、新しい理論を創る人もいるのか？ さらになぜ儀式的な演技者になったり、危険に満ちた筋書きのない行動をするようになる人もいるのか？ 私たちは創造性について、あまりよくわかっていない。ただ、知的な長所と、創造性のモード（様式）のあいだに関連があるのではないか、と私は思っている。たとえば、対人的知能に親和性をもつ人たちのほうが、勢力者や演技者になりそうだ。強い論理数学的知能をもつ人たちは、巨匠や理論創案者になるだろう。もっと複雑な相互作用が、知的な長所と性格タイプのあいだには起こるだろう。たとえば、言語的知能のすぐれた人々がいるとしよう。内気な人のほうが、詩人になりそうである。一方言語的知能が同じでも、もっと外向きの性格の人のほうが、コメディアンや政治的リーダーになりそうである。

リーダーシップと知能

リーダーシップについての学問的観点

リーダーは、知能や創造性で傑出した人とはまったく別の世界から現れるようにみえる。リーダーは主として、権力、説得、および政策に関わる。彼らは権威ある地位を得て、それから、そのニッチを利用して、力や、もっと望ましいのは説得によって政策を実行する。リーダーにもある程度知能が必要だろう。しかし、もし彼らが大衆と結びつきたいなら、知能はどちらかというと、じゃまになることがある。創造性についていては、それは芸術家や学者の分野であって、「実」社会で成功する人々の分野ではない。

心理学的な観点からリーダーシップを分析する人々でも、ここで提案した種類の分析とはずいぶんかけ離れているようである。心理学者によるリーダーシップ研究では、リーダーの〈パーソナリティ〉や、〈フォロワー（追随者）〉になる人に焦点を合わせる傾向があった。彼らの見るところでは、リーダーというのは、権勢を得て、支配し、自分の意志を他人に押しつけることに強い動機をもつ人々である。この動機は、しばしばその父親との関係（または関係の欠如）に結びつけられる。あるいは、補償すべき劣等感とか、きょうだいとの対立関係とか、子供時代の集団序列における緊張関係の経験とかに結びつけられる。誰もが生活のある部分ではフォロワーだが、最もリーダーに支配されやすいのは、低い地位にいる人たちである。

私は、リーダーシップのこういう見方を否定はしない。明らかにリーダーシップの多くは、政治学者、歴史家、および社会学者の研究分野に入る。そして、明らかに、人間のパーソナリティと気質は、リーダーとフォロワーの心性に強く影響する。しかし、リーダーシップの認知的な側面は控え目に扱われてきたと思う。そして、私自身の分析は、この不足に向けられている。(7)

リーダーシップの認知的なとらえ方

伝統的に、リーダーというのは、相当数の他人の考えや感情、行動を変えることができる人々である。専制君主や独裁政権の場合のように、彼らは変化を強制的にもたらすこともある。しかしこれらの例では、リーダーシップはほんの引き金を引く力ほどにすぎず、いったん強制力が取り除かれれば、リーダーの有効性は消えてなくなる。残念なことに、二〇世紀の歴史は、ヒトラーからチャウシェスク［ルーマニア］、ミロシェヴィッチ［セルビア］に至るまで、強圧的なリーダーと、彼らが直接、間接に手を下した出来事に支配されてきた。

私はこういうリーダーの代わりに、私が〈自発的〉と呼ぶリーダーに焦点を合わせたい。つまり強制なしに、変化を起こすことに成功する人々である。こういうリーダーが効果を発揮するのは、主として、ストーリーを語ることと、そのストーリーを自分自身の人生に体現することによってである。

まず、ストーリーを語ることから始めよう。リーダーの目標は、他人の行動を変え、そして出来事と将来に形を与えることによって、フォロワーが世界とそのなかにおける自分の場所について、ちがうふうに考えるのを助けることである。（管理者は、そんな情熱はぜんぜんもっていない。彼らは現状を維持する。）リーダーは気づいているが、ストーリーは、たんなるスローガンやメッセージ、あるいはビジョンともちがって、ドラマチックな伝達手段である。そこには主人公や一連の目標、目標を妨げる障害、および目標を達成するための数々の戦略が登場する。ストーリーを語るとき、リーダーは、自分自身や家族、国民、国家について、ドラマチックな語りを創造する。そういう語りは、人を動かさずにはいないだろう。なぜならそれは聴衆を歴史の発展に引き込み、リーダーと同一視させ、運命を共にするようにさせるからだ。

マーガレット・サッチャーの場合を考えてみよう。(8) 彼女は、イギリスの首相を1979年から1990年まで務めた。保守党のリーダーをめざした最初の選挙キャンペーンにおけるサッチャーのストーリーは、単純だが人々に訴えずにはいなかった。彼女のキャンペーン・スローガンの言葉に、「イギリスは道に迷った」というのがある。第二次世界大戦の終結以来、イギリスは事実上、二党連立政権によって統治されてきた。それは、社会主義化した階層、国有産業、および強大な労働組合を擁し、その結果、イギリスに二流の経済と軍隊をもたらした。サッチャーは、支配的な正統性に挑戦し、昔のイギリスを思い起こさせた。それは、誇り高く、独立的、愛国的で、活力に富み、自らの価値において行動できる国家であった。彼女はまた、イギリスが再び政治と商業の世界でリーダーの地位に就ける将来を見てもいた。マーガレット・サッチャーなら、イギリスが正しい道を見つけるのを助けるだろう。

だが、サッチャーはただストーリーをうまく語っただけではなかった。ストーリーを体現したのだ。彼女は食料雑貨店主の娘で、一家は父親の店の上階に住んでいた。機知と野心、そしてたいそうな勤勉によって、彼女は高等教育を修め［オックスフォード大学］、化学と法律の学位をとった。結婚して、二人の子供を育てた。政治に打って出て［下院議員］、一連の「初めて」を達成した。わけても、イギリス史上初めて女性で、影の首相［政権を担当しない影の内閣の党首］となり、首相となった。1982年のフォークランド紛争［アルゼンチンのフォークランド諸島への侵攻］で果敢に危険な道［軍隊の派遣］を選び、また1984年のブライトンでの保守党大会でテロリストの爆弾攻撃を免れて、勇敢さも示した。現代の名言家が言ったように、彼女は「語ったことを歩いた」のである。

しかし、新しいストーリーをうまく創造して「売る」、一人のマーガレット・サッチャーがいれば、また、ロンドンのハイドパークで卵の木箱の上に立ち、数人の、本当に熱心な、同じように埋ずもれたフォロワー以外には見向きもされない何百人もの演説者がいる。なぜだろうか？　私たちは幼いころから、たくさんのストーリーを見たり聞いたりしている。そのなかのあるものは、急速に固定化する。四、五歳児の心には、ヒーローや悪者、日常生活のいつものことや変わったことについて、ストーリーがいっぱい詰まっている。もしリーダー気取りの人が、あまりにもなじみのストーリーを語るなら、フォロワーはそれをすでに自分が知っている話に自動的に同化して、特別な意義はぜんぜん感じない。一方、ほとんどの革命家が知っているように、もしストーリーがふつうの経験からかけ離れているなら、それは無視されるか、すぐに忘れられる。

リーダーの技術は、ストーリーを創造して改良し、それがフォロワーの注意と参画を呼ぶようにすることである。それによってフォロワーは、自分は何者なのか、何に関わっているのか、何を、なぜ達成したいのか、という考え方を変える。鋭敏なリーダーは、最初の聴衆の反応に慎重に注意を払い、つねに自分のストーリーを改良してゆく。キャンペーンに成功した人たちは、フランクリン・ルーズヴェルト（ローズヴェルト）や、ロナルド・レーガン、ビル・クリントンのように、すでに修行時代に、そうするようになっている。それでも、たんに聴衆を満足させるためにストーリーをこしらえるのは危険である。そうするリーダーは、本物ではない、あるいは悪くすると、偽善者だとみなされるだろう。報道対策アドバイザーや世論調査員、広報担当者が増えたとはいっても、大衆が本来もつ本物への指向が、リーダーの長期の有効性を決定するのである。

リーダーの知能

どんな知能がリーダーには重要だろうか？　第一に、リーダーは言語の才能がある。彼らは効果的なストーリーを語り、しばしばうまく書くことができる。第二に、彼らは強い対人的スキルを示す。彼らは、自分が影響を与えられる他人の、熱望や恐怖を理解する。第三に、彼らは良い内省的な意識をもっている。つまり、自分の長所や短所、目標を鋭く自覚している。そして、たえず自分の個人的な方針について熟考する心構えがある。最後に、最も有能なリーダーは、実存的な疑問に対処することができる。聴衆が生活状況を理解し、目標を明確にし、有意義な探求にたずさわっていると感じるように、手助けする。

もちろん、弁護士も科学者も建築家も、個人個人で異なるのと同じように、リーダーたちも、それぞれ異なるスタイルと長所をもっている。ビル・クリントン元大統領は、見事なストーリーの語り手ではあるが、ストーリーをたくさん語りすぎ、どれを本当に信じていて具体化するのか、はっきりしない。参謀総長ジョージ・マーシャル［後述］のように、軍隊のリーダーには新しいストーリーはあまり必要でない。代わりに彼らは、戦場や国内の軍隊にすでによく知られたストーリーを最高度に体現する。リーダーのなかには、聖書のモーゼや二〇世紀の政治家ジャン・モネ［フランス］のように、効果的に話せないので、代弁者に頼らねばならない者もいる。リンドン・ジョンソンは、個別の議員やジャーナリストに影響を与えるのには熟練していたが、一方でテレビで話すときのように、もっと大勢の距離のある集団を相手にしないといけないときの対人的スキルを欠いていた。

このような多様なプロフィールは、ビジネスの世界でも明らかである。ヘンリー・フォード［自動車会社創立］は聡明な発明家で、先見の明のある思索家だったが、他人と自分自身への洞察を欠いていた。けっきょく、この対人的および内省的な鈍感さが、彼の会社に重くのしかかることになった［ワンマン体制で反ユダヤを唱え不買運動を引き起こした］。フォードの後継者、ロバート・マクナマラ［後にケネディ政権の国防長官］は戦略的で、論理数学的な達人だったが、従業員の実存的な問題に対処するのにはそれほど長けていなかった。ビル・ゲイツ［マイクロソフト社創立］のユートピア的なビジョンとぎこちない人物像は、マニアックな過去とサイバースペースを受け継ぐ夢をもつ、他のコンピュータ「オタク」にアピールした。ルイス・ガースナー［元GM社］が最初にIBMの覇権を握ったとき、彼はこう宣言した。(9)「IBMに今いちばん要らないもの、それはビジョンだ。要るのは、すべての部門でいっそうコスト削減すること、いっそう市場に焦点を合わせることである。」しかし一年後、ガースナーは物語と対人的な考慮の重要性を認めた。「(文化を変えることは)メモを書いてできるようなことではない。彼らの心だけではなく、ハートと信念をも手に入れなければならない。」そこで、「市場、実行、チームワーク」についての新しいストーリーで武装して、全国を回り、新しい「アイデンティティ・ストーリー」を従業員に語りかけた。「私は今、あなたがたの一員だ。」このメッセージは、ある程度よく効いた。

創造性とリーダーシップ

リーダーと創造者

マハトマ・ガンディーは、最高の対人的知能をもつ創造者であり、この点で現代の他の創造者たちとは著しくちがっているように思われる。それがそもそも、私がリーダーシップ研究に引きつけられたきっかけだった。それで、リーダーシップの研究（『「リーダー」の肖像』に書いた）を始めたときは、リーダーと創造者は異なる母集団から出てくるものだと考えていた。

すぐに、それはまちがいだと気づいた。本当は、創造者とリーダーはよく似ているのである。どちらも、他人の考えや行動に影響しようとする。したがって、どちらも、説得という試みに関わる。さらに、リーダーや創造者は、それぞれ語るべきストーリーをもっている。すなわち創造者は、選んだ領域のストーリーに貢献しているし、リーダーは、自分の集団についてのストーリーを創造している。最後に、体現することが両者にとって重要である。リーダーは、自分のストーリーを自分の日常生活で体現せねばならないし、創造者は、自分の領域で仕事をすることで、自分のストーリーを体現せねばならない。

ちがいは、影響の「直接性」にある。伝統的なビジネスや政治のリーダーは、「直接」聴衆に語りかけて（または時に書いて）導き、変化をもたらそうとする。それに対して創造者は、シンボリックな成果――美術作品、科学研究、あるいは産み出された科学的、学問的な理論――を通じて「間接」にリードする。もしその仕事が効果的なら、それは人々が芸術や科学、学問で行動するやり方を変え、彼らが何者であり、作品をどう追求していくのかについて語るストーリーを作り直す。しかし、影響の問題については、アインシュタインやピカソ、T・S・エリオット、ジョージ・エリオット［イギリスの小説家］がどんな種類の人物だったかとも、彼らが家族を良く扱ったか、それともひどく扱ったかなどとも、関係がない。ひじょうに大事なのは、彼らがどんな仕事をしたのか、どうやってしたのかである。なぜなら、そこにこそ、彼らの最大の貢献があるからだ。

類似点はもっとある。リーダーたちのたいへんおもしろい早期の目印は、彼らが若いとき、しばしば権威者に挑むことがある、ということである。それはかならずしも表立っての対決ではないが、少なくとも痛烈な分析ではある。明らかなメッセージは、彼らは選択肢を検討し、リーダー程度には有能に挑戦に立ち向かえる、ということだ。陸軍参謀総長ジョージ・C・マーシャルは、この点の格好の例である。マーシャルはとくに攻撃的でも対決的でもなかったが、それにもかかわらず、1917年10月、欧州派遣米軍総司令官ジョン・J・パーシング参謀総長との最初の接見で、［軍事演習について］異論を述べたのだった。マーシャルは後に、あえて歴史をくり返し、1938年11月、総司令官フランクリン・D・ルーズベルト大統領に閣僚として初めて会ったときにも、「戦闘機補充計画について」公然と挑んだ。マーシャルにとっては幸運なことに、どちらの場合も、彼は二人の権力者に叱責されることなく耳を傾けてもらうことができ、その後力を合わせたのだった。

私は最初、そのような公然とした対決は、創造者ではなくリーダーの特性だと思っていた。というのも、ひじょうに傑出した創造者の人生に、同じようなストーリーがほとんど見つからなかったからである。しかし私は、まちがったところを見ていたのだ。未来の創造者は、教師や指導者にいつも挑んでいるのだが、めったに面と向かっては批判しないのである。むしろ彼らは、自分が創造する因習打破的な仕事・作品を通じて挑む。アインシュタインは、彼の先生たちの言うことはおかしいと思ったが、彼らと議論して時間を浪費するようなことはしなかった。代わりに、彼は科学的に分析し、論文を書いて、彼らの研究を不適切にしてしまった。こういったストーリーは、イゴール・ストラヴィンスキー（彼の師ニコライ・リムスキーコルサコフの貢献を跡形もなく変えてしまった）についても、パブロ・ピカソ（彼の立体派の作品は芸術家の父親には無意味だった）についても同じだった。

創造者とリーダーには、重要なちがいがひとつある。リーダーは、一般にいろいろな人々からなる、あまり知識のないことの多い聴衆に直接話すので、そのストーリーは、単純とは言わないまでも、わかりやすいことが必要である。これに対して創造者は一般に、その領域のことをよく知っていて、たえず科学文献を読んだり、新しい美術作品を目にしている人々を相手にする。したがって創造者は、知識をもつ精神を想定できる。つまり学校教育を受けていて、関連領域に少なくともある程度熟達している人々である。

知能、創造性、リーダーシップと道徳性

知能は、それ自体は道徳的でも不道徳でもないが、どの個人がその知能を向社会的にあるいは反社会的に使ったか、ということについては、多少の合意がある。しかしまた、意見の不一致もある。エズラ・パウンドは、明らかに高度の言語的知能をもっていた。しかし、この詩人は、第二次世界大戦中にファシズム支持の放送をした［戦後反逆罪に問われた］ので、1949年に米国議会図書館から詩を対象とした第一回ボリンゲン賞が授与されたとき、彼がその知能を建設的に使ったかどうかについて激しい論争を呼んだ。

ちょうど同じ問題が、創造性とリーダーシップについても提起できるし、提起すべきである。創造的な人は領域を変えるが、道徳的なやり方でも、不道徳なやり方でも、そうすることができる。ドキュメンタリー制作の巨匠、レニ・リーフェンシュタール［ドイツ］は、二〇世紀中葉の映画製作に影響を与えたが、ナチスの優越への彼女の賛歌［宣伝映画］を見た人はほとんど、彼女が道徳的に才能を使った、または道徳的に中立に使ったとさえ、言わないだろう。同じことがリーダーにも当てはまる。たしかに、そしてここでは私は政党に中立であるよう努めたいが、ジョン・F・ケネディやリン

ドン・ジョンソン、リチャード・ニクソン、ロナルド・レーガン、ビル・クリントンは、有力なリーダーではあったにせよ、彼らの道徳性または不道徳性については、歴史家による、何世紀もではないにしても何十年かの議論があるだろう。

前の章［5章］で強調したように、純粋の知的能力と、その力の行使は、別個に考慮すべきものである。知能から創造性へ、さらにリーダーシップへと移るにつれて、力の範囲は着実に増える。つまり、自分の専門的能力をもつ人々から、領域を変える人々へ、さらに彼らの決定と行為が、何千、いや何百万という人々の生活に影響する人々へ。それでも、スキルと道徳性のあいだの大きな隔たりは、単純に無視できない。この本の最後［12章］で、これらの重要な人間の局面をどのように調和させるのかについて、いくつか考えを示そう。現時点では、統合という根本的な努力に役立つ考えを紹介するのが適切である。

たとえ言葉で述べたり、社会科学的研究で検査できなくとも、知能、創造性、リーダーシップのあいだには、ちがいがあると私たちは直観的に知っている。そして私たちは、道徳的、不道徳な創造者、リーダー、および知識人のちがいを認める。道徳性に関連させて考えるとき、私たちは彼らの仕事に価値判断を行っている。そこには、何が道徳的で何が不道徳なものとされるのかの基準がなければならない。また、人々や仕事・作品は、知能や創造性のほうが道徳性よりずっと点が高いこともあるし、あるいは逆に、道徳的な次元では模範的だが、知性や創造性はぱっとしないこともある。そういうことも、私たちは認めねばならない。

知能、創造性、リーダーシップと賢明さ

道徳性と〈賢明さ〉のあいだに線を引くのは、もっとやっかいである。私たちは、もし何かが不道徳なら、それが賢明だと考えるのをはばかるだろう。また、もし何かが道徳的だと思えるなら、それは賢明だと考えそうである。それでも、道徳性と賢明さは、異なる領域のものである。賢明さの定義的な特徴は、判断をしたり、行為の方針を勧めるときに考慮に入れるその幅である。考慮の幅は、さまざまな長い経験から恩恵を受ける。だから、私たちはふつう、賢明さは年齢を重ねたことのしるしだと考える。しかし、賢明さは加齢を予測する特徴ではない。多くの高齢者は、判断に達するのに特段の広がりを示さないし、歳のわりに賢明な若者もたしかにいる。歴史家ジョージ・ケナンや哲学者イザヤ・バーリン［イギリス］は、七十代、八十代になって突然賢明になったわけではない。そして彼らにも私たちにも幸運なことに、彼らの統合するスキルは、年齢とともに目立って衰えることはなかった。

賢明さについて一見した上で、最後に再び、核心の概念を訪れることができる。いくつかの〈知能〉をいっしょに適切に使える人のほうが、賢明であるだろう。なぜなら、より多くの能力と要因が方程式に入っているだろうから。したがって、軍隊のリーダーには、広範囲の戦闘計画だけに精通した人

ではなく、芸術と外交の教育も受けた人を、私たちは期待する。チェスのチャンピオン、ゲーリー・カスパロフは（たぶんカテゴリーエラーだがそれは無視して）、ＩＢＭのコンピュータ、「ディープ・ブルー」に負けたのは、コンピュータのほうが対人的知能がすぐれていたせいだと考えた。

何か新しいことを成就させるだけでなく、その跳躍を現在や過去の人々の努力と関係づける人のほうが、賢明だとみなされよう。また創造者が、最初の過激な跳躍を、確立された伝統に今いちど統合的に結びつける第二の跳躍を経験するとき、私たちは彼らが賢明だと考える。いわゆる新古典主義の時代である。

有効でかつ賢明なリーダーは大切である。たくさんの経験を生き抜き、経験から教訓を得て、その教訓をどう使うかを知っているリーダーである。彼らは、さまざまなストーリーを自在に操り、現在の瞬間に最も多くの人々に最も多くの意味をなすものを組み立てることができる。彼らは、最も深いレベルで一人ひとりに話しかけることができ、異なる背景や信念をもつ人々も含めて、多様な人々と話すことにもっとも長けている。近年のネルソン・マンデラがもつ巨大な権威は、多くの障壁を越えて意志疎通させる、彼の並はずれた能力に対する贈り物である。

賢明さについて重要な点は、その謙虚さ、謙遜にある。知能にも、創造性にも、リーダーシップにも、沈黙や静寂、忍従のための場所はない。また道徳性にも、金切り声や不当な自信が伴うことがあるだろう。若者は、たぶん幸運にも、限界を知らない。賢明な人は、いつ何も言わないでいるべきか、いつ隠退して他者に場所を明け渡すべきかを知っている。賢明な大人は、人間性の弱さと、長続きする変化をもたらすのがむずかしいことを知っている。

9章　学校における多重知能

多重知能（ＭＩ）のことを耳にした人は、早晩（ふつうはただちに）、「その知能はどうやって測るんですか？」と尋ねる。教育の政策を立案する人や学校の教師だったら、ほとんど反射的にそう聞くだろう。事実、『心の構成』が出版されて何年もしないうちに、大手のテスト会社や出版社が数社、知能を評価する用具を開発しないかと、私に打診してきた。多くの点で、この要望は完全にもっともだった。私は一組みの新しい知能を紹介して、同時に単一知能の標準的な考え方を批判したのであり、知能は測定できるということが暗示されていた。けっきょく、西洋社会のほとんどの人たちにとって、知能という構成概念や能力は、一組みの短い質疑応答を、口頭や記入方式で提示すれば測定できるのだ。同じ方法が、新しい知能セットを評価するためにも用いることができないのだろうか？(1)

多重知能は測定できるか?

評価の問題について言えば、固定化した習慣的考え方が危険になることもある。現代の心理測定の慣習に影響された人たちと同じように、私も評価の可能性について考えはじめた。しかし、標準的な技術がいくつかの知能には適切に適用できないことが、すぐに明らかになった。たとえば、短答式の検査を用いて、どうやって自分や他人についての理解［内省的・対人的知能］を測定するのだろうか?

身体運動的知能を短答式テストで適切に測定するというのは、どんなものだろうか?

心理学者は、特定の知能を評価することに多くの実績がある（2章を参照）。とくに、言語的知能と論理数学的知能は、知能検査の領域では標準として利用されるものだった。空間的推論の領域を測定しようとする知能テストもあるし、音楽的潜在能力の評価を意図した検査もたしかにある。（私たち中年の多くは、ピッチやリズム、および音色の感受性を測る「シーショア試験」［レコードを用いる］を受けたのを覚えている。）

しかしここでも、私は懐疑的だった。これらの知能の特定の面はすぐにも簡単に測定できるが、他の多くの面は測定できないことに、私は気づいた。人はどうやって新しい曲を覚えるのだろうか？古い曲をどれだけ覚えているのだろうか？　新しい土地で道がわかるだろうか？　あるいはちょっと前に行った場所では、道を覚えているだろうか？　集団のなかで効果的に自分を表現できるだろうか？重要な決断に直面したとき、前に直面した問題を適切に考慮して、賢明な決断ができるだろうか？こういう能力はすべて、知能には主要なものなのに、明らかに、簡単には評価できない。

プロジェクト・スペクトル

私は研究仲間のデイヴィッド・フェルドマン、マラ・クレチェフスキーほかの人々と共同で、1980年代中頃に、ちがう評価のやり方を思いついた。さらにもうひとつのテスト・バッテリーを考案するのではなくて、私たちは、ある豊かな環境を創り出した。「スペクトル教室」と呼んだもので、そこでは子供たちが快適に過ごせる(2)。初期のスペクトルの現場はプレスクール［三、四歳］で、種々の知能を活性化するための材料がよく備えられていた。そこには自然の標本や、ボードゲーム、美術や音楽の教材、また運動やダンス、ブロックを組み立てるためのエリアがあった。子供たちは、こういう材料に魅力を感じ、いつでもそれらの材料と取り組むだろう、と私たちは予想した。そして、そういう豊かで巧みな相互作用のなかで、子供たち一人ひとりの知能の配列が明らかになるだろうと考えた。だから、プロジェクトの名前を「プロジェクト・スペクトル」としたのである［訳者解説を参照]。

数年の実験を経て、スペクトルは期待どおりにうまくいった。やがて私たちだけでなく、さまざまな年齢、性向、家庭の社会階層の子供たちにも、魅力的な材料を見つけることができた。ほとんどの子供は、そろえられた材料を探究するのが快適で魅力的だと感じた。そして一年以上コースに参加しているうちに、子供たちは材料を扱うのが巧みになった。子供がある材料を嫌がった場合は、私たちは「橋渡し」の活動を工夫した。だから、たとえば子供が絵について話をしたがらなかったら、うながしの言葉をかけて、ジオラマ（立体情景模型）を作るように勧めた。それからジオラマを橋渡しに使って、ジオラマのなかの人や動物がどうしたのか話すように勧めた。

私たちのアプローチは、重要な原則にもとづいていた。精神測定学者がしたように、子供を評価の場所へ連れていくのではなく（たしかに理由はたいてい納得できるが）、評価を子供のところへもって行った。魅力的なものがいろいろとある環境を作り出し、子供が知能のスペクトルをできるだけ自然なやり方で示すようにした。

スペクトルは、最初［プロジェクト期間中］は三歳から七歳の子供を対象にしたが、このやり方は、どの年齢にも適用できるだろう。実際、どの年齢でも、良い知能の測定は、その人が新しい土地に放り出されたときに得られる。たとえば私が、オーストラリアの三つの地域――奥地、グレートバリアリーフ［サンゴ礁の海岸］、海岸の都市――に放り出されたとしよう。そしてそれぞれの地域で私を一両日観察すれば、私の多重知能について、たくさんのことがわかるだろう。もちろん私の多重の愚かさも！

ほとんどの子供は、スペクトル教室や〈子供博物館〉［11章を参照］で何の足かせもなしに探究させるだけで十分、人生の特定の時期における知能を大まかではあるが描写できる。それ以上は何も必要でない。そして子供たちの知能はさらに発展するだろうから、あるときに一回得られた単一のプロフィールをあまり重視しすぎないことが重要である。研究や時には臨床の目的のためには、子供の知能のプロフィールをもっと的を絞って記述できたら有益だろう。そして、そのような場合は、子供が遊んでいる（または学習している）ところを組織的に観察して、その多重知能を量的にとらえることができる。私たちはさまざまな機会をとらえて、そのような一覧をこしらえた。そういう研究については、プロジェクト・スペクトルに関する本に述べてある［観察の目安となる〈スペクトル活動のカギとなる能力〉が八領域ごとに見いだされた。訳者解説を参照］。

評価の危険

どんな理論でも、予期しない結果のひとつは、それがどう乱用されるか、ということである。多重知能を測定すると主張する短答式のテストが何組かあるが、これらはあまりに言語に偏っていて、しばしばある知能における〈興味〉を、その知能において示された〈スキル〉と混同している。これらのテストは、もともとの知能テストの原罪（または知能検査をすることの原罪）を、「多重知能の数だけ」七倍、八倍にしただけだ。

「評価の考え方」のもうひとつのリスクは、子供（など）を、「言語的」とか、「空間的」とか、「まったく音楽的でない」とか、「対人的に問題がある」などとラベルづける傾向である。これが全面的に悪いというわけではない。子供たちは、多重知能の考え方に引きつけられる。そこには楽しい活動があるし、単一知能の概念よりずっと展望が開ける。（この点では、子供のほうが検査者よりよくわかっている。）また、体系的な分類によって個人的に内省することができ、それが生産的なこともある。

しかし、ラベルづけのリスクは明らかである。ラベルは刺激にもなるが、限定ともなる。ＩＱ得点が低いからといって、誰も「愚か」だと呼ばれたくない。けれども、「空間的だが言語的でない」というラベルも、弱点を決めつけることになる。また、知能のラベルづけには、二つの誤った仮定がある。(1)私たちは、どうやって知能を評価するか、正確に知っている。(2)決定された知能は、ずっと変わらない。もし私が誰かの知能を評価するよう頼まれたら、その人がいろいろな場面で問題を解決したり何かを作り上げるのを観察するまでは納得しないだろう。これはふつう実用的ではない。そして、そうしたとしても、その知能のプロフィールが一、二年後にも同じままだとは、ぜんぜん保証できないだろう。実際、日課がすっかり変われば、知能のプロフィールも変わることがある。それを実現しているのが、「鈴木メソード」や、（あまり愉快でないが）軍隊の新兵訓練基地である。しかし、ラベルは張り付く傾向があり、変わっていく知能のプロフィールを取り直す人はほとんどいない。

ロールシャッハテストを超えて

MIスクール

MI理論について初めて学んだ教師たちは、広い範囲にわたってさまざまにそれを応用した［訳者解説を参照］。

インディアナポリスの「キー・スクール」［小学校］では、校長パトリシア・ボラーニョスのリーダーシップの下、教師たちは、子供のそれぞれの知能が毎日刺激されるよう保証したいと思った。そこで、豊かなカリキュラムを作った。初等教育で主要な〈3R〉［読み・書き・計算］だけでなく、すべての子供が、楽器、外国語、および体育を学んだ。毎日子供たちは、〈フロー・ルーム〉も訪ねた。そこでは、チェスからロケット船まで、子供たちは自分の興味を、自分のペースで、望むだけ何日でも追求できた。子供たちは〈ポッド（さや）〉にも入った。それは興味にもとづいたグループで、年齢の異なる子供が共通の興味をより深く探究できる。ポッドには、手話や、利殖、劇の上演などのトピックがあった。そして毎年二、三度、学校中の児童が共通のテーマ、たとえば「パターン」や「雨林」などについてのプロジェクトを作って発表した。それによって、児童は特定の知能を前面に出すことができた。

キー・スクール（現在では［中等教育まで拡張し］、キー・ラーニング・コミュニティと呼ばれる）は、いわゆる〈MIスクール〉のなかでも、最初の、そしておそらくは最も有名な学校として、アメリカでも海外でも広く影響を与えた。しかし、この学校の多重知能へのアプローチが、けっして唯一のものではない。

シアトル地域の小学校の学級担任ブルース・キャンベルは、一組みの〈学習センター〉［MIセンター］を作った。児童は定期的に、ときには毎日、そこを回る。これらの学習センターは、教室のなかで区分けされたコーナー［テーブルなど］で、それぞれに、いずれかの知能を用いるよう計画された多様な教材が置いてある。子供がこれらの学習センターをいくつか横断して、特定の興味（たこ揚げなど）や、教室に割り当てられた特定の課題（分数の足し算や太陽系の理解など）を［共通テーマとして］追求することも珍しくない。

キャンベルのやり方を変化させて、標準的カリキュラムを手直しし、いくつかの知能を通して提示するようにした教師もいる。また、特定の知能に直接焦点を合わせて、それを高めるようカリキュラムを作り直そうとした教師もいる。

実りの多いことが示されたいくつかの改善について述べよう。ある学校では、生徒が特定の知能の例となる［尊敬したり調べたい］人々について［自分で選んで］書き、それから教室でのプレゼンテーションで、それらの人たちの知能を再現してみる［音楽家なら、演奏や作曲する］。またある学校では、多重知能が放課後プログラムを組織する原則になった。そこでは子供たちは、特定の知能を伸ばすよう計画された活動のどれに参加するかを選択する。またもうひとつの学校では、年長の生徒が年少の生徒に、いろいろな知能を用いて、特定の概念（たとえばてこの原理）を教える。とくに示唆的なのは、通常の言語的経路を避けて、代わりに身振りや図形を描いて教えようと工夫しているところを観察することである。

特定の知能が活動の焦点となることもある。セントルイスの「ニューシティ・スクール」［幼児・小学校］の校長トーマス・ホアーと先生たちは、〈個人的知能〉［対人的知能と内省的知能］に焦点を合わせた。(3) 彼らは、子供たちが自分の長所と短所をより良く理解する手助けになる授業案を数多く開発した。また、それと補い合う、子供が学校で他者を理解したり他者と協同するのを助ける授業案も開発した。ニューヨークを拠点とする名教師ネイズ・ホセーニ［ダンス専門］は、それぞれの教科で〈身体運動的知能〉を組み入れることを目標にしている。だから彼女は、ダンスや体操、その他の身体的活動を通じて、理科や社会、数学の概念を紹介しようとしている［たとえば、古代ローマ橋の学習で、子供はどんな姿勢がいちばん重さに耐えられるか身体を動かして試してみる］。

初期の応用にみられる混乱

教師の手のなかでは、ＭＩ理論は「ロールシャッハ・テスト」と似ている。二人の人がインクのしみを見ると、ひじょうにちがったものを見ることがある。「ああ、子供を抱いているお母さんです」と言う人もいるし、「妻を絞め殺している夫のように見える」と言う人もいる。ちがいはインクのしみにあるのではなくて、見る人の「構え」あるいは「傾向」にある。だから、ＭＩ理論の支持者は、評価したり、カリキュラムを計画したり、特定の長所と短所を見つけるのに——じつに、教育の問題と可能性のなんでもかんでもに——人それぞれに格好の理由づけを見つけるのである。

私は最初、どこからＭＩ理論の実践に入っていくのかに興味をそそられた。なぜ、ある教師は理論が示唆するあるひとつのこと（たとえば、生徒を記述する新しい様式など）に惹かれ、また別の教師は他の応用（ことによると、標準の教科を教えたり選択科目を導入する新しい方法）を重視するのかを、私はじっくり時間をかけて理解しようとした。しかし、時間とともに、最初にどのように応用するかは、そこから生じる結果ほど重要ではない、とわかってきた。

どんな新しい概念や理論でも、最初は、既存の仮定や実践のしかたに同化されねばならない。（リーダーが直面する状況との類似に注目されたい。すでに聴衆が知っている話を利用しないといけない。）確立されたやり方は、ただちには変更できない（そして、たぶんするべきではない）。教師は、「多重知能理論を実践している」と言うかもしれないが、実のところ大部分は、以前のやり方を続けながら、それを新しいしかたで考えはじめているのだ。

初期の段階では、残念ながら混乱もあるだろう。学校での多重知能についての、ビデオシリーズを見たことがある。どのビデオも、子供たちが床を這い回っていて、「身体運動的知能」という説明文が付いていた。私は言った。「これは身体運動的知能じゃないですよ。子供たちが床を這い回っているだけでしょう。まるで壁を這い上るような気分ですよ［気がおかしくなりそうですよ］。」そして実際、身体を曲げたりすることが知能を使うことなのではない。あくびは、ただのあくびだ。私たちが知能を使うのは、能動的に問題を解決したり、社会で価値があるとされる成果を作り出すときなのである。

ミンディ・コーンハーバーは私の長年の同僚で、思慮深い多重知能の研究者だが、こう評したことがある。「多重知能は、自分が何か新しいことをやっていると言うための方便なのよね。それで、〈実際は〉何も新しいことをやる必要がないってわけ。」この見方は皮肉にすぎるかもしれないが、重要な点を伝えている。つまり、「ＭＩ理論を使っている」と主張すると、あたかも教育の最新の考え方に沿ってやっていると思わせてしまう。しかしどんな領域でも、新しい実践を取り入れるのはたいへんな仕事であり、教育実践の根本的な変化をもたらす過程には、何年もの歳月が必要なのだ。

もっと深く多重知能に――道具としてのMI理論

MIの考え方と実践を学校に導入することについての生産的な質問は、こうである。「もし三年後に再びこの学校を訪れたら、何を見るだろうか？」もしかすると、MI理論はとっくに忘れ去られているかもしれない。アメリカの学校には、何か短期間実践して、その後やめてしまうという、落ち着きのない実績がある。こうきっぱり言うのが聞こえる。「ああ、多重知能ね。以前はやってました。」あるいは、MI概念が未熟なまま、根本的な変化も受けずに制度化されてしまうかもしれない。たとえば、学校でそれぞれの子供の一覧記録を作ることにして、そのような記録を続けるが、その情報はさっぱり活用されないかもしれない。あるいは、生徒を自由に好きな知能を使うことのできるプロジェクトに割り当て、この「プロジェクト実践」をそのままずっと続けているかもしれない。こういう実践は、有益かもしれない。けれども、MIの考え方の応用は、それが学校生活にもっと深く、根本的な変化をもたらしてこそ最高に意味がある。

「私たちの学校はMIスクールです」とか、「ここの小学校では多重知能を使っています」とかいう言葉を聞くと、人間の心についてのこの新しい考え方を、その人たちがどういう目的で使っているのだろうか、と私は疑問に思う。けっきょく、MIの考え方と実践は、それ自体が目的ではありえない。それらは、学校や教育制度の目標としては使えない。むしろ、すべての教育機関は、その目標や任務、目的をたえず、そして少なくともときどき、意識的に考え直さなければならない。そのような考慮の後に初めて、MIの考え方が有効に実施されうるのである。

じつは、教育目標を決定するのは、ひじょうに重要だがむずかしい試みだから、逆説的だが、たいていの学校は明示的にそうするのを避けている。「幅広く豊かな才能をもつ子供、教養ある青年を育成する」などというもっともな理想に口先だけ敬意を払い、綴り字競争からミミズの解剖、ディケンズ［十九世紀イギリス］の小説を課題に割り当てることまで、これまでの確立された実践をあいかわらず続ける。彼らのためらいは、私たちの心に潜む恐怖を反映している。もし明示的に述べたら、その目標が、同郷市民の目標とは異なることがわかるかもしれないのだ。

人によってたいそう異なるであろうような教育的価値を、いくつかあげてみよう。創造性の達成は、どれだけ重要か？　芸術は、どれだけ重要か？　技術的な熟練は、最優先されるべきか？　宗教教育や、道徳教育、市民教育、健康教育、性教育は、学校で行われるべきか？　たくさんの事実を習得するほうが重要か、それとも、限られた数の学問のトピックを、より深く確実に理解するほうが重要か？　言語使用の［日常の自然な］全体性を重視すべきか、それとも、読み・書き・綴りの練習に的を絞った側面を重視すべきか？　数学的問題解決やパターン認識のほうが、数の事実の習得より重要か？

そして、より広く言えば、私たちはあらゆることがバランスよくできる生徒を望むのか、それとも、一、二の領域であってもそれを深く学んだ生徒を望むのか？

多重知能は、こういうトピックに明確な立場をとる人々にだけ魅力的なのだと思うかもしれない。たしかに、芸術が好きな人は、多重知能の考え方も好む。これはおそらく、音楽的知能や身体運動的知能などがただちに、芸術の優先を提案するからである。けれども実のところ、ＭＩ理論は、無数の実践や目標、価値と一致することもあるし、一致しないこともある。

たとえば、伝統的な教科が中心で、定期テストに重点が置かれているカリキュラムを実施しているとしよう。最初は、この種のプログラムは、多重知能の精神とはまっこうから衝突するようにみえるかもしれない。しかし、ＭＩ理論は何をどう教えるかを規定するものではないので、英文学でも力学理論でも、どんな授業計画でも、生徒に種々の知能を活用するソフトを与えることによって教えられるだろう。ＭＩ理論をもっと伝統的な目的のために活用して、シェイクスピア劇の筋の運びや、宇宙船が月に向かうときの進路についての生徒の理解をテストすることもできるだろう。

要するに、科学理論と教育において用いられる手段のあいだには、直接の結びつきはまったくない、ということである。一つの知能を信じていようが、二〇の知能を信じていようが、あるいは早期の経験が後の経験よりも重要だと思おうが、その逆であろうが、人は自由に、いくらでも教育方法を実施できる。実際、「教える」というような技術では、証拠は、あるやり方がうまくいくかどうかに表れる。理論が正しかったかどうかは、ほとんど重要ではない。そして逆に、理論が正しくて的確であっても、もし具体的な教育的結果を出すためにそれを活用できなかったら、その理論は教師にとっていささかも重要ではない。

教育にたずさわる人々が受け入れることのできる、一組みの目標を実際に定めたとしよう。このとき本当に、「多重知能にもっと深く」入って行けるのであり、こう言うことができる。「私たちは今、目標A、B、C、Dをもっている。この人間の心的表象の新しい理論を、どうこれらの目標を達成するために使えるだろうか？　そして、うまく達成できたかどうか、どうしたらわかるだろうか？」この時点で、その人は空想家であることをやめて、戦略家となりつつある。こういうビジョンが描ければ、特定の実践を勧め、その理由を述べ、その実践からなぜ所期の目標に到達できるのかの理由を想定できる。そしてさらに一歩進んで、多重知能によって示唆された実践が所期の効果をもたらしたかどうかを決定する、基準を定めるようになる。

ＭＩ環境を確立するための手順

ＭＩ理論を実践する手順

目標から戦略へ、そして評価へと進む道はたくさんある。そしてどんな方法も、生まれながらにすぐれているということはない。つぎにあげるのは、多重知能をもっと深く探るのに効果的だった、いくつかの実践である。

1　ＭＩ理論と実践について、もっとよく知る

現在、かなりの英語の文献があり、他の言語でも増えている。文献は、理論的だったり、実用的だったり、また観念的だったり現実的だったりする。ＭＩ実践の実際を例示するビデオやＣＤ‐ＲＯＭもある。

2　研究グループを作る

たいていの人にとっては、新しい考え方を他の人といっしょに探究するほうが安心できる。特定の

学校や地域の教育機関のニーズにとくに着目して、毎週か隔週にグループで集まり、ＭＩに関連するテーマについて論じ合えば、急速な進歩が見られることが多い。

3　ＭＩの考え方を実践している機関を訪問する

ＭＩの現場で、教師や職員、保護者、子供たちと交流することによって、ひじょうに貴重な洞察が得られ、疑問が生じ、自分たちのところでも実施できるアイデアのきっかけとなる。

4　ＭＩの考え方をテーマにした会議に出席する

現在多くの国で、ＭＩの仕事に関係する人々が、研修会やシンポジウム、学会の大会を開いている。ハーバード教育学大学院の「プロジェクト・ゼロ」では、毎年夏に講習会を開いている［ＭＩ以外にもいくつかのテーマで］。多くの修了生が再びやって来て、新しい出席者に指導者の役を買って出る者もいる。うまくいけば、こういう会議で効果的な実践が例示され、すぐれた発表者が紹介される。会議の実際の内容があまり大したことがなくても、ＭＩ理論に深い興味をもつ人々と出会い、ネットワークを作る機会となる。

5　学校のネットワークに参加する

現在、ＭＩに焦点を定めたネットワークがいくつかある。たとえば、「ニュー・シティ・スクール」の校長トーマス・ホアーが、「ＡＳＣＤ（教育指導・カリキュラム開発学会）」内のネットワーク「ＭＩのための教育、という名称」として主催しているものなどがある。そこでは、最新の情報が得られ、ＭＩ理論の教育的意義の探究に打ち込んでいる他の人に、いつでも連絡できる。

6　ＭＩ理論と方法の世界に取り組むことから発展する活動や実践、プログラムを計画し開始する

勇敢に、だが合理的に、そして反省のための時間を組み込むことが重要である。また、新しい活動の有効性の指標をもっていることが、それを続けるかどうかを決めるのに必要だろう。けれども、たいていの実験は最初うまくいかない。だから、確かな結果が出なくてもしばらく続けるか、それともコースを変えてやり方を考え直すかを、柔軟に、かつ適切に進めることが重要である。

これらの実践は自明のように思えるかもしれない。だが、教師がＭＩの考え方に興味をもっても、よく不必要な誤りをするものである。つまり、原理を理解せずに（また疑わずに）、推奨された活動を試そうとする。あまりに野心的になりすぎて、すぐさまびっくりするような成果が得られないと、がっくり落ち込む。あるいは、最もありがちなのは、うまくいったかどうかを、逸話的な根拠だけで

判断して、どういうデータなら懐疑的な保護者や教育委員会を納得させるだろうかという、むずかしい問題を提起しない。

プロジェクト・サミット

うれしいことに最近、「MI理論に適した条件」についてもっていた私自身の印象が、ミンディ・コーンハーバーらによる「プロジェクト・サミット」の結果によって強められた（7章のA17を参照）。サミット・チームは、四一校の調査にもとづいて、MIに示唆される実践がある程度うまくいった学校の指標――「羅針盤実践」――となる特徴を見いだした。［更新情報を基に1と2の順序を並べ替えてある。］

1　文化［多様な学習者と勤勉の支持］

MI実践は、多様な学習者を支持し、たゆまぬ勤勉な学習を奨励する場面で、最も現れやすい。［誰にも長所がある、学習は楽しいといった価値観すなわち文化を共有する。］

2　準備［MI実施の自覚形成］

MIの考え方と、どうやってそれを実施するかについての自覚を形成する手順を［MI実施の前に］

始めることが重要である。そのような手順としては、教師のセミナー、保護者説明会、他のMI学校の訪問などがあるだろう。MIのテーマと精神に多少とも結びついている考えや実践がまだ学校になかったならば、この自覚を形成する手順は長期間かかるかもしれない。

3　協力〔公式・非公式の交流〕

学校内や、また経験や関心を共有する他者と、公式〔合科授業や複合学級など〕・非公式〔アシスタントなど〕に交流する十分な機会があるべきである。こういう交流は、いったん変化の過程が始まってからも重要である。いつも議論すべき問題があり、行うべき決定があるからである。〔教師にも得手不得手があるが、幅広い学習環境をつくり多様な生徒の長所・興味に対処する。〕

4　選択〔有意義なカリキュラムと評価の選択肢〕

学校は、生徒の成長と学習の評価だけでなく、カリキュラムについても有意義な選択肢〔プロジェクト学習や教科で、学習と発表の〕を提供すべきである。その選択肢は、生徒にも、より広い共同体にも、意味のあるものでなければならない〔選択には生徒と教師・保護者が関わり、指導・統制も必要である〕。「MI設定」は、カリキュラムが融通性に欠けていたり、単一の評価形式（たいていは短答式の標準テスト）しかない場合には、もとに戻せる。

5　手段［MIは上質な学習を進める手段］

多重知能は、生徒の上質な学習［読み書きや高次の技能、社会的技能］を進める手段として、用いるべきである。最終的な分析で、良い学校教育であったということを示すのは、生徒の学習およびそれを生徒自身が理解することである［活動を振り返り批判する］。MIのやり方は、誰もが強い関心をもつ結果と統合されるとき、最もうまくはたらく。

6　芸術［学校での重要な役割］

芸術を豊かに含んだプログラムは、学校で重要な役割を担うはずである。さもなければ、生徒と教師が示す広い知能の範囲に対処することはむずかしいだろう。［音楽や美術に関わる技能は、学習の重要な方法となる。音楽が（楽器演奏のように）それ自体目的となったり、美術が他の教科の表現手段になったりする。］

プログラムの効果の主張

とくにアメリカでは、実践がうまくいっても、新しい実践を正当化することが政治的に必須である。ほとんどの学校教育は公的資金で維持されているし、私立の学校教育は保護者の懐に依存しているのであるから、その事業が本当に価値のあることだと納得させる必要がある。ときたま、プログラムが誰の目にも明らかに成功または失敗することもあるが、そんなときは鋭い政治的感覚など必要ではない。しかし、ほとんどの場合、プログラムを継続するかどうかは、競合するプログラムに比べて卓越していることを証明できるかどうかにかかっている。

正当化には、説得力のあるスピーチや文書、データが必要となる。しかし、説得のスキルは、プログラムを実施するスキルと密接に結びついてはいない。ときには、まやかしだったり、有利な証拠がほとんどないようなプログラムが、雄弁に弁護されたがために、継続することもある。まさにこういうことが、アメリカでかくも長期間実施された法にもとづくプログラム、たとえば、「ヘッド・スタート」〔社会経済的に不利な就学前児の補償教育プログラム〕や、「(初等・中等教育法)チャプターⅠ・二言語教育」、「チャプターⅠ・不利な生徒のための基金」〔タイトルⅠと呼ばれ、民族・社会経済的に不利な子供のための教育プログラムを財政援助する〕などで起こったのだと指摘する批評家もいる。逆に、うまく実行されて、明らかに効果的なプログラムでも、唱道者がその正当性を訴えるすべを知らないがために捨てられてしまうこともある。

私は、テキサスの「連携学校ネットワーク」〔学校が連携して改善プログラムを実施〕の会長、アーネスト・コーテスのようなコミュニティの主催者を観察して[4]、プログラムの可能性を他人に納得させるには何が必要かについて多くを学んだ。まず、プログラムがどう役立つのかについて、ひじょうに明確でないといけない。つまり、その目標や、それがうまくいっているというしるし――「ハード」（テスト得点）と「ソフト」（保護者の支持）の両面で――、さらに、いっそううまくいくだろうというしるしなどである。主張の正しさを説得的に、簡潔に説明して、プログラムが批判されたら、説得力をもって、守勢にまわることなく応戦できることが重要である。どんな新しいプログラムも、競争で脅かされていると感じる同業者から挑戦を受けるものである。

ＭＩ理論はたいへんよく知られるようになったので、ほとんどあらゆる政治的および教育学的観点から批判されてきた。「多文化的」（種々の学習法が可能なので）だとか、「民族差別的」だとか、「エリート主義的」（〈知能〉という言葉を用いているし、提唱者の私がたまたまハーバード大学にいるので）だとかと非難された。「柔軟で不明瞭すぎる」（芸術活動を支持するので）とか、「厳格すぎる」（何でも多様な方法で教えるべきだと考えるので）とかとも見られた。「標準に反する」とか、「多くの標準を押しつけすぎる」などともみなされた。

どんな文脈であろうと、最もありそうな批判はどんなものかを知る必要があり、なるほどという答えをもたねばならない。むきになって弁解する必要はない。実際、批判に注意深く耳を傾け、正しいところはないかをチェックし、そこから学ぼうとするべきである。それでも、いつでも正当な批判と不当な批判を峻別する心構えが重要になる。批評には、もっともなものもあり、それとわかる不確かさや無知にもとづく批判もある。しかし、事実がどうであろうと関わりなく、ＭＩの努力を叩き壊そうとする、卑しい精神むきだしの批判もある。批評家が、疑うという特権を与えられ、ところが自分が疑われるのは断固拒否するというのであれば、寛容の時間は終わりだ。問題となる事実を強調するだけでなく、批評家の動機や隠れた計画（公教育を破壊するとか、すでに確立されたエリートの肩をもつとか、芸術を排除するとか、個人の表現や独創力を妨害する、などかもしれない）も暴露せねばならない。そうすれば少なくとも、論争は再び公正なものとなるだろう。

個人ごとに設計された教育――多重知能のカギとなる教育的責務

画一的な学校

明らかにしてきたように、ＭＩ理論からは、数限りない教育プログラムを工夫できる。しかし、ＭＩの精神とは対立する、ひとつの教育形態がある。すなわち、「画一的な学校」である。あいにく人間の歴史を通して、良いとされる学校教育は画一的なものであった。だから、その根本的な欠陥だけでなく、その力も理解する必要がある。

画一的な学校教育の本質は、「すべての個人は同じように扱われるべきだ」という信念である。「同じ教科を同じ方法で勉強し、同じ方法で評価されるべきだ」とする。一見、これは公平なように思える。つまり、誰も特別な利点をもっていない。それでも、ちょっと考えれば、画一的な学校の本質的な不公平が明らかになる。画一的な学校は、「すべての個人は同じであり、それゆえ、画一的な学校教育はすべての個人に等しく、公平に行きわたる」という仮定にもとづいている。しかし、私たちは明らかに、互いにちがって見えるし、性格や気質もちがっている。最も重要なことには、ちがった種類の心ももっているのだ。事実、私たちがこの本にある考え方をたどるならば、どの二人の人も、ちょうど同じ種類の心をもってはいない。なぜなら、それぞれ、独自な構成で知能を組み立てるからである。

教師としては、厳しい選択に直面する。この差異を無視するか、あるいは認めるか。無知のために無視されることもある。また、教師が差異にいらだちを感じたり、「人々がもっと同じになるように学べるならば、もっとうまく共同体の一員となれる」と確信しているために、無視されることもある。しかし、差異を無視する人々は、公平ではない。そして、たいていは、(法学の教授の心に、たぶん最も完全に体現されるような)言語・論理的な心にだけ焦点を合わせている。生徒と教師がその焦点を共有するかぎりは、生徒はりっぱにやり、自分は賢いと思うだろう。しかし、もし生徒が根本的にちがう種類の心をもっていたら、少なくとも、その学校に通っているあいだ、自分が愚かだと感じてしまうだろう。

生徒をよく知る

代案は何だろうか？　ひとつの可能性は、「個人ごとに設計された教育」である。すなわち、個人差を真剣に考慮して、できるかぎり異なる種類の心に等しく、うまく役立つ実践を工夫する教育である。個人ごとに設計された教育は、私が論じてきた意味での教育目標ではないので、多様な目標にうまく適合できる。伝統的なカリキュラムでも、実験的なカリキュラムでも、幅広さをめざした教育でも、深さをめざした教育でも、あるいは教養の感性を伸ばそうと努める教育でも、実践の世界や職業、公共心志向の教育でも、適用できる。

重要な要素は、個々の生徒の心、人となりを知るということである。これは、生徒一人ひとりの背景や長所、興味、好み、不安、経験、目標について学ぶということである。そしてステレオタイプ化したり前もって断定することなく、生徒の最新のプロフィールにもとづいて、教育的な決定がなされることを保証するのだ。

この目標から直接、知能の形式的な評価に移る必要はない。良い教師や指導者、コーチはたえず、その哲学に関係なく、いつでも生徒をよく知ろうとしている。そしてそういう教育者は、個性的な特徴を見い出すために形式的な手段を用いることは、まずない。彼らは観察し、考量に考量を重ね、生徒や生徒に近い人に問いかける。ミシディ・コーンハーバーが指摘したように、多重知能理論が役立つのは、それが最初のきっかけとして良いからである。生徒をよく知りたいとき、長所や短所を記述するカテゴリーをもっていることが役に立つ。もちろん、ラベルづけにならないようにという私の警告を心に留めておかなければならない。八つの知能に縛られずに、それを超えていく必要がある。というのは、それらはせいぜい最初の切り口にすぎないからである。そして、いつでも記述を更新する用意がなければならない。なぜなら、うれしいことに、生徒の心は、いやもっと年長の人の心でさえ、変わりうるからである。

MI理論とカリキュラム

生徒の心を知ることは、ほんの最初のステップにすぎない。この後に重要なのは、カリキュラムや教授法、評価について決定するさいに、この知識を活用できるように努めることである。もちろん、もし選択科目に恵まれたカリキュラムにすることにしたなら、MIの考え方の役割が明確になる。担当の生徒それぞれの、知能の特定の集合を尊重する、学科や教授法、ハードウェア、ソフトウェア、評価方法を指定できる。しかし、個人ごとに設計された教育は、必修の標準カリキュラムにも対応できる。すべての若者が、自国の歴史や、代数学と幾何学の基礎、生物と無生物を支配する基本的な法則を学ぶべきだが、何か共通の知識に関与するからといって、すべての人がそれらを同じやり方で学び、同じやり方で評価されるべきだということにはならない。

MI理論はこの点で、教育に最も重要な貢献をする。MI理論によって、教師と生徒は、想像力豊かに、カリキュラムを選択し、カリキュラムがどのように教えられるか、つまり「実施される」べきかを決め、どのように生徒の知識が表現されるべきかを決める刺激となる。すべての生徒が、多様なカリキュラムや評価を受けることもあるだろう。また、特定の生徒たちはあるやり方で学び評価されるが、別の生徒たち、あるいは生徒一人ひとりが、別のもっと適切なやり方で指導され評価されることもあるだろう。

こういう実践は、当然のこととして行われてきてもいる。たとえば、個人指導の芸術やスポーツ、学問の個別指導、学習の問題や障害をもつ生徒のための「特殊教育」などである。こういう生徒は一般に、読書や数学などの教科を習得するのに困難がある。学校で与えられる「画一的なやり方」では、学ぶことができない。唯一の選択は、その生徒は教育不可能だとみなしてあきらめるか、それとも、別のやり方で教えるかである。私たちの言い方をすれば、学習の専門家は、生徒の別の知能を活用せねばならない。そうすれば生徒は学ぶことができ、学んだことを自分自身に意味のあるやり方で表現することができる。

すべての生徒のための、個人ごとに設計された教育

個人ごとに設計された教育に好意的な人々でさえ、それが広い範囲で活用できるとは思っていない。彼らが言うには、この構想は正しいかもしれないが、そういう教育は、裕福な人々や、特別な政府の

基金によるプログラムの資格を得た人々だけが受けられる。（じつは、私の住んでいる地域では、子供が個別指導の資格を得られるからというだけで、「学習障害」のラベルを欲しがっている保護者もいる。）三〇人以上もの生徒がいて、望むほどみなが素直で動機づけがあるとは限らないクラスで、個人ごとに設計された教育について考えるのはむずかしいかもしれない。しかし、不可能ではない。可能な戦略のいくつかをあげよう。

・特定の子供について、どのように学び、その知識を教師や子供と共有するかについて、できるだけ多くのデータを集める。子供が大きくなるにつれて、自ら多くの情報を提供しフィードバックできるようになる。
・生徒が同じ教師（たち）と数年間はいっしょに過ごすようにする。そうすれば、互いをよく知り合える。
・教師と生徒の割り当てを柔軟にする。そうすれば、より良い組み合わせが可能である。
・学校に効果的な情報伝達システムを作る。そうすれば、翌年の教師が新しい生徒について可能なかぎり知ることができる。また、教師がこの情報にいつでもアクセスでき、必要ならデータを更新できるようにする。
・年長と年少の生徒がいっしょに学ぶようにする。あるいは、親和性のある、または補足的な学習のやり方をする生徒がいっしょに学ぶようにする。

個人ごとに設計された教育の実現に向けて

ひとつの事実が、個人ごとに設計された教育を、私の生きているうちに実現可能にするだろう。すなわち、新しい柔軟なテクノロジーを利用できるようになったのである。すでに、物理学の授業から音楽の作曲まで、重要な教材の提示を多様化するために、テクノロジーを用いることができる。そのようなテクノロジーはまた、「賢く」もある。つまり、以前の学習経験にもとづいて変化し、生徒ごとに最適に作られた授業を受けられるよう保証する。

いったん保護者が、ほとんどのトピックや教科を教えるのに実際にはいくつか方法があると知ったならば、裕福な家族はそういう教材を家庭用に買い込むだろう。そして学校や教師にはますますプレッシャーがかかり、たとえば「ピタゴラスへの八つの道」とか「プラトンへの八つの道」とかを用意しろと言われるだろう。もう教師は、「私はじっくり教えたんだが、この子がわからなかったんだ」とは言わないだろう。そうではなくて、教育に関わるすべての人は、「この」トピックを学ぶ「この」生徒のためにうまくいく方法を見つけるよう動機づけられる。そして、そういう結果は、将来の授業計画に広く利用されるだろう。

この教育方法に対するひとつの批判は、無視できない。つまり、「いくつかの社会では、画一的な学校教育が明らかに成功している」というものである。最も効率的な社会、たとえば東アジア［日本や中国など］の社会には、画一的な学校教育の方法を用いているところがある。そしてそれらの社会では、一見もっと進んだ西洋社会で達成された結果より、ずっと見事な成果が得られることがある［算数・数学の学力の国際比較調査で、日本や中国などがアメリカより成績が良い］(5)。私は東アジアの成功を軽んじたくはないし、尊敬してもいる。また、よくある弁解も述べたくない。つまり、「それらの社会は、より権威主義的で、創造性や柔軟性にはあまり興味をもたず、より同質の集団で、おそらくは他の文化とは異なる遺伝や神経構造をもっている」というわけだ。

その代わりに私が提案したいのは、そのような教育方法が、じつはそう信じられているよりもずっと個性化されているということである。日本のような国では、教育の最初の数年間は、生徒の社会的な理解や、いっしょに学ぶ能力を伸ばすのに費やされる、という事実を考慮したい。作業の多くはグループで行われ、そのなかで生徒は、助け合って、他の子供の学び方に注意を払うよう奨励される。しかし、最も重要なのは、学校を補佐するしくみである。東アジアでは、学校の社会化の側面がたいへん重要で、まさにそうだからこそ、社会は、認知の側面が軽視されないように手段を講じる。だから日本では、多くの生徒が放課後に［塾などの］指導を受けに行く。そこでは授業は、必要に応じて個性化されている。そして、ほとんどすべての生徒に、最低ひとり家庭教師がいる。つまり、親、たいていは母親である。この家庭教師には、子供にとって決定的な試験［入試など］への準備をさせるという、ただひとつの目標があるので、教育も、必要に応じて個人ごとに設計されることができる。

ＭＩの考え方をどのように学校の共同体に導入でき、良い教育を提供するという一般的な目的のためにどのように使えるかを示そうと努めてきた。個人ごとに設計された教育が中心となることについても、私の立場を明らかにした。しかしそれでも、明瞭に述べられた目標がなければ、今論じたことは一般論にとどまる。実際、どうやって多重知能で教えるかについての提案の多くは、意図は良いのだが、本質的に意味がない。なぜなら、それらは文脈なしに提供されているからである。

したがって、つぎの10章では、ひじょうに特殊ではあるがひとつの目標について、私の計画を明かそう。それは、「理解のための教育」である。そして、十分ＭＩの考え方を取り入れた教育が、どのようにしてその目標を達成できるかを示してみよう。

時代を画す論説のトピックというものがある。〈進化論〉のような、カギとなる科学的概念、あるいは〈ホロコースト〉［ナチスによるユダヤ人大量虐殺］のような、重要な歴史上の事件がメディアに言及されることなしに一週間として過ぎることはない。「文化的にハンディのある人々」でさえ、これらのトピックを耳にしたことがある。教養があると考えている人なら誰でも、学校で習ったり、本で読んだり、映画やテレビで見たり、ニュースにあふれた文化にいるのであるから、進化やホロコーストについての主要な事実を思い出すことができるはずである。教育を受けた人なら、新しい情報を吸収することもでき、恐竜の絶滅とか、特殊創造説［種は天地創造の日から今日まで変化していないとする説］の興隆、進化をシミュレートしたりそれ自体進化するコンピュータ・ソフトの開発、進化の記録に見られる新しい種の周期的な大量発生、といったことについてのニュースの話題に何らかのコメントができるはずだと期待される。スイスに秘蔵されたナチスの金塊とか、ドイツ人の集団的な責任、死の収容所で一年を生き抜いた人についての小説などにも、考えをもっているにちがいない。

しかし、教育の議論は、こういう教育を受けた人の品質証明の周辺をめぐってのものであることがひじょうに多い。私たち自身が、方法についての疑問で身動きできなくなっているのだ。たとえば、トラッキング［学力別学級編成］や、協同学習、教室でのプロジェクトの利用を奨励すべきか？ あるいは、政治的なトピックを議論する。たとえば、学校券［公的資金で私学に通えるシステム］、学校選択、［教科学力の］国家標準を取り入れるべきか？ こういう問題は、議論には値するが、「何が、なぜ」教えられるべきかという合意なしに、あるいは議論もしないで考えても、現実離れしている。

カリキュラムの問題は、必然的に地域社会を刺激する。進化やホロコーストについてのテキストは、ほとんどの教育的文脈では何の問題もないようにみえるかもしれないが、最近、根本主義者［天地創造など聖書の記述をすべて事実だとする］は、ダーウィンの研究を「ただのもうひとつの理論にすぎない」としたり、進化を教科書から排除しようとしている。そして、アメリカの教師でホロコーストの存在を直接疑う人はほとんどいないが、ホロコーストのカリキュラムを攻撃している文化評論家もいる。「ドイツ人の観点を適正に表現していない」とか、「六百万人のヨーロッパ・ユダヤ人の処遇が、他の時代の他の犠牲者の処遇とは質的に異なっていた、あるいは質的により残忍だった、と主張するのは不正確だ」と言うのである。その姿勢は、「生徒に少しの事実や定義だけを覚えさせて、それから他の理論や歴史上の事件や主張にすばやく進むほうが安全だ」ということのように思える。

多重知能と教育の目標

「何が、なぜ教えられるべきか」についての立場がはっきりしないかぎり、教室でのMIの考え方について一貫した話をすることはできない。そして、たとえこれらの疑問について、ある人の立場が率直だと思えても（とくに友人がいっしょだと）、その人のカリキュラムの計画を明かしてもらうことは役に立つ。さて、私の計画であるが、私たちの時代の教育は、いろいろな世界の理解を高めるための基礎を提供すべきである。(1) すなわち、物理の世界、生物の世界、人間の世界、人工物の世界、および自己の世界である。人々はいつも、これらのトピックに興味をいだいてきたし、現代の学問は、神話や芸術、民族知識におけるそれらについての洞察を練り直したものだと言える。進化とホロコーストだけが、理解に値する唯一のトピックではありえない。しかし、進化論を多少とも身につけずに生物学の世界を理解することはほとんどできないし、また、ホロコースト（または他の理不尽な大虐殺のエピソード）を学習せずに、人間の世界を理解することもできないだろう。

この目標には、読み書き技能の獲得とか、基本的な事実の学習、基本的スキルの育成、またはある学問の考え方の習熟などについては何も述べていないことに注意してほしい。これらは、それ自体は目的ではなく、手段と考えられるべきなのである。私たちが読み、書き、計算できるように学ぶのは、（出席カードを出すように）これらを学んだと報告できるためではないし、入学試験で良い点をとるためでもない。そうではなく、読み書きや技術、学問は、私たちが重要な疑問やトピック、テーマの理解を高めるための、道具として追求されるべきなのである。

こういう目標は、風変わりに、あるいは観念論的に聞こえるかもしれない。けっきょく、教育の「本当の」目的は、他人とうまくやれるようになり、規律を身につけ、バランス感覚をもち、職場に備え、成功と幸福という究極の報酬への準備をすることではないのか？　たしかに、こういう手段的な目的をあれこれ支持する議論はいくらでもできる。しかし、これらの目標はすべて、一方では親や家族、果ては宗教、メディア、地域社会の組織に至るまで、もっと広い社会の責任である。公教育への投資を最もよく正当化できるのは、けっきょくのところ、すべての生徒が、その時代の重要な問題とトピックへの理解を高めたということが示されたときである。そして、このような目的に向けての取り組みがなされるならば、その達成のために多重知能の力強い考え方を活用できるのである。

理解をその表現からとらえる見方

一般の知恵から見ても現代心理学の見方から言っても、理解は、両耳のあいだで、つまり心や脳で生じる出来事または過程であることにまちがいない。常識を尊重する心理学者として、私は、知識の同化と変換のさいに生じる心的表象の過程が重要であると思う。しかし、教師と学習者の観点から見るなら、心や脳に生じる物質的な出来事はおよそわかりにくいし、厳密に言えば、教育の責務とは関係がない。しかし、理解ということであれば、その表現（パフォーマンス）がまさしく強調されることになり、それは観察し、批判し、改善できる。もし必要なときに活性化できないなら、心的表象のスマートさなど問題にならない。そして、複雑で適切な心的表象がなければ、質の高い表現が可能にはなりそうにないが、そのような表現は、実際には個々の状況や人を横断する、さまざまな認知スキーマ［枠組的知識］から出てくるであろう。

したがって、進化についての生徒の理解を調べるとき、鋭敏な教師なら、辞書にあるような定義を習得しているかとか教科書にある例を暗唱しているかとかを超えたところを見る。生徒が自分の理解を実証する、あるいはそれを適切に「表現する」のは、異なる生態学的ニッチで発見されたいろいろな種を調べて、それらがもつ特徴群の理由を推測することができたり、あるいは、マルサス主義［人口増加を抑制するため結婚の延期を推奨］、ダーウィン説、社会ダーウィン主義の〈適者生存〉の説明の類似点と相異点を説明できるときである。同様に、生徒がホロコーストの理解を表現するのは、ナチス親衛隊将校の日誌の内容を、「善良なドイツ人」という主張に照らして解釈できたり、あるいは、ナチスの強制収容所の出来事を、1990年代のボスニア、コソボ［いずれも旧ユーゴスラビア］、ルワンダ［アフリカ］のような、現代の集団殺戮の出来事と比較できたりするときである。

この「理解の尺度」は要求が厳しいとみえるかもしれない。とくに現在行われている、生徒が何を知っているか、できるかを測る皮相的なやり方に比べればそうみえる。そして、実際、理解の「表現」を頼りとすることは、因習的なさせ方（または、させない手法）に慣れた、生徒、教師、親たちには圧力となりそうである。だがそれでも、理解の表現に頼る方法には正当性がある。ひとつには、何かが新しく、すぐ実施するのがたとえむずかしいとしても、それを避けてよいことにはならない。より重要なことには、表現に焦点を合わせることによって、ただちに重要な変化が起こる。生徒は「内容を習得」する代わりに、「なぜ」特定の内容が教えられているのか、そしてどうやって最もうまく、理解した内容を、広く受け入れてもらえる形で示すことができるか、ということについて考えるのである。生徒が、知識を応用して、公的な形で見識を示す必要があると気づくなら、彼らはより積極的に教材と向き合い、可能ならいつでも自分の「表現力」を発揮しようとする。

私の個人的な例を話そう。何年か前、私は、認知発達理論に関する大学院の標準的な講義に修正を加えた。学生が「理論を知っている」ことを超えて、理論を生産的に利用できるように教えることを目標としたのだ。この新しいやり方のもと、私は週ごとに特定の発達理論を割り振った。たとえば、ジャン・ピアジェや、同時代に影響力のあったロシア〔当時ソ連〕のレフ・ヴィゴツキーに関連した理論など。そして私は、学生にプロンプト（誘発刺激）、つまりデータ・セットや教育実践の話を与え、その週の理論を使ってそのプロンプトを説明するよう求めた。ある日、ある学生が尋ねた。「ガードナー先生。理論が理解できなかったら、どうやって応用したらいいんでしょうか?」私はちょっと考えてから、答えた。「理論は応用しなければ……そして再応用してみなければ、ぜったい理解できないだろうね。」表現してみるよう強調することは、教材を積極的に活用するよう刺激するだけでなく、教材の理解を高めるのである。

理解への障害

面倒だが考慮すべき重要なことについて述べておく必要がある。事実上申し合わせたように、理解の〈評価〉は回避されてきた。もっとも、この無視はたんなる無知によるのかもしれない。もし、理解とは事実に関するいろいろな教材をマスターすることに等しい、あるいは、いろいろな教材に触れれば、理解は自然とついてくると仮定するなら、理解していることを明示的に表現して見せるという必要はぜんぜんない。しかし、理解を評価することを避けてきたのは、そうするには時間がかかり、また、理解の明白な証拠を実際に見つけられるだろうという自信を欠いていたからだ、というほうが的を射ていそうである。認知志向の心理学者と教育学者による過去数十年間にわたる何百もの研究のおかげで、今私たちは、理解についてひとつの真実を知っている。すなわち、ほとんどの学校のほとんどの生徒は、いや、最優秀の学校の最優秀の生徒でさえ、その多くは、重要な概念についての満足な理解を示しえていないのである(2)。

最も印象的な事実が、物理学によく現れている。高校・大学で最上位の成績の生徒・学生が、習得したはずの知識を応用できないだけでなく、もっとひどいことに、幼児がするのとほとんど同じ反応をすることが多い。「学校に行かなかった」と言いたいくらいである。典型的な研究では、学生は教室の文脈の外で、「はじき上げたコインに作用する力」とか、「夏と冬とでは温度が異なる理由」、「砲身から発射された弾丸の弾道」などについて質問される。驚いたことに、ほとんどの物理学の学生が、物理学について聞いたこともない子供と大差ない答えに戻ってしまう。

このような問題が物理学だけに浮上するのなら、まだいい。しかし、すべての科学で、学生の誤解をあげたら切りがない。たとえば進化について、学生はほとんど不可避に、目的論と完全性の考え方に向かう。すなわち進化は、予定された筋書きに従わないランダムな突然変異から成っているのに、学生は一般に、進化が見えない手に導かれているかのように説明し、それぞれの種は、その先祖より何らかの意味でより完全であり、進化の頂点は、私たち自身の時代の私たち自身の種と不思議にも一致すると言うのである。同様な誤解は、物理学や、生物学、地質学、天文学などの、他の科学でも生じている。

カリキュラムの他の分野でも、同様の「教育されていない」困難の例にこと欠かない。数学について言えば、生徒は、計算手順をただそのまま当てはめるだけである。もし特定の公式が要求されているのだとあらかじめ知らされていれば、しばしば効果的に、一定の公式を特定のしかたで使える。たとえば、二項方程式や二次方程式の公式を暗記して、特定の「手がかり」があったらそれを持ち出せばよいと学ぶ。しかし、その公式を使えばよいという手がかりがぜんぜんなかったり、公式を新たに導き出す必要があると、窮地に陥ってしまう。けっきょく、彼らは公式を本当には理解しておらず、以前の状況からヒントになるシグナルだけを認識していたのだ。

社会科と人文科学では、理解の敵はシナリオとステレオタイプである。生徒は、「出来事は典型的なしかたで生じる」と信じこんでいて、そうではないときにもそのシナリオを持ち出してくる。たとえば彼らは、二つの集団が争っていると、「善人対悪者」の映画シナリオ（よく「スター・ウォーズ」シナリオと言われる）で考える。あまりにも多くの生徒が、ホロコーストを表面的にしか理解していない。彼らは、その存在を否定したり、悪いドイツ人にその責任をまるごと負わせたり、ユダヤ人が特別だと思ったり、「そんな出来事がまた起こるはずがない」と言ったりする。人間はいずれも、大量虐殺に加わったり、そのような残虐行為の犠牲者になる可能性をもっているし、ホロコーストは、人間が人間に何をしたかを如実に示しているというもっと深い理解を得るためには、歴史的世界、社会的世界、そして個人的な世界と、もっと集中的に、幅広く取り組む必要がある。

理解を表現してみるよう奨励する

理解への障害はいたるところにあって、簡単には避けられない。それに、教科のすべてをカバーしようという誘惑に屈するかぎり、誤解は避けられない。たとえば、三六週間の西洋史の授業で、プラトンからNATO（北大西洋条約機構）まで満足に教えられるだろうか。それでも近年、見込みのある理解をめざした学習法が四つ発展しつつあり、それぞれが障害をよく知った上で、より生産的に理解を表現できるよう教えようとしている。まず三つの学習法について手短に触れて、それから四番目のぜひとも紹介したい学習法、すなわち生徒の理解を高めるためにMI理論を使う方法に移ろう。

観察にもとづく学習法

最初の学習法は、理解をうまく教えている教育実践を観察し、応用することである。ひとつの例が、伝統的な徒弟制である。徒弟は、年少のときから親方と多くの時間を過ごしながら間近に観察し、徐々に日々の問題解決と製品作りの実践に従事してゆく。

子供博物館や科学博物館などの現代の組織は、理解を形づくる模範となる、もうひとつの方法である（11章を参照）。生徒は、興味をそそられる現象に、自分にとって意味のあるやり方でとりかかる機会をもつ。ゆっくり時間をとれるし、テストのプレッシャーはぜんぜんない。さらに重要なことには、生徒は、問題を家から学校へ、そして博物館へともってきて、またもちかえることができる。そして、多様な場面で多数の入力（およびその入力に反応する多数の方法）を使って、しだいにより強固な理解を構成してゆく。これらの教育のしくみがどうやってより深い理解を生み出したかを知ることによって、どうすれば最もうまく理解するように教えられるかについての手がかりが得られる。

理解の障害に正面から取り組む学習法

二番目の学習法の特徴は、理解の障害にまっ正面から取り組むことである。各人が、自分自身の誤解と直接取り組むようにする。たとえば、もしある人が、獲得形質が遺伝すると信じていたなら、何世代もわたってサンショウウオのしっぽを切り落とし、短いしっぽのサンショウウオが徐々に（または突然に）現れるかどうかを調べることができる。また、もしある人が、問題を解決するのにいつも記憶している計算手順に頼っているなら、その計算手順を適切な変数ばかりでなく不適切な変数にも試してみて、自分自身の公式をこしらえる機会を得るようにできる。そしてまた、もし誰かが、習慣的にステレオタイプの思考に頼っているなら、その人に個々の歴史の出来事や美術作品を複数の観点から考察してみるよう勧めることもできる。

しかし、これらのどれも絶対確実ではないことに留意すべきである。さらに、ときどき「複数の観点」を取り入れたり、誤解に挑戦するだけでは十分ではないだろう。教師は、不適切に概念化していることを指摘し、生徒に結果についてよく考えるよう求めることによって、理解を促進する必要がある。そうすれば、生徒は徐々に、自分の直観的な理論を検討して、しっかり理解するという習慣を養うようになる。

体系的な学習法――理解のための授業

教育学者デイヴィッド・パーキンズ、ヴィト・ペローン、ストーン・ウィスクらと共同で、私は三番目の、さらに体系的な学習法を開発した。すなわち、〈理解のための授業〉で、明示的な活動を特徴とする。(3) 教師は、理解の目標を明示的に述べ、どんな活動ができれば理解していることが示されるのかをはっきりさせて、これらの見方を生徒と共有するよう求められる。

この「理解の枠組」のその他の重要な機能としては、つぎのようなことがある。⑴学問にとって主要で、かつ生徒にとっても魅力的な、生産的なトピックを強調する。（たとえば、なぜガラパゴス諸島には一四ものフィンチの変種がいるのか？　いつ、いかにして「最終解決」［ホロコーストの計画］に至ったのか？）⑵単元や授業に貫徹している「経路」を取り出す。（たとえば、どうやって観察から仮説に至り、再び新しい観察に戻って、さらなる仮説を生み出すのか。）⑶授業の最終段階だけでなく、仮の理解の段階でも「やってみる」ことによって、生徒の理解を評価する。

理解というのは、一般的な問題の一般的な解明であると述べた。理解に達するのは挑戦のしがいのあることであり、そのためにはいろいろと助けになる手段があるということを、生徒が理解するのが重要である。一般的な取り組み方だと言うのは正しいと思われる。なぜなら、問題にはその根本的な要素から取り組むのが妥当だからだ。実際には、特定のやり方がすべての生徒にとって、あるいは少なくとも大部分の生徒にとって、うまくいくとわかることもあるだろう。しかし、すでに十分述べたように、人間の心はすべて同じようにはたらくわけではないし、同じ認知的な長所と短所をもっているわけでもない。そうであると知れば、どのように生徒に教え、どのように生徒の学んだことを評価するかということに強く反映されないではいない。私たちはみな、同じ一式の知能をもっている。ある意味で、それは私たち種の知的な遺産である。しかし、私たちは等しい長所や同じプロフィールを示すわけではない。人によって、ひとつの知能に強くても、もうひとつの知能では弱い。そして、ある特定の知能の長所が、かならずしも他の知能の長所（または短所）を予測しない。

すでに［9章で］指摘したように、多くの教師は、MI理論それ自体を目的だと考える。すなわち、学校やプログラムは、MIの考え方を賞賛したり、生徒の知能を測定したり、カリキュラムや教授法に知能をとりあげたりすれば、それだけ賞賛に値すると考える。しかし、〈多重知能〉を高めることそれ自体は、教育の適切な目標ではない。むしろ、独自の立場で教育目標が確立されたときに、それが良い教育への手助けとなるのだと考えたほうがよい。

実際私は、MIは二つの教育目標を達成するために最も有効に役立てうると主張したい。

一番目は、生徒が、社会的に価値ある大人の役割や最終状態に到達する手助けをすることである。もし、誰しもに芸術活動にたずさわってほしいなら、言語的知能（詩人に）、空間的知能（グラフィック・アーティストや彫刻家に）、身体運動的知能（ダンサーに）、音楽的知能（作曲家や演奏家に）を伸ばすのは意味がある。もし、誰しもに礼儀をわきまえた市民になってほしいなら、個人的［対人的・内省的］知能を伸ばすのが大切だろう。

二番目の目標、そしてこの章に最も関連するのは、生徒が特定のカリキュラムや教科を習得するのを手助けすることである。そうすれば、生徒は励まされて、生物学の授業を受け、生き物の世界の起源と発達をもっとよく理解できるだろう。そして、歴史を学んで、過去の人々の計画、行為、結果を、もっと理解できるだろう。誰もが同じことを同じように学んで、同じように評価されるべきだという立場をとることも可能である。知能の標準的な考えに立つなら、たやすく、たぶん不可避に、そういう教育方針につながる。けれども、もし多重知能の考え方に妥当性があるとするなら、つまり、「個人によって異なる種類の心が実際にあり、異なる長所、興味、戦略をもつ」と考えるなら、主要なカリキュラム教材をさまざまなやり方で教え、評価できるかどうか、考えてみる価値がある。

多重知能による、焦点を絞った学習法

ここでようやく、私の教育方法の核心となる考え方を紹介できる。すべての人は、カリキュラム教材とその研究方法の中核を習得すべきだ、と私は信じる。もっとも、だからといって、特定の規範に執着するわけではない。この章で私は、進化とホロコーストを例として選んだ（それらに議論の余地がないわけではないけれども）。なぜなら、私たちの時代の教育を受けたすべての人が出会い、取り組み、よく理解すべき知識の総体のなかに、それらは十分入ると思うからである。（なお、『訓練された心』(4)では、私は真（進化）と悪［善の対概念］（ホロコースト）に、美の例（モーツァルトの音楽）を加えた。）

私は、そのようなトピックが単一の方法で教えられ評価される必要があるという、伝統的な教育学やそれを支持する心理学の考え方をとらない。生徒には生得的・文化的な背景や個人的な経歴、特有な経験があるのだから、白紙状態で学校にやって来るのではないし、単一の知的成績の評価軸に沿って並べられるものでもない。このようにさまざまであるということは（進化の結果だ！）、教師の仕事を複雑にするが、それは実際には効果的な授業を支えるものとなりえる。教師が異なる教育的方法を駆使できるなら、より多くの生徒に、より効果的なやり方で影響を与えられる。

そこで、私たちの教育目標には、生物学と歴史からそれぞれ引き出されたトピック、すなわち進化論とホロコーストと呼ばれる出来事の、より深い理解が含まれる、としよう。先行生物の遺伝子における偶然な変異の過程、すなわち進化が、歴史的にそして同時的に存在する種の多様性の背後にある駆動力である、ということを生徒に理解してほしい。ある歴史の瞬間に、遺伝子の変異によって生まれたある種の多様なメンバーは、特定の生態学的状況のなかで生存する能力が異なることになる。生存してより多く繁殖する個体や種は、何らかの理由で所与の生態学的ニッチに適切に順応しない個体や種よりも、生存競争において有利になる。もしこの傾向が長期間続くなら、生存者が栄え、一方、首尾よく競争できないものは絶滅する運命にある。化石には、歴史上のさまざまな種がたどった道筋と運命が刻まれている。それによって、それぞれの系統の複雑さが増していっただけでなく、種の多様性も徐々に増加していったことがわかる。種々の系統のショウジョウバエの育種から、遠い過去に遺伝子が誕生した姿の実験的研究まで、適切な研究によって、同じ過程を同時代的に調べることができる。

ホロコーストについては、１９３３年から４５年のナチス第三帝国の支配のあいだに、ユダヤ人や他の特定の迫害された少数民族、および政治的反体制派に起こったことを、私たちは生徒にきちんと理解してほしい。ユダヤ人を非難し隔離しようとする試みは、単純な言葉による攻撃と彼らを排除する法律から始まったが、しだいにもっと暴力的な虐待に発展し、欧州ユダヤ人の絶滅を唯一の目的とする収容所の開設にまで至った。反ユダヤ主義の輪郭は、ヒトラーの初期の演説や文書に現れていたが、計画から実行への歴史的経過には数年かかり、数万人のさまざまな立場の人々を巻き込んだ。ジェノサイド、つまりある人々をまるごと除去しようとする努力は、さほど新しい着想や現象ではない。それは、聖書の時代にまで（それ以前ではないとしても）さかのぼる。けれども、文明化した近代的であるはずの国家が、組織的に六〇〇万人のユダヤ人を根絶するところまで突き進んだのは、前代未聞のことであった。

こういうことの理解は、授業や単元の妥当な目標となるが、こういう一節を記憶したり言いかえたりしても理解とは言えない。むしろ、生徒が理解していることを示すのは、これらの概念を柔軟かつ適切に使って、分析したり、解釈したり、比較したり、または批判をするときである。そしてとくに、新聞に報道される今日の出来事とか、明日のテクノロジーや生物学の新発見のような、新しい材料についても理解をはたらかせることができるときである。

どうしたら、生徒がこれらの手ごわいトピックを理解するのを手助けできるだろうか？　多重知能の観点から、私は三つの学習法を提案したいが、それはしだいに焦点を絞ったものとなっている。

入口

生徒に興味をもたせ、トピックのただなかに置く方法を見つけることから始めよう。私は、少なくとも七つの別個の入口を確認した。これらはおおよそ、特定の知能と結びついている。

1　語りによる入口

語りによる入口は、ストーリーを通じてトピックについて学ぶのを好む生徒に向けられている。本でも映画でも、そこには、主人公、対立、解決すべき問題、達成すべき目標、緊張の高まりと軽減などがある。たとえば進化をとりあげるとすれば、そこにはダーウィンの航海のストーリー（聖書が語る起源の物語とは対照的）や、特定の種の一生の姿が含まれるだろう。ホロコーストなら、特定の人物（たとえばアドルフ・ヒトラーやアンネ・フランク）のストーリーや、第三帝国の出来事の歴史年表などを通して導入できる。

2　量的・数的入口

量的な入口は、数やそれが作るパターン、可能な操作、それに大きさや比率、変化に意味を見てとることに興味のある生徒に向く。進化を調べるには、多様な生態学的ニッチにおけるさまざまな個体や種の発生率、そしてそれら集合体が時とともにどう変化するかを見ることができる。ホロコーストについては、いろいろな収容所への移動人数や、生存率、都市ごと、国ごと、地域ごとのユダヤ人や他の犠牲となった集団の結末を比較して調べることができる。

3　論理的入口

論理的な入口は、演繹的に思考する能力を活性化する。多くの出来事や過程は、三段論法によって概念化できる。ここでの二つのトピックと関連するのは、つぎのようなものである。

(1)もし、ある地域に、維持できるより多くの個体・種があるならば、そして、もし、個体・種のあいだに変異があるならば、特定の生態に最もうまく生存する変異体が、そこに繁殖し、繁栄できるだろう。

(2)もし、ヨーロッパからすべてのユダヤ人を一掃したいならば、そして、もし、ユダヤ人をよそへ移動することも、自然死を認めることもできないならば、彼らを一掃する方法を考案しなければならない。

4 根本的・実存的入口

この入口は、根本的な種類の疑問に惹かれる生徒に訴える。ほとんどすべての子供が、神話や芸術に触れたとき、ふつうそういう疑問をいだく。もっと哲学的な志向をもつ子供は、質問を出し、それについて言葉で議論する。進化については、「私たちは誰なのか?」「私たちや他のすべての生物はどこから来たのか?」という疑問に向けられる。ホロコーストについては、「人間はどんな種類の存在なのか?」「その美徳と悪徳は何なのか?」「そして強制収容所を生き抜いた人はその後の人生の意味をどうやって見つけられるのか?」という問いが発せられるだろう。

5 美的入口

バランスや調和、構図をテーマとして配置された美術作品や材料に刺激を受ける人もいる。進化の系統樹には、多くの枝や隙間があり、こういう生徒の興味をひくだろう。ダーウィン自身が、自然の「もつれた堆積」のメタファーに惹きつけられた。ホロコーストは、その恐怖をとらえようとした犠牲者や目撃者によって、美術作品や文学、音楽に描かれている。

6　体験的入口

多くの人々、とくに子供は、何かを組み立てたり、いじったり、実験を行ったりできる、夢中になって取り組める活動があると、トピックにもっとも取り組みやすい。何世代もショウジョウバエを繁殖させることで、遺伝的変異体の発生と死滅を観察できる。「ホロコースト博物館」〔ワシントンをはじめ各地にある〕は、その歴史的出来事への痛ましい入門となれる。そういう博物館は、生徒にいつもとはちがう「アイデンティティ」を与えるので、ホロコーストによって特定の民族に何が起こったのかを学ぶすぐれた教育経験になるだろう。また生徒は、権威への服従についての、古典的な「ミルグラムの実験」のバリエーションに参加できる。(5) このぞっとする実験は1960年代に行われたが、被験者は、別の人に電気ショックを与えるよう求められた。被験者は知らなかったが、その人は本当はサクラ（実験者の仲間）だった〔実際に電気ショックは伝わらない〕。常識にも精神医学者の予想にも反して、ほとんどの被験者は、「危険レベル」までサクラに強い電気ショックを与えた。おそらく実験者が、権威的な白衣姿で、「実験を続けなければならない」と主張したからである。

7　社会的入口

これまで述べてきた入口は、個人に向けられている。しかし、多くの人は、集団場面のほうが効果的に学べる。そこでは、異なる役割を引き受け、他者の視点を観察し、たえずやりとりし、補い合うことができる。生徒のグループに、解決すべき問題を与えることができる。たとえば、「ある環境の気候に劇的な変化が起こった後、さまざまな種に何が起こるだろうか?」「もし連合国が、主要な強制収容所に通じる鉄道線路を爆破していたなら、ドイツ人はどう反応しただろうか?」あるいは、変化している生態におけるさまざまな種とか、包囲下のゲットー(ユダヤ人居住地)での謀反に加わったさまざまな人々などのロール・プレイ(役割演技)をするよう生徒に求めることもできる。

アナロジーを話す

上記の入口は、生徒を直接学問的なトピックの中心に置き、興味をかきたて、いっそうの探究に向けて認知的に関わっていくようにすることを狙っている。しかし、入口はかならずしも、理解の特定の形式や様式を教えるものではない。ここでは、教師(または生徒)は、あまりなじみのないトピックの重要な側面を伝えることができる有効なアナロジー(類推)を、すでに理解している教材から引き出すよう求められる。

進化のアナロジーは、歴史や芸術に見いだせる。社会は、ときには緩やかに、ときには劇的に、時とともに変化する。人間社会の変化の過程は、種内および種間の生物学的変化の過程と比較することができる。進化は、芸術にも観察できる。たとえば、登場人物は、一冊の本の筋のなかで変化するし、シリーズのなかで変わることもある。また、フーガ（遁走曲）の主題は特定の形式で展開し「ひとつまたは複数の主題が次々と複雑に模倣・反復される」、（ふつうは）他の形式では変化しない。ファッションの領域でも、興味深い進化的なトレンドがある。

同様に、ホロコーストにもアナロジーを探せる。ある民族を全滅させようとする努力のアナロジーとしては、ある出来事の痕跡や文明全体の痕跡さえ根絶することがあげられる。こういう根絶への努力は、意図的なこともある。犯罪者が、犯罪のすべての証拠を隠そうとするときがそうである。また根絶は、時間の結果として生じることもある。古代都市の跡がすっかり破壊されるようなときがそうである（もちろん、都市の痕跡が消えたのは自然災害のせいか、容赦ない敵のせいかは、関連する歴史の記録がなければわからない）。

アナロジーは、あるトピックの重要な側面を、全体としてそれになじみのない人々に伝えるのにすぐれた方法である。アナロジーは強力だが、誤解を招くことにもなる。どんなアナロジーも、意図していない類似を示唆することがある。たとえば、すぐれた知能をもった人間が構成したフーガの主題は、生物の進化のランダムな性質とは異なる。また、単独で犯行を行う殺人者は、密かに、だが一丸となってジェノサイドを行う社会集団とは異なる。教師は、各々のアナロジーを適切な点だけに限定して、誤解を招く部分が生徒の根本的な理解をゆがめたり損なったりしないようにする必要がある。

メタファーは、新しいトピックを明確にするためにも使える。ダーウィンは、進化を「枝分かれする樹」だとみなした。強制収容所は「死の工場」として記述されてきた。ここでも、そのようなメタファーの力と危険に注意せねばならない。だから、進化はよく「はしご」にたとえられるが、最も遅く出現した種がいかなる意味においても「最も高等」だと考えるのは、誤解である。

核心に迫る

入口は会話を始め、適切なアナロジーは問題としている概念がどんな意味をもっているのかを伝える。しかし、中核的な理解を伝えるという課題が残っている。そして、この部分は、私の分析のなかでも最も長々しい部分である。教師は伝統的に、つぎの二つの、一見逆の学習法のどちらかを用いてきた。(1)明示的な教示(ふつうは講義形式)を与え、教材の言語的習得の程度によって、理解を評価する。(進化とは……。ホロコーストの五つの主要な特徴は……。)(2)豊富な情報を与えて、生徒がなんとか、自分自身でそれらを統合することを期待する。(あなたが読んだことや、博物館の見学や、さまざまな教室での取り組みにもとづいて、もし~なら、あなたはどうするか?)両方の学習法を、同時にあるいは順を追って行う教師もいる。

教育における決定的に重要な疑問を提示しよう。「長所や表象様式には個人差があるという心理学的な知見を用いて、トピックの最も重要な、つまり核心となる概念を、確実に完全に伝えられるような教育法を創造できるだろうか?」この疑問に答えるためには、まず、つぎの三つのことを認めなければならない。

1　決定版と言える学習法はありえない。

すべての教室の状況が異なるように、すべてのトピックは異なる。したがって各々のトピックは、それ自身の固有の核心概念や、概念のネットワーク、問題、課題、誤解の受けやすさについて考察されねばならない。

2　トピックは孤立して存在するのではない。

トピックは、既存の学問や現れつつあるいろいろな学問に由来するのであり、それらによって部分的に規定されている。だから進化の研究は、生物学の領域と、もっと一般的には、科学的説明の領域で生じる。進化の研究は、そのようなものとして、あらゆる種類の状況下であらゆる生物に当てはまる一般原則やモデルの探索に関係する（もっとも、科学のいくつかの部門は、恐竜の絶滅のような一回限りの出来事を解明しようと努める）。これに対してホロコーストの研究は、歴史の分野で生じる。また、この出来事を表現しようとする文学や芸術の分野、あるいは倫理や道徳性に関する哲学で生じることもある。ホロコーストは部分的には、他の歴史上の事件と似ているかもしれない。しかし、根本的な概念は、「歴史は、特殊な状況で起こる特殊な出来事の説明を提供する」ということである。

一般原則が明らかになることも、実験的に検証できるモデルを作り上げることも、期待できない（もっとも、科学志向の歴史家が、そういうモデルを構成し、事後にそれを検証しようと試みたことはある）。

3　ある概念を記述し説明するのに、一般に用いられるやり方がある。

進化は、一般に、特定の例を使って述べられる（ネアンデルタール人の消滅や系統樹など）。ホロコーストは、一般に、カギとなる出来事や記録を通して提示される。たとえば、ヒトラーが初期［1925‐27］に書いた小冊子『わが闘争』や、1942年1月の「ヴァンゼー会議」［ベルリン郊外で［最高実務者たちによる具体案が］立案された「最終解決」、アウシュビッツでつけられた記録、収容所を最初に解放した連合軍兵士たちの報告、および生存者の身も凍るような写真などである。こういうよく知られた例は、ランダムに選ばれたのではない。そうではなくて、それらは過去において、学者たちがこれらのトピックを定義する助けとなってきたし、多くの生徒に教育的に有効だということが示されてきたのである。

これらの例は、明らかに貴重だということが証明されてきたが、それらは唯一無二であり、恒久的な特権を享受できると考えてはならない。これらの例について考えたからといって、理解が保証されるわけではない。そして同様に、進化やホロコーストの理解を高めるために、他の例や、他の材料、別様に構成された原因についての説明を使うことが、たしかに可能である。この軸となる例の全体は変わるということを私たちは知っている。なぜなら、新しい教授法だけでなく、新しい歴史または科学の発見があるからである。たとえば、コンピュータを使って進化の過程をシミュレートしたり、バーチャル・リアリティーを創造する機会は、一、二世代前には予想もしなかった教育の機会を産んでいる。そして、新しい学問的成果によって、ヒトラーおよび部下の「意図的な死刑執行人」、つまりドイツ人の役割が明確にされている(6)［251ページを参照］。

カギとなるステップは、概念がよく理解され、理解していることを十分よく示す行動を起こせるのは、その概念の核心となる特徴をいくつかのやり方で表象するときだけであるということを認識することである。さらに、それら多様な表象の様式が、いくつものシンボル体系やスキーマ、枠組、知能を活用することが望ましい。アナロジーを超えることによって——実際には逆方向に進んで——教師と生徒は、表象をできるだけ正確で包括的なものにするよう努めることができる。そして、各々の表象はおのずから、トピックの特定の特徴を強調し他の特徴をほとんど無視するから、究極の目標は、できるだけ包括的に、さまざまな表象を統合することである。

この主張から引き出されることがいくつかある。第一に、トピックに十分時間をかけることが必要である。第二に、その複雑さを示し、かつさまざまな生徒に理解できるよう、いろいろなやり方でトピックを描くことが重要である。第三に、この多重学習法が、さまざまな知能やスキル、興味を明示的に活用することが大いに望ましい。

この方針は、教育におけるたんなる「バイキング方式」、つまり、おなじみの問題をたくさん生徒に投げかければ、そのうちのいくつかは心や脳に引っかかって残るだろうという学習法ではない。多重知能理論は、そういうたんなるバリエーションと選択を超える機会を提供する。トピックを詳しく調べて、「どの」知能が、「どの」アナロジーが、また「どの」例が、トピックの重要な面をいちばんとらえ、かつ多数の生徒に理解させることができるかを決めることが可能である。私たちはここで、教育の家内工業的な側面、つまり教育は一定の手続きにのっとった（アルゴリズムによる）学習法になじまない手仕事であるということを認めねばならない。この手仕事的側面こそが、教えることの喜びの中心にある。つまり、トピックに立ち戻り、その重要な構成要素を、さまざまに異なる心に、できるだけ有効に正確に伝えるように、新しいやり方を考案する機会がある。

学問は歴史的に進歩するものであるから、専門家が、あるトピックについて特権的な考察点から考えることは避けられない。生物学の遺伝的変異や生態学的ニッチがそうであろうし、歴史学の、人間の意図や非人格的な力もそうだろう。しかし、進化やホロコーストは、学問のなかで生じたのではない、という事実をけっして見失ってはならない。それらの出来事や過程は、ともかくも起こり、観察者や学者が解釈したり解明したりできるようになったのだ。新しい学問の動向だけでなく、新しい発見が、今日の定説を掘り崩していくだろう。明日の学者は、私たちの理解を修正するかもしれない。ちょうどダーウィンが、フランスの博物学者シュヴァリエ・ド・ラマルクが説明した進化説［用不用説：獲得形質の遺伝］を書き替えたのと同じように、〈断続平衡説〉、つまり進化は断続的に生じたという説を信じる人たちは、ダーウィンの〈漸進説〉を打倒しようと狙っている(7)。同様に、ダニエル・ゴールドヘーゲンの最近の『ヒトラーの意図的な死刑執行人たち』(8)は、以前の歴史的分析よりずっと、ホロコーストに果たした「ふつうのドイツ人」の役割を重視している。

MI学習法の有用性

お断りしなければならないが、私はカリキュラムの大部分には触れなかった。私が念頭に置いていたのは高校や大学、そして自然科学と歴史のトピックであった。そして、この二つのトピックに特権的なものは何もないことも、お断りしておく必要がある。教師は、その共同体にとって重要なトピックに深く焦点を合わせることが大切である。無数のトピックが、その要求にかなう。もし、ここで概略を述べた三段階の学習法が、教科のすべてのトピックに等しく当てはまるだろうとほのめかしたとしたら、それは不注意というものだろう。私は実際には、内容が比較的豊かで多彩な切り口をもち、いくつかの観点から考察できる用意のある二つのトピックを、慎重に選んだのである。どんな教授法といえども、広範囲にわたるトピックと学問を横断して伝える必要のあるスキルに等しく有用だということにはならない。

それでも、ＭＩにもとづく学習法には、幅広い有効性がある。まず、それはカギとなる疑問を引き起こす。すなわち、「なぜ特定のトピックを教えるのだろうか？」「何を生徒は覚えているだろうか？」私たちが教えるものの多くは、習慣によって定着する。だから、より少ないトピックを教えて、それをより深く扱うことには意味がある。また、この学習法によって、教材を少数の中枢的テーマに関係づけることができる。たとえば、生物学の「進化」、歴史の「ホロコースト」、物理学の「エネルギー」、文学の「人物描写」などである。そして、有力なテーマにうまく関連しないトピックを取り除くことができる。

どのトピックに持続的に注意すべきかを決定したら、教授法の全体を活用できる。つまり、多様な生徒の興味と注意を引きつける入口を選ぶだけではなく、トピックの重要な部分を効果的かつ明確に伝える例やアナロジー、メタファーを選べる。そして最後に、文字どおり適切な説明の総体を追求する。それは、考えているトピックについての、豊かで分化した表象のセットを提供する。そのような総体は、熟達者であるとはどんなことかを、生徒に伝える。そして、その表象がさまざまな範囲のシンボル体系を含めば含むほど、それはさらに強固で、生徒とって有益なものとなるだろう。

多重表象を育てることは、有効な教授法のひとつの要素である。そして、それと補い合うのが、生徒自身や他者に、教材をどれほどマスターしたかを示す機会を多く提供することである。もし教師が、理解を表現してみるよう奨励したいと望むなら、教師が想像力豊かで、多元的である必要がある。短答テストや小論などの立証済みのテストに頼るのはやさしいが、そうしないといけないという法はない。理解の表現は、トピックのさまざまな側面や、生徒の種々のスキルに応じて多様でありうる。さまざまな表現を許すことは、より多くの生徒に、自分が理解したことを示す機会を提供するだけではない。それはまた、どんな単一のトピックの「とらえ方」も、生徒の（またはテスト作成者の）トピックの理解を不当に左右しないことを保証するのである。

私は、生徒に挑戦させるよう教師に勧めたい。たとえば、ホロコーストの原因や、ダーウィン説の長所について、互いに議論する。進化の過程のさまざまな側面を調べる実験を行う。ホロコーストの生存者にインタビューする。レジスタンスのヒーローを記念する芸術作品を創造する。ひじょうに有毒な環境下でも生存できる種を考え出す、などである。もっとも挑戦のしがいのあることだが、人間の行動の進化について私たちが知っていることをもとにして、ホロコーストを許した要因について議論するよう生徒に求めることもできる。そうなれば、私たちの二つのトピックは、有意義に結合されることになるだろう。

これは、E・D・ハーシュのような保守的な教育評論家が最近非難したような、「進歩主義運動」という罪でしかない、もうひとつのプロジェクトへの呼びかけにすぎないのだろうか?(9)　まったく正反対である。生徒のプロジェクトは、二つの点から批判的に考察される必要がある。(1)あるジャンルの例としての適正さ（その論述は首尾一貫しているか？　それは効果的な記念碑か？　それは原因の説明として適格か？）⑵ある人の理解をその表現において示す機会としての適正さ（討論者は、合意された事実に固執するか、または知られていることを曲解するか？　新しく考案された種は、生殖および子の養育を可能とするだけの寿命をもつか？）このようなプロジェクトと表現は、皮相な理解の手段とはまったくちがって、生徒を高い基準に保つ。概念の重要な特徴は、関連ジャンルの基準を満たす手段を使って、実地に表現されるべきである。

終わりに――テクノロジーを活かした手段、人間の目的

これまで私はおおむね、テクノロジーのなかでも最も簡単な形式だけに限定してきた。たとえば、本とか、鉛筆、新聞、いくつかの美術用具、簡単な生物学実験室などである。教育の目標と手段についての基本的な議論は、最新のテクノロジーの進歩に依存すべきではないから、これは適切である。しかし、テクノロジーによって学習法が飛躍的に高められる見込みがある。小学校の教師が、個性化したカリキュラムと教授法を三〇人のクラスに実施するのは容易ではない。まして、百人以上にもなる高校の数クラスともなればなおさらである。そして、生徒に理解を種々表現してみるよう求めて、

しかも有意義なフィードバックをかえすのは至難と言える。

幸運にも、私たちは今日、生徒にも教師にも飛躍的に個性化した活動を可能にするテクノロジーを手にしている。すでに、さまざまな知能に向けて、さまざまな入口を提供し、生徒に、自分の理解を多様なシンボル体系（言語的、数的、音楽的、図形的など）を使って表現させ、教師に生徒の仕事を柔軟に、敏速に検討させるようなソフトウェアが可能となりつつある。

Eメール、ウェブサイト、テレビ会議といったもののおかげで、生徒の学習を遠くから検討することさえできる。生徒の学習を評価して適切なフィードバックを与えることができる「インテリジェント・システム」の開発は、もはやたんなるSF小説の一節ではない。実際、そのようなシステムは、以前の介入の成功・失敗にもとづいて、活動も教育的フィードバックも変えることができるはずだ。

「指導の個性化」の実現可能性に対する以前の反論は、もはや維持できない。将来も気が進まないということであれば、弁解の根拠を他に求めなければならないだろう。私は、「ふつうのやり方」では成功を経験していないが、別の形で提供されるなら恩恵を受けるであろう生徒や保護者、教材を概念化する新しい方法に達した研究者、また種々の教授法や評価に熱心な教師は、そのような抵抗に納得しないだろうと強く思う。

教師はこれまでも、見込みのありそうなテクノロジーにいろいろと手を出してきた。教育史の多くには、紙、本、講堂、映写スライド、テレビ、コンピュータ、その他の人工物の、さまざまな運命が記録されている。現在のテクノロジーは、ここで私が推奨するMI学習法のようなアプローチを現実のものとするのにお誂え向きと思われる。それでも、保証はまったくない。すたれたテクノロジーもたくさんあるし、またたくさんの技術が、皮相的に、非生産的にしか使われなかった。そして、私たちが忘れてならないのは、人間の歴史におけるホロコーストなどの恐ろしい出来事には、既存のテクノロジーの悪用が特徴的だということである。

そういうわけで、教育のいかなる考察も、たんに道具的にとどまってはならないのである。もしもっとたくさんコンピュータがあっても、それに何を求めるのだろうか？　もっと広く言えば、教育に何を求めるのだろうか？　ここでの私の立場は明確だった。すなわち、教育は最終的には、人間の理解を高めることによって、自らを正当化せねばならない。しかし、その理解自体が、たやすく台無しにされかねない。けっきょく、物理学の知識を用いて、橋でも爆弾でも作れる。人間についての知識を用いて、人間を解放もできるし奴隷にもできる。

私は自分の子供たちに世界を理解してほしい。しかし、それはたんに世界が魅力的で、人間の心が興味深いからだけではない。子供たちには、世界を理解することによって、それをより良い場所にする位置に立ってほしい。知識は道徳性と同じではないが、過去の過ちを避け、生産的な方向に進もうとするなら、理解する必要がある。その理解の重要な部分は、「私たちは何者であり、何ができるか」を知ることだ。その答えの一部は、生物学にある。私たちの種のルーツと制約である。またその答えの一部は、私たちの歴史にある。人々が何をしてきて、何ができるか、ということだ。多くのトピックが重要だが、進化とホロコーストはとくに重要だと、私個人は信じている。それらは、善にも悪にも、私たちの種の可能性に関係している。生徒がこれらのトピックについて知る必要があるのは、主としてそれが試験に出るからではなく、私たちが人間の可能性を指し示す助けとなるからである。最終的に、私たちは自分で自分の理解を統合せねばならない。本当に重要な理解の表現は、この不完全な世界で、人間として行うことであり、それに私たちは善くも悪くも影響できるのである。

11章　学校の外における多重知能

知能の科学的概念は、学校教育にその起源がある。二〇世紀初めに、アルフレッド・ビネたちは、学校での学習に困難があると思われる児童を助けることに興味をもった［2章を参照］。ときどき思うのだが、もし最初の知能テストが、芸人とか、実業家、あるいは狩猟採集社会の人たちが考案していたなら、どれほどちがったものになっていただろうか？

学校が多重知能（ＭＩ）理論の最初の受け入れ手となったのは、たぶん必然だった。私は、標準的な精神測定学理論への批判として、ＭＩ理論を開発した。だから、精神測定学の理論にいちばん利害関係がある人たちが、私の言うことに注目したのだ。しかし、どんな科学的理論もそうであるように、ＭＩ理論はいろいろな実践を導くことができ、さまざまな組織に示唆を与えることができる。ＭＩ理論が、より広い社会にだんだん知られるようになると、学校と多少とも似ている機関、とくに博物館にアピールした。もっと最近では、MI理論は、学校に劣らず大きくさらに強力な組織、つまりビジネスの世界にも影響しはじめている。

子供博物館とその姉妹

〈子供博物館〉は、比較的新しい現象である(1)[研究について訳者解説を参照]。伝統的に博物館は、文化的に貴重な遺物や工芸品を保管展示する場所であり、子供は立入禁止だった。子供は、触ったり遊んだりしたがるので、大事な展示物を傷つけるおそれがあるからだ。子供博物館のようなタイプの機関は、アメリカに始まり[ボストンをはじめ各地にある]、他の国にも[イギリス、オーストラリアや後述のスウェーデンなど]急速に広まった。(皮肉にも、それが国家指導者の妻の、格好の事業となることもある。)ほとんどの子供博物館は、幼児向けに作られていて、種々の材料と経験を提供する。典型的な子供博物館には、自由遊びのエリア、登ることのできる構造物、泡やスプレー模様を作れる水のエリア、子供が(ひとりで、あるいは付き添いといっしょに)簡単で魅力的な物を作れる組み立てライン、家庭用品の巨大な模型、ちょっと変わった芸術作品を創造できる材料(動くマンガや回転覗き絵など)、音響パターンや音楽を創造できる装置(コンピュータも含む)、科学の原理を説明する、対話式のデモンストレーション装置、子供が見たり、いっしょに遊んだりできる、小さな魚や小動物などがある。

子供博物館には、姉妹もある。赤ちゃんや思春期の子供など、特定の年齢層専門の博物館があり、芸術やコンピュータなどのトピック専門のものもある。とくに年長や思春期の子供にアピールするのは、科学博物館や「エクスプロラトリアム（探査館）」「科学教育に重点をおく」である。そして、もっと広いテーマパークと融合した博物館もあり、世界のいろいろな地域で人気を集めている（そして利益を上げている）。

子供博物館は、娯楽と教育のあいだの路線を進む。展示は魅力的で、家族を引きつけねばならない。入場料を払い、レストランや売店でお金を使うのは彼らなのだから。少なくともアメリカでは、こういう場所が魅力的で楽しさを約束しなかったら、生き残れないだろう。しかし同時に、子供博物館の多くの展示やそこかしこの場所には、とくに博物館が科学に向けられたものなら、教育的な配慮がなされている。博物館の創立者や館長が、教育一般に関わりをもっていることもある。出資機関が、教育との接点を求めていることもある。自らを学校の補助ととらえている博物館もあるし、教育と娯楽のあいだに対立関係はないはずだと信じているスタッフもいる。

理由がどうであれ、子供博物館と多重知能理論のあいだには、自然な相性の良さがあった。ここでは、学校と対照的であることが、ＭＩ理論に有利にはたらく。子供は学校に行かねばならず、一般に必修のカリキュラムがあり、教師はすべての生徒に効果的にはたらきかけるよう義務づけられていると感じ、もっぱら言語的知能と論理的知能に頼って他の知能を除外するという古くからの因習がある。ところが、こういう重荷は子供博物館にはない。ここでは、子供は自分のペースで進み、自分が好きな方向にエネルギーを向けられる。言語や論理に焦点を合わせる必要はないし、教師然とした人もいない。あからさまなカリキュラムもまったくない。サンフランシスコの「エクスプロラトリアム」の創立者、フランク・オッペンハイマーがいみじくも述べたように、「博物館では誰も落第しない。」

しかし、この自由、柔軟性、楽しさにもマイナス面がある。ほとんどの人は年に一、二度しか子供博物館を訪れないから、教育的な可能性は限られている。博物館での時間は楽しくても、教育的観点から見れば、その時間は生産的に使われていないかもしれない。そして、もし家、学校、マスメディアといった他のところで博物館の経験が点火した認知的スパークを活用できないなら、その閃光もかすんでしまうだろう。

学校について論じたように〔9、10章を参照〕、MI理論は目標を提供するものではない。しかし、いったん子供博物館が教育目標を定めたなら、MI理論は適切で、有益になれる。こういう博物館は、展示にかなりの資源を充てられるから、いろいろな知能を意図的に活動させ、刺激的に混合して利用するような教材や展示物を制作することができる。また、しばしば展示は他の博物館に移動するので（借りたり買うこともある）、長い期間の展示が可能である。

私は子供博物館で、多重知能が三通りにはたらくのを見た。第一に、多重知能によって、さまざまな入口と出口をもつ豊かな展示が可能になる。たとえば、コンピュータの展示で、子供はこんなことをする。コンピュータ利用の歴史を見て、過去半世紀に普及した種々のコンピュータで実験する。コンピュータの大きい模型にもぐり込み、探索する。異なる種類のコンピュータ装置と言語の、可能性と限界を試す実験をする。コンピュータを、他の通信や問題解決の方式と比較する。コンピュータで、美術作品や音楽作品を創造する。ロボットをプログラムして、そのロボットがどのように「人間の」機能を実行するかを観察する。また生徒は、バーチャル・リアリティを探索して、Eメールやビデオ放送、世界をつなぐ他の方法を通じて、遠くの人々と知り合いになることもできるだろう。

二番目の実践として、博物館は、多重知能のトピックに関する展示を開いてきた。典型的なMI展示では、脳がどのように、皮質の異なる領野で異なる種類の情報を処理するかが示される。感覚・運動システムと、いくつかの知能のあいだの関係が示される。さまざまな知能がすぐれていた人々の、生涯と仕事が再現される。そして、最も重要なことだが、子供が自分のいろいろな知能を試してみて、各々の知能で何をやり遂げられるのかを調べ、その長所と限界は何かを知ることができる。これらの展示によって、子供は、自分の心がどんな特徴をもっているのかに気づくことができる。また、経験をどのようにとらえ、記号化したらよいのか、子供たちが言語化する助けとなる。

最後に、実際に多重知能をめぐって組織された博物館が数カ所あり、個々の知能とそれが成就できるものの性質に焦点を合わせている（ストックホルムのユニバッケン博物館など）。青少年に、人間（や他の存在）がもち、そして使っているさまざまな知能を通して、自分自身と世界のことを考えるよう誘っている。

どこまでMI概念を前面に出すかは、それぞれの博物館や博物館団体が個別に決定することであるが、最も野心的な博物館では、家庭や学校で使えるカリキュラムを提供している。これは学校のカリキュラムと似ているが、博物館だけに可能な教材や経験を利用しているという利点がある。ほとんどすべての学校に、コンピュータや実物大のプラスチック製心臓があるだろうが、生徒が文字どおり、中を歩きまわって何度でも見られる巨大な模型をもてる学校はめったにないだろう。もし生徒が、博物館へ行く前にトピックについて学び、そしてもし博物館で使った教材（と記憶）を日常生活に持ち帰るなら、そういう経験は、子供の理解の一部となり、心の表象という図書館の新しい蔵書となるだろう。

美術館

美術館には、歴史的、学芸的、美学的な目的があるが、それらはたいていの子供博物館にとっての目的からは大きくはずれている。展示物は触ったりつかんだりすれば壊れたり損傷しかねない貴重なものであり、たいていの子供にはあまりおもしろくない。実際、ほとんどの青少年が大人の説明や励ましがなくても子供博物館を楽しめるのに、美術館は、大人の案内がなくてはまず子供の「心に語りかける」ことはない。

美術館をもっと子供にとって魅力的にするためのひとつの方法は、子供博物館によく似た展示や経験を、館内に作り出すことである。あまり壊れやすくなく高価でもない美術品を展示して子供が探索できるギャラリーを設置したり、子供が楽しめるCD‐ROMやビデオ、コンピュータ機器を据え付けたり、あるいは、子供が自分の芸術作品を作って、館内に展示されている作品と比較できるアトリエを設置するなどができる。また、美術にあまり親しみのなかった子供や大人が常設展示にさまざまなかたちでアプローチできるように、工夫することもできる。カギとなる概念は、〈入口〉である。

学校カリキュラムについて論じたように［10章を参照］、ほとんどのトピックは［第一段階の入口としての］さまざまな学習法によってとりかかることができる。進化にしろ、ホロコースト、またはモーツァルトの音楽にしろ、いったんあるトピックにとりかかったなら、メタファーとアナロジーを使って［第二段階］、さらに光を当てることができる。そして、主要なテーマをいくつかのシンボル体系によってとらえることができ［第三段階］、それぞれが、トピックのある側面を強調する。これらの相補的な表象がいっしょに合わさって、そのトピックの理解が最大限にとらえられる。

〈入口〉の概念にもとづいて、美術教師ジェシカ・デイヴィスらは、「プロジェクト・ミューズ（MUSE）」（教育で学校と連合する美術館）を考案した(2)［プロジェクト・ゼロ内で研究された］。ミューズの基本的な考え方は、あっけないほど単純である。鑑賞者が美術作品を調べるとき、つぎのような、さまざまな入口を示す質問に出会う［もとは、美的、物語的、論理・量的、根本的、および体験的の五種類に分類された］。

1 物語的（例：見たり聞いたりしたことについて、ストーリーを話しなさい。）
2 量　的（例：材料の原価を推定し、それがどのように売価と関係するか、推測しなさい。）
3 論理的（例：この作品が重要な理由について、あなたの考えを述べなさい。）
4 美　的（例：色と形、およびそれらがどのように互いに適合しているか述べなさい。）
5 体験的（例：見るものについてのダンスを考案しなさい。）

教師やガイド、学芸員は、ミューズをさまざまなやり方で使える。直接、鑑賞者に質問することもできるし、鑑賞者が自分自身に質問もできる。人々がランダムに質問の入った箱から質問を取り出すあるミューズのゲームもある。あるいは、参加者が、あらかじめ作ってあった質問や自分で考えた質問を出し合って、答えを比較できる。

ミューズの学習法では言語が強調されすぎているように思えるかもしれない。しかし、コミュニケーションの手段としての言語と、学習の実質としての言語を区別する必要がある。鑑賞者が質問を理解して話すのが楽しいなら、言語はたんなる便宜にすぎず、言葉としての質問は背景に退いてしまう。鑑賞者の活動と心的表象は、さまざまな知能とその組み合わせへと広がる。

興味深いのは、ミューズと、もうひとつの心理学志向の美術学習法との関係である。これは、〈視覚的思考カリキュラム（VTC）〉と呼ばれ、「ニューヨーク近代美術館」で開発された（アビゲイル・ハウゼンの研究にもとづいて、彼女とニューヨーク近代美術館のフィリップ・イェナウィンが共同開発した）(3)［プロジェクト・ゼロと共同研究された］。VTCがもとづいている仮説では、人々の美術品の理解にはしだいに洗練されてゆく段階がある。そして、教育的介入は、この順序を尊重してはじめて最もうまくはたらく(4)。だから、たとえば、初心者は色と主題に焦点を合わせ、中級者はスタイルと表現に、そして上級者は、個々の美術品への、より個人主義的な、解釈的なアプローチに焦点を合わせる。

かなりの証拠が、VTCの段階の順序を支持している。けれども、たんに段階の順序を認めてそれに従う（たとえば、初心者の見物人に、色と主題だけを指摘する）だけなら、あまりにも安易な反応というものだろう。さまざまな洗練の程度の人に少しむずかしい質問をすることによって、美術作品にはいろいろなアプローチの可能性があるのだという感覚を伝えることができる。他者の、とくに自分より高い段階の人の反応を聞いたり観察すれば、思考がさらに複雑に、豊かになるだろう。心理学的理論もそうだが、段階の順序が実践を規定するべきではない。

学校が言語的、論理的な学習法を好むのと同じで、美術館は、視覚・空間的、美的な領域が得意な人々に最も直接的に訴えるように思える。しかし、たとえそうだとしても、「なぜ」特定の人々が美術への準備ができているのかという問題には答えていない。そういう人は、美術領域への高度な心的表象や知能をもって生まれてきたのかもしれない。しかし、経験や訓練が彼らの目を研ぎすまし、美術作品の鑑賞や解釈を学ぶ背景となったというほうが、ずっとありそうである。

MI理論は、学校の内でも外でも、熟達するには多くの道筋があると考えている。子供博物館、美術館、その他の文化施設に適したいろいろな介入法があり、それらが多様な入口を開いて、一人ひとりの長所を自由に使えるようにする。それらが有効にはたらくなら、博物館や美術館の見学者がこういうさまざまな入口を習得して、展示がそういう多元性を念頭に置いていない場合にも、それらを広く応用するだろう。これらの入口と表象の様式は、科学的な仕事や芸術作品についてコミュニケーションするのにも使える。そしていつの日か、こうした若い見学者が親や教師になったとき、さらに多くの新しい世代の見学者を博物館へと誘い、恩返しをすることができるだろう。

ビジネスと教育の世界

　世界中ほとんどどこでも、ビジネスと教育とはいらいらしながら互いににらみ合っている。ビジネスは強力だが勝手で、一方教育は思いやりがあっても軟弱だ、と見られる。国内が好況なときは、ビジネスと教育のあいだの緊張は和らぐ。軋轢や欠乏があるときには、不信が燃え出す。好況でも不況でも、ビジネスは、学生の準備不足に不満を言う。一方学校は、教育への財政援助の不足を嘆く。アメリカやいくつかの他の国では、ビジネス界は、学校を経営する専門能力をもつと信じるようになった。たとえば、現場ごとの管理や全体品質管理の手法を通してそういう彼らの能力を学校に導入しようとしたり、非営利や営利の学校運営を提案している。これまでは学校とビジネスとはどちらにも異なる世界で活動しているという信念があったので、気軽に接触して有意義な相互協力を始めるのがむずかしかった。

　その結果、両者には多くの共通する課題と機会があることを、どちらも十分に理解していなかった。どちらも基本的には、学習に関係している。つまり、仕事で生き残っていこうとすれば、仕事しながら学び続けねばならない。どちらの組織も、快適に働き、学べる共同体を創造しなければ、困ることになる。どちらの組織にもリーダーシップが必要であり、それは決然と目標に向けられていて、しかも対立しがちな「働き手や学習者」の動機づけや要望に敏感でなければならない。

学校とビジネスには主として三つのちがいがあると思われるが、よく見れば、多くの人が信じているほど区別は明快でないことがわかる。

1　ビジネスは製品を作る。

ビジネスは、筆記具、加工食品、飛行機、その他なんであれ製品を作り上げることが必要である。しかし、とくに先進国では、現在ますます多くのビジネスが、サービス産業や情報の創造と伝達に関わっている。学校はふつう、自分たちが製品を作っているとは考えないが、学校も、上質な「人的製品を作り上げる義務があり、そうできなければ問題である。こういう点で、学校とビジネスの使命は、よく似ている。

2　ビジネスは利益を、そして今日ではますます高い利益を上げねばならない。

いったん市場モデルが設定されたなら、ビジネスは少なくとも収支とんとんである必要があり、この最低ラインを超えて利益を上げられるビジネスが繁栄できる見込みがある。しかし、利益をどのように考えるかはビジネスによって異なる。「来季は株主に、いくら利益を出せるだろうか？」などと、多くのビジネスは短期的見方をとる。しかし、もっと長い時間枠に沿って、長期的な生存のために現在の収益を犠牲にするのをいとわないビジネスも（とくに外国に）ある。純粋の収益性以外の業績をどう考えるかも、ビジネスによって異なる。とくに、特定のファミリーやコミュニティと関連していて、公共の利益優先を心がけ、自社製品の品質に深く気づかうビジネスもある。向社会的な目標を信奉するビジネスもある。たとえ自社の競争力が弱くなったとしても、特定の材料を使わなかったり、特定の製品を作らない。そして、最近、ビジネスにおける「利害関係者」という概念が、とくにイギリスで発展してきている。[5]「株主」の株式会社への興味が損益収支であるのに対して、利害関係者には、メーカー、購買者、そして地域社会に住んでいてビジネス活動の影響を受ける人々に至るまで、多種多彩な人々が含まれる。

学校はふつう、利益を得なければならないわけではないが、私立学校なら、いつも赤字というのでは長く生き残るわけにいかない。実際、今日では私立も公立も、多くの学校が、新しい保護者という顧客や学校券［公費で私学に通える］取得者を引きつけて生き残ろうと、そのエネルギーの多くを資金集めに使っている。比喩的に言えば、学校は黒字である必要がある。学校は、生徒が学校教育から価値を受け取っていることを証明せねばならない。利益や高い生産性のしるしがなければ、学校は、「ほとんど何も達成せず、資源をむだに浪費している」という非難に対抗できない。損失のため廃校になった学校はまだあまりないが、「効率」の姿勢と論理は、学校という市場でますます一般的になっていきている。

学校にそのような基準を維持させることは、公正だろうか？　学校を強固に擁護する人たちは、「学校はしばしばなげかわしい状態のもとで運営されているのだ」と指摘する。そして最も声高な批判者たちは、たいてい自分の子供に、費用のかかる私学の教育（または評判のよい郊外の公立教育）を与える。もし生徒の大部分の家庭が深刻な問題をかかえていたり、生徒とその家族の大多数が短期滞在者だったり、支配的な文化の言語と慣習を学びたがらなかったり、学べなかったりしたならば、誰も生徒を効果的に教育できないだろう。だがそうは言っても、学校には責任がないと主張するために、貧しいという客観的条件が弁解として使われることが多すぎる。それが感情や感傷にどれだけ訴えようと、いつまでもこうした議論を続けることはできない。

3　学校は重要な市民の役割を身につけさせる。

学校は、基本的技能の獲得と学問の伝達に明確に焦点を合わせているので、学校が、少なくとも民主主義社会では、重要な市民の役割も身につけさせるという役割をもっていることを忘れがちである。(6)生徒は、自国の歴史や政体について学び、異なる背景や観点をもつ仲間を知るようになる。最近の出来事について考え、論争的な問題についての意見や議論に触れ、状況に応じて討論に参加するよう促される。自分たちの共同体では、決定がどのようになされ、実行され、見直されるのかを観察する。

そして、大人がどのように、公式、非公式の場面で互いに関係するのかに注意する。

正直なところ、こういう描写は理想的なものである。多くの学校では、市民としての役割の教育は満足に行われなかったり、姿を消している。教師がこの役割を果たしたいと思っても、一見してもっと差し迫った問題に時間をとられてしまうことが多い。礼儀正しさや市民意識といってもその考え方が同じ地域社会内でさえあまりに多様なので、こういう責任に対処しようとして動きがとれなくなってしまう学校もある。

しかし、こういう障害があっても、学校は、市民意識を植え付けるための好適な社会場面であることに変わりはない。アメリカでは、他の多くの国々と同様、学校は、微妙な問題が前面に現れ出る「争点顕在化」機関として役立ってきた。愛国心、道徳性、文化的価値、集団間の関係、新来者と融合する必要性、高等教育を受ける機会といった問題が、正面から取り組まれてきた(7)。もし社会が、さらに市民の統合に向けての政策を多少とも首尾よく達成しようとするなら、学校やその他の場所で、この役割を維持する必要がある。

ここでも、学校とビジネスのちがいを誇張してはならない。ビジネスは、学校と同じように、ますます過渡的な状況にあるとはいっても、共同体であり、人々が互いにうまくやっていくことを学ばなければならない。おそらくは逆説的なことに、最近の経済秩序では、経営権の乗っ取り、急速な役割変化、コンサルタントによる仕事の遂行や外注化、対面的接触の希薄化などがますます進行し、信頼の問題がいっそう大きく立ち現れている。(8) 期待してよいこと、結果の見通し、市民としての規範についての合意の基準が開発されないかぎり、ビジネスの場は永久の戦場と化すだろう。

しかし、ビジネスはまた、自らをその地域社会を構成する一部だとも考えており、怨嗟や緊張に満ちていては繁栄できないと知っている。ビジネスは力のある影響力の大きな組織として、学校や博物館やその他の市民施設や地域社会の組織に支援するように、ますます要請されている。賢明なビジネスは、これらの申し入れに反対しないし、見返りに何らかのサービスと基準を要求するのは当然のことである。

MI理論と職場

ここまでの議論で、私は乱暴にも、「ビジネス」というひとつのラベルの下に無数の企業をひとまとめにして述べてきた。もちろん、何千とは言わなくても、何百種類ものビジネスがあり、それぞれには固有の使命と問題がある。まったく同じ二人の人がいないのとまさに同じで、どの二つのビジネスも同一ではない。MI理論は、進化的な過去と、生態学的および文化的なニッチで生存しているということを基礎に個人を説明するものとして考案された。組織が個人と同じ知能を示したり、同じやり方で創造したりリーダーとして機能するかどうかは、自明ではない。しかし、会社そのものが、人との直接的なアナロジーで作られているのだから、「ビジネスは、個々にも集合的にも、多重知能をもっており、それは育成することができ、さまざまな程度に生産的に使われる」と考えるのが有益かどうかについて、少なくとも考察する価値がある。（MIの考え方をビジネスや職場で利用することについては、まだあまり書かれたものがない［社員研修等に活用している企業もある］。この問題を研究した学者に、オーストラリア・カトリック大学のジョイス・マーティンがいる。）[9]

部署と役割

ビジネスの分野を分析する手始めとして、二つの基本的な区別を提案したい。ひとつは、領域すなわち〈部署〉と関係し、二つ目は、各々の部署内で果たされる〈役割〉に関係する。明らかに、ビジネスは多様な製品やサービスに関わっている。消費者に直接渡る製品を作るビジネスもあれば、他の製品を作るのに使われる製品を作るビジネスもある。また、（銀行の出納係や飛行機のスチュワード、看護婦（士）など）直接サービスを扱うビジネスもあれば、間接サービス（会計業務や、航空機のスケジュール管理など）を扱うビジネスもある。ますます多くのビジネスが、情報そのものを扱っている（たとえば、天候や、異なる郵便番号地域の顧客の好みについて統計をまとめる）。また、主として金融に関わっていたり（通貨売買）、あるいは、他のビジネスのある面を管理する（コンサルティング、買収や合併、コンピュータ・ネットワークとウェブページの制作、および消費者嗜好のフィードバック）。

〈部署〉に焦点を合わせると、MI思考法のビジネスへのひとつの応用が示唆される。主として「通信」を扱う部署は、言語や他のシンボル体系を使う。主として「財務、会計、科学」を扱う部署は、論理数学的知能を活用する。「対外」部署は、個人的［対人的］知能が重要である。他の知能を探索しているビジネスもある。「娯楽」ビジネスは、音楽的知能や他の芸術的［空間的、身体運動的など］知能を重視するし、「運動競技、美術、工芸品」を扱うビジネスは、身体運動的知能に焦点を合わせる。「航空や交通、宣伝、グラフィックス」に関わるビジネスは、空間的知能を特徴とする。「環境や、植物、動物、織物、エコロジー」を扱うビジネスは、博物的知能を活用する。「職業指導や自己認識、および自己変革」を扱う会社は、内省的知能に関心を向ける。そして、「霊的な問題や個人的アイデンティティ、共同体アイデンティティの問題」に焦点を合わせるビジネスは、実存的知能と取り組んでいる。

もちろん、知能が学問領域とは別であるのと同じで、部署と知能のあいだには一対一の対応などない。どんな部署も、さまざまな知能を利用できる。さらに、多彩な知能に長所をもつ人々は、興味、情熱、あるいは訓練しだいで、どんな部署にでも自由に取り組むことができる。すべてのビジネスをひとまとめにすべきではない。それよりも、伝統的な主要な部署についても、新しい部署についても、それぞれその独自の内容を考慮すべきなのである。

二つ目の主な区別は、ビジネスに存在するさまざまな〈役割〉に関係する。ほとんどのビジネスには、統率と管理の地位に加えて、各種の部や課がある。人事、製造、会計、財務、マーケティング、販売、顧客関係、慈善事業、および地域活動などである。8章で触れたように、リーダーはふつう、とりわけ言語的知能や個人的知能、実存的知能が重要である。一方管理職は、リーダーになりたいのでなければ実存的な問題は避けるが、他の知能、つまり自分の部署の仕事を反映するそれぞれの知能に強いことが必要である。

こういう構造的な役割をうまくこなすには、それぞれのニッチと知能が適合しているとよい。「人事や、販売、顧客関係、マーケティング」に関わる人々には、他の人々の知識［対人的知能］がカギである。「人事」担当者は、根本的な実存的緊張やジレンマに関係するような、健康その他の危機に対処するときや、雇用・解雇に際して、実存的知能を活用する必要があるだろう。「会計や財務」担当者には、論理数学的知能が不可欠だ。「マーケティングや、宣伝、製品デザイン」の人々は、美的［言語的、音楽的、空間的など］知能のさまざまな面が重要である。とくに、詩的言語、音楽的形式、およびますます多様化するグラフィック、ビデオ、絵画的手段が要る。「製造や製品の取扱い」に直接関わる人々には、身体運動的知能が必要だ。その優美な身のこなしは、会議などで個人的な関わりをもつときに他人を安心させたいと望む人々に、大切だとわかる。

最初は、「動植物」を扱う産業でもなければ〈博物的知能〉を含めるのは拡大のしすぎだと思うかもしれない。しかし、博物的知能は、ビジネスの世界できわめて重要だと私は信じている。「広告」会社は、知覚可能なほんのわずかな差異をうまく使って、「バーガーキング」ではなくて「マクドナルド」に食べに行くべきだ、あるいは「プリマス」ではなく「フォード」車に乗るように、あるいは「アディダス」ではなく「ナイキ」の靴をはいてジョギングするように、と消費者に納得させる。博物的知能のおかげで、必要な製品間の区別が知覚可能になる。人間は二つのよく似た人工物を識別できるように進化したのではないが、この識別能力は、「どの植物を食べ、どれを避けるべきか」、「どの動物を追い、どれから逃げるべきか」といったことがわかるように進化したそのメカニズムにまさに依存している。こういう能力は、いわば、商業の世界に「乗っ取られた」のである。博物学的知能がなかったら、私たちはこれらの製品の創作に参加することもできないし、嬉々として広告主や売り手の甘言の餌食になるはずもない。

ビジネスのどんな部署であれ職務であれ、すべての知能が利用されるべきである。この主張は、単一の「ビジネス知能」があるという一般に流布している考え方とはまっこうから対立する。この単一ビジネス知能という仮定が明示的に述べられることはめったにないが、「ビジネススクール（経営学大学院）流の思考方法」に深く根付いている。（実際、もしビジネスＩＱがあるとすれば、幅広いスキルや能力の組み合わせの見本になることはまちがいない。）ビジネススクールでは、言語的知能と論理的知能に重点が置かれている。そして、この領域ですぐれた学生が、大企業に雇われる。この古めかしい知能の考え方は、いつもビジネス界に存在してきた。そして、もし「シンボルアナリスト」が明日のビジネスでも重要であり続けるなら、言語的知能と論理的知能の役割が減ることはないだろう。しかし、学校教育について論じたように、ビジネスの世界で尊重される役割と機能を考察するなら、もっと柔軟でなければならない。いずれの知能も、起業家の環境で効果的に発揮されることができる。そして、ビジネスのなかで最も重要な役割の数々は、多様な組み合わせの知能をもつ人々によって引き受けられるべきなのだ。

雇用や昇進、解雇に関わる人々への明確な示唆がここにはある。単一次元の特性によって人々を判断することは、意味がない。むしろ、求職者や従業員の得意な思考・問題解決の方法をできるだけ知り、その知識にもとづいて雇用したり研修したりすべきである。また、チームを作って、配置、昇進、解雇についての重大な決定をすべきなのである。知能についての情報は、自己報告や推薦によっても得られるし、また場合によっては、簡単な課題や指示を出して、応募者の得意な知能を明らかにすることもできる。

従業員選抜のための将来の実際的方法ということになると、これが確実だというものはない。これまでのところは、数々の資格証明書や豊富な経歴もつ人が、いちばん簡単に就職でき勤続できる、というのが本当だった。しかし、資格をとるには高額の費用がかかり、仕事をやり遂げるのに必要というわけでもないかもしれない。

伝統的に、ある人が必要な学業を修了した、または他の同等の職業場面で必要な課題を遂行した、ということのしるしとなるのが証明書であった。しかし将来は、コンピュータにもとづくシミュレーション（模擬）が考案されるにちがいない。それによって高い精度で、その人が応募している仕事をできるかどうかわかるだろう。この方法は、訴訟事件で弁論したり、外科手術を行ったりといった専門職に実施できるだけでなく、会社の種々の役割についても実施できる。たとえば製品をデザインするとか、マーケティング戦略を立てる、微妙な問題についての会議を手際よく進行させるなどである。もし資格証明書や経歴書をもつ人々だけがこういう状況を処理できると判明したならば、雇用は今と同じように進むだろう。しかし、そのように費用のかかる背景をもたない人でも、シミュレーションでほぼ同程度、またはほとんど同じくらいよくできることが判明すれば、高価な資格証明書はそれほど重要ではないだろう。コストを意識するビジネス界は、代わりに、自己訓練を積んだ熟達者のほうを向くだろう。

MI理論の観点からすれば、重要なのは人々が自分の仕事をできるかどうかであって、どんな特定の知能をたまたま応用しているかということではない。職業学校が、その職能の中核にほんのわずかしか重要でないような知能を測定する入学試験や修了試験を課しているかぎり、そんな学校は変わるか廃校せざるをえないだろう。望ましいスキルをもっと直接的に伸ばせる学校に負けてしまうのだ。

ビジネスと教育場面のちがいは認めるとしても、以前の章［9章、10章］で論じた、いろいろな教育的介入から示唆を得ることはできるはずである。たとえば採用担当者は、正式でない知能評価を利用できる。あるいは、「スペクトル」式の場面をしつらえて、関連する知能の長所が自然な場面で評価できるようにすることもできる。実際の仕事をしながらの訓練や再訓練では、明らかに、各種の〈入口〉やアナロジー、そして役割や課題のカギ概念を表象する方法についての私たちの知識が利用できる。最後に、昇進や人事異動に関わる人には、社員それぞれの知能構成が明らかになるような記録や自己報告、オンライン実験が役立つだろう。

ビジネスと個人的知能

ビジネスのさまざまな部署や役割に関わる各種の知能を自覚することが大切である。しかし多重知能のなかでも、個人的［対人的および内省的］知能に関わる側面は、とくに重要かもしれない。(10)

私は教師であり学者だが、三〇年あまりにわたってハーバードの「プロジェクト・ゼロ」の共同責任者として、数十の研究プロジェクトと数百人の才能ある若い研究者を指導してきた。だから、小さな非営利団体の資金を調達し、管理してきたと言ってもよいだろう。二〇年前、私がスタッフを選考したときは、自分とよく似た人を捜したものだった。しかし、個人的知能を研究して、新しい方向に向かうようになった。今では私は、自分と同じようなスキルをもつ人を求めることはまずない。代わりに、こう問いかける。

「特定の役割、とりわけ新しい役割には、どんなスキルや知能が必要だろうか？」

「スタッフのうち誰が、こういうスキルや知能をもっているだろうか？　誰がそれをたやすく獲得できるだろうか？」

「特定の知能のプロフィールをもち、特定の役割を果たす人といっしょに、誰がうまく仕事ができるだろうか？」

「どんな人が、あるいはどんな種類の人が、新しいスキルを他人に訓練できるだろうか？」

「さまざまな個人が混じりあうことが、プロジェクトにどのように役立つだろうか？」

こういう質問によって、他人といっしょにうまく仕事ができる人、個人的知能に強い人が前面に出てくるだけでなく、私たちの考え方全体も、もっと人物本位になる。個人の長所について考え、これらの長所がどのように活用されて効果的な仕事集団を作り、各人のベストを引き出せるかを探る。そして、私も含めて一人ひとりが、自分自身の知能のプロフィールについて考え、どのように他人と相互作用するかを考え、そしてピーター・ドラッカー［経営学者］の適切な表現を借りれば、「どのように私たち自身を管理するか」考えるよう求められる。

ビジネスはかつては、社員がずっと働くことができるよう考えられていたものだった。実際、良い仕事をした人は、終身雇用されるものと思われていた。しかし、少なくとも最近一五年間、アメリカではこの仮定は当てはまらなくなった。そして、ヨーロッパ、アジア、ラテンアメリカで新しい経済の急展開があるたびに、この仮定はさらに弱まった。この急速に変化する環境では、〈内省的知能〉の役割は、ますます重要に、実際不可欠になっている。

人々が前任者と同じ仕事をしていたころは、自己認識は責務ではなく贅沢であった。ところが今日では仕事も役割も好みも極端に流動的なので、人々が、自分の欲求、必要、不安、そして最適な学習方法について、正確で、最新の、柔軟な理解をもっていることが欠かせない。とくに強い内省的知能をもつ人々は、ビジネスの世界で高く評価される。なぜなら彼らは、とりわけ急速に変化する条件下で、その才能を最適に利用でき、どのように自分の才能を同僚の才能と調和させるかをいちばんよく知っているからである。これに対して、不正確な自己認知をもつ人々は、個人的にも職業的にも、非生産的なやり方で行動して、会社のお荷物になる。そのような人々には、自己知識を指導するより、解雇するほうが簡単だ。

残念ながら、私たちは個人的知能についてあまりよく知らない。そのはたらきをよく理解していないし、この知能をどうやって測定するのかわかっていない。それを訓練するのに熟練してもいない。この事実は、なぜビジネスが、個人的知能が不足している人々にほとんど我慢しないのか、説明するのに役立つ。個人的知能は、対面的なやりとりが必要な会社で重要だが、家で働いたりインターネットで連絡をとって仕事するかぎりはそれほど重要ではない、とも論じられるだろう。なるほど、要求される個人的知能の割合は変化するかもしれない。けれども、この知能は、さらに重要だとは言えないにしても、等しく重要であり続けると私は確信する。遠隔地で効果的に働くためには、精妙に言語的合図を送り、解釈できねばならない。そして、もし対面的な接触が必要になったら、以前の、「遠隔的」接触を考慮に入れて、適切にふるまう必要がある。

さらに将来は、いっそう多くの仕事が一時的なものになるかもしれない。仕事の必要が起こると、プロデューサーが多彩なスキルと知能をもつスタッフを集める。そして、できるだけ仕事を迅速に、専門的にやり遂げるように案配する。（有力な経営［コンサルティング］会社、マッキンゼーの社員の約九〇パーセントは、社員でも共同経営者でもなく、コンサルタントだという。）もしこういうスタッフがうまく集められ、互いに効果的に働くことになったら、以前よりも良い個人的知能が必要とされるだろう。

個人を超えた仕事

最後に、個人の境界を越えた教育と学習の問題がある。人々があるビジネス、あるいはニッチから別のところへ急速に動いたとしても、組織は残存するだろう。組織には、プロジェクトごとのチームや専門職［弁護士など］における共同経営だけでなく、多様な規模と形態のビジネス組織があり、それらは新興会社から非政府組織、そして緩くまたは強く結合した多国籍企業にまで及んでいる。そして、存続するためには、すべての組織は学び続け、変わり続ける必要がある。組織は「聡明」で「創造的」であるばかりか、「有効なリーダー」であり、「注意深いフォロワー」であり、「賢明な顧問」でもあらねばならない。組織は、自らの明示的および暗黙の長所と短所、競争相手と比べての立場、長期の目標、およびそれを達成するための最適戦略に自覚的である必要がある。

ＭＩ理論は、知能心理学への貢献から始まって、長い道のりを歩んできた。教育においては、最初小学校の教師たちがいだいた興味が、高校から大学レベルにまで拡大した。博物館の世界ではＭＩの考え方が、教育と娯楽のあいだの道を進むのに役立ってきた。近年ではますます多くのビジネスが、ＭＩのテーマに魅力を感じている。つまり、人事部署への情報提供として、製品を創造したりマーケティングするための手段として、あるいはより効果的な労働環境のための訓練として等々。こういう動向は喜ばしい。私は、さまざまな場面における実験を観察し、多くのことを学んだし、この先何年も、さらに学んでいくだろう。そして、このことからおのずと、私はこの本の最後のトピックについて考えるようになった。すなわち、未来の知能についての研究である。

12章　知能をもつのはどういう人か？

多重知能（ＭＩ）理論は、一世紀に及ぶ、知能の問題への精神測定学者の呪縛を解き放つのに役立った。あいかわらず「賢い」とか「愚か」とかいう言葉が使われ続けるかもしれないし、また、ＩＱテストも特定の目的のためには存続するだろうが、単一の一般的知能の存在を信じる人々がもっぱら支配する時代は終わりを告げた。脳科学者と遺伝学者は、人間の能力が著しく分化していることの証拠をあげている。コンピュータ・プログラマーは、いろいろ異なるしかたで知能をもつシステムを作り出している。そして教師は、生徒それぞれが独特の長所と短所をもっているということを改めて認めている。

この本で私は、精神測定学で合意されている見方に挑戦し、一組みの知能を提案した。それぞれは、独自の神経学的基盤に立っている。そして、社会の価値に応じて、特定のしかたで育てられ、水路づけられることができる。私は、ひとつの知能として認められると判断するための基準をリストアップし、新しい知能候補を評価するとき、どのようにそれらの基準を当てはめたらよいのかを示した。しかし、どこに線を引くのだろうか？　私の基準は正しいのだろうか？　将来的には、新しい知能の次元と境界とが提唱され、枢要な場で戦いを挑んでくるだろう。精神測定学者という怪物が倒された今、私たちは、「何でもあり」の妖怪に脅かされている。感情、道徳性、創造性など、何でかんでも「新しい知能」ということになりかねない。挑戦すべき課題は、新しい発見や理解を反映しつつ、なおかつ精査に耐えられるような、知能の概念を作り上げることである。

多重知能の広がりと限界

知能を、ゴムバンドに見立ててみよう。長年、誰も知能の定義に有効に挑まなかったので、このバンドは弾力性を失ってしまったかにみえた。知能の新しい定義のいくつかがバンドを拡げ、弾力性を回復させたが、しかし以前の知能の研究もまだ適切と思われて残されたままだった。またバンドが切れてしまうまで押し広げて、以前の知能の基礎的な研究まで台無しにしてしまった定義もある。

今、〈知能〉という用語は大部分、言語的能力と論理的能力に限定されていた。しかし（すでに論じたように）、人間は空間や、音楽、自分や他人の心など、他の多様な内容の要素も処理できる。知能の概念は、こういう多様な内容を含むように、ゴムをいっそう伸ばす必要がある。私たちは、既存の問題を解決することを超えて、ひとつ以上の知能を活用し（美術作品、科学実験、教室の授業、組織計画のような）「ものやことを生み出す」、人間の能力をもっと見すえなければならない。

　知能を「世界の内容」を処理することに限定するなら、認識論的な問題を避けられる。また、そうあるべきである。〈知能〉の概念を拡げてパーソナリティ、動機づけ、意志、注意、性格、創造性、その他の価値があるとされる人間の能力まで含めるべきではない。8章で見たように、もし知能と創造性をいっしょにしてしまうなら、もはや熟達者（ある領域で熟練した人）と、創造者（ある領域を新しい、予期もされなかったしかたで拡大する人）を区別できない。また、創造的な人は、たえず張りつめているという気質やパーソナリティが目立つのに対して、熟達者は、情報の内容を効率的に処理し、現状を認める人々であるというちがいを認識できなくなるだろう。

　また、もし知能を拡げて、善悪の態度や行動まで含めたら、どうなるか考えてみよう。そうやって道徳性にまで入り込むなら、私たちは文化内の価値に直面するだろう。なるほど、いくつかの価値はおそらく、十分に一般的に述べられ、普遍的に尊重されると言えるだろう。そういう見込みのあるひとつの候補は、〈黄金律〉「人生に有益な教訓」である。（聖書における黄金律、他の宗教における黄金律、また社会学者アミタイ・エチオーニが言う現代版の黄金律、「汝の社会の慣行を尊重せよ」[1]。）しかし、ほとんどの他の価値は、「盗むなかれ、殺すなかれ、嘘をつくなかれ」といった一見何の問題もないような価値でさえ、文化や下位文化に固有のものだとわかる。

もし道徳性と知能を一体化するなら、私たちは、「何が善いか悪いか、それはなぜか」ということについて、大きく食いちがう考えを扱う必要があるだろう。中絶、死刑、聖戦、近親婚、愛国心、外国人処遇などの、論争的な問題がある。また、道徳的推理のテストで高得点の人でも、テスト場面以外では不道徳に行動することもよくあり、一方勇敢で献身的な人でも、道徳的推理のテストでは平凡なことがわかる、ということも考えなければならない。(2) 第二次世界大戦中、ユダヤ人や他の迫害された人々をかくまった人の多くは、教育を受けておらず、高度の知識をもってもいなかった。それに対して、「最終解決」の実施計画を策定した一四人のうちの八人までが、ヨーロッパの主要大学の博士号をもっていた。(3)

さらに、アドルフ・ヒトラーとヨーゼフ・スターリンは、自分の文化でどんな状況が道徳的と考えられるか、たぶん十分よく知っていたが、それを気にもかけなかった(スターリンは、「法王はいくつ師団をもっているかね?」と言ってのけたし、ヒトラーは、デマ宣伝を賞揚した)。また、特異な規範をもっていた(「共産主義国家の建設に関わるとなれば、ある世代を一掃することも必要であり、じつに避けがたい手段である。」あるいは、「ユダヤ人の除去は、アーリア人社会を希求するにあたっての道徳的指令である。」)

〈感情的知能［EQ］〉の概念は、いくつかの点で問題があるとわかる（5章で論じた）。言語や空間とはちがって、感情は、処理される「内容」ではない。むしろ認知が進化して、私たちは人間（自分や他人）が感情をもち、それを経験するものと理解できるようになったのである。たしかに認知には感情が伴い、特定の状況では、感情のほうが目立つこともまちがいない。私たちが他人とやりとりするとき、音楽を聴くとき、また数学パズルを解こうとするとき、それに伴って感情が起こる。「いくつかの」知能を「感情的」と呼ぶなら、他の知能は感情的ではないことになる。そうだとすれば、それは体験や経験的データに反する。

感情的知能と、一定の推奨される行動パターンをごっちゃにすると、さらに問題が生じる。ダニエル・ゴールマンが、その他の点では立派な『EQ』でときどきこの誘惑にはまっている。[4] ゴールマンは、「EQの高い」人々を、感情の理解を用いて他人を気分良くさせたり、争いを解決したり、家庭や職場で協力するような人々であるとする。私はもちろん、そういう人々を尊いと思うが、「EQが高いということは、そのスキルを社会的に望ましい目的のために使うということを意味する」とは考えない。

こういう理由で、私は〈感情的感受性〉という用語のほうが良いと思う。これは、言うならば自分や他人の感情に敏感な人々である。すなわち、（私自身の用語で言えば）〈個人的［対人的および内省的］知能〉を示す人々である。おそらく、臨床医や外交販売員は、他人への感受性がすぐれている。

詩人や神秘家は、自分自身の魂の旋律への感受性にすぐれている。そして、たとえば自閉症や精神病のように、感情の領域に完全に無頓着なようにみえる人たちもいる。

しかし、感情に敏感なことと、「善い」あるいは「道徳的な」人であることとは、厳密に区別すべきだと私は主張する。というのも、他人の感情に敏感な人でも、人を操ったり、だましたり、憎悪を引き起こすことがあるからだ。そこで私は、人間が感受することのできる内容の全範囲を含むような知能の説明は必要だと思うが、創造性や道徳性、感情の適切さといった、尊重されるがそれとはまた別の人間の特性は除外する。こういう説明は、科学的、認識論的に意味がある。それはゴムバンドの弾力性を甦らせるが、切ってしまったりはしない。そして、残る二つの難問を解決するのに役立つ。すなわち、知能をどうやって評価し、知能をどのように他の徳と関連させるか、という問題である。

知能の評価

どんな社会でも、最もふさわしい人たちを重要な地位に就けたいが、望ましいニッチには、受け入れられるよりずっとたくさんの候補者がいることが多い。したがって、何らかの形の〈評価〉が、ほとんど不可避になる。いったん〈知能〉の定義を、人間の情報処理と成果を生み出す能力に限定したら、確立されている評価技術を利用することができるし、またそれを補うことができる。紙と鉛筆、コンピュータ利用の技法を使っていくことができるし、同時に、音楽パターンへの敏感さとか、人の動機づけの理解といった、もっと広い範囲の能力を見ることもできる。そして、価値や道徳性の評価のような、やっかいでとても答えられない問題を避けることができる。

しかし、知能の定義を制限しても、どういう評価の方針に従うべきか、という重要な問題が残る。これについて私は、明確な考えをもっている。「純粋な」知能の探索に取り組むのは徒労だ、と私は考える。一般知能であれ、音楽的知能、対人的知能であれ、同じことである。そのような錬金術的な認知のエッセンスが現実に存在するとは思わない。そういうものは、確定でき測定できる実体というよりも、用語を作り出す（そしてそれに現実味を与える）という私たちの好みの結果なのである。さらに、「純粋な測定尺度」（知能を直接に測定すると称する特定の脳波パターンなど）と言われるものと、実際に世の中で尊重されるスキル（数理問題解決や上手な文章のような）のあいだに見いだされた相関は、あまりに低くて役に立たない。

重要なのは、知能を個々に、または協調させて使って、社会的に価値ある課題を実行することである。したがって、価値ある課題を実行するのに成功するかどうかを評価すべきなのだ。そういう課題はおそらく、いくつかの特定の知能に関係しているだろう。たとえば、音楽的知能をテストしようとするなら、純音を聞いているときに喚起される大脳皮質の反応を見るのではなく、歌を歌ったり楽器を演奏したり、作曲したり変奏することを教えて、それから、どれほどうまくこの課題を習得したかを見るべきなのである。同様に、たとえば言葉や写真に対する電気皮膚反応（ＧＳＲ）のテストで、純粋な感情的感受性を探索すべきではない。むしろ、他人の願望や動機に敏感であらざるをえないような現実の状況で、人を観察すべきなのだ。たとえば、二人の若者のけんかをどうさばくか、あるいは不適当な方針を変えるよう上司をどう納得させるかを調べることができる。これらは、感情の領域における習熟を評価するための、現実の状況である。

今日では、もうひとつ評価の選択肢が増えつつある。すなわち、〈シミュレーション〉である。私たちは今では、現実的な状況や問題を提示するだけではなく、バーチャル・リアリティーによって行動を測定できるテクノロジーを手にしている。さらに、以前のシミュレーションでの反応を考慮して、つぎのステップを「賢く」選ぶことさえできる。したがって生徒が知らない曲をコンピュータで提示して、その曲を覚えさせたり、転調や編曲させたりすれば、音楽的なことがらに関する知能について多くのことが明らかになる。同様に、人間のやりとりを［場面をビデオ提示するなどして］シミュレートし、各々の演技者の刻々変化してゆく動機を判断するよう被験者に求めて、対人的知能または感情的感受性について知ることができる。たとえば被験者は、微妙な事件の評決に達しようとしている陪審員に対する、自分の現在の反応を伝えることができる。あるいは、対話式のハイパーメディア・プログラムを作ることもできる。たとえば、ある組織のメンバーが、企業戦略を大規模に変化させるべく取り組んでいる。そして、バーチャルな（または「本物の」）人々の動きをプログラムで変えて、被験者にその動きに反応するように求める。

このように、私たちの知能の概念の幅が広がり、弾力性が増すと、革新的な評価形式の可能性が開けるはずであり、それは、伝統的な短答テストよりずっと本物なのである。どうして、ＩＱテストやＳＡＴに甘んずるのだろうか？　それらの項目は、実験を計画したり、小論を書いたり、音楽演奏を評論したり、論争を解決する能力とはかけ離れた「代用」でしかない。代わりに、目の前でもオンラインでも、人に何かを「する」ように求めよう。価値や主観性というパンドラの箱［災いの元］を開けないかぎり、私たちはすでに手にしている知見とテクノロジーを、正しく使っていくことができる。

もちろん、もし精神測定学者の伝統的な技法を用いれば、道徳性でも、創造性でも、感情的知能でも、どんな考えられる徳（または悪徳）なりとテストする道具を作れるだろう。実際、ゴールマンの画期的な本以来、ＥＱテストを作ろうとする試みが何十とあった。しかしそのような道具は、妥当性（テストは、家庭や職場での感情的感受性などの、測定しようと意図した特性を測定しているか）の要求を満たす以上に信頼性（同じ測定を時期をたがえて二回受けたとき、ほぼ同じ点をとるか）を得ようとする、テスト作成者の欲望のほうをずっと満たしそうである。

この種の道具は、二つの理由で疑わしい。第一に、ＥＱが高いとはどういう意味かについて合意するのがあまりにむずかしい。ジェシー・ヘルムズ［政治家］に対するにジェシー・ジャクソン［黒人公民権運動指導者の牧師」、あるいはマーガレット・サッチャーに対するにマーガレット・ミード［人類学者］がするだろう、異なる解釈を考えてみるとよい。第二に、そのようなテストでの「得点」からは、根本的な感情の鋭さより、受験技術（言語的および論理的推理のスキル）が明らかになりそうである。

私たちは今、分岐点に立っている。狭い評価のとらえ方は、互いによく相関して信頼性も高い道具を作れるだろうが、調査される才能の幅を拡げることもなければ、際立つ個人の範囲を拡げもしないだろう。もっと敏感な見方によって、多くの新しい、わくわくする可能性が広がる。私たちは、価値あるスキルや能力を直接に見ることができるだろう。そして、自分が知っていること、できることを示すことのできる、多様な方法を提供できるだろう。ただ一種類の人々を選ぶのではなく、さまざまな種類の人々を、そのスキルと熱意にマッチした場所に配置する手助けができるだろう。もし評価が徹底的に作り直されるとするなら、そのような革新が道を指し示している。

知能を他の徳に関連させる

私は知能の定義を拡げたが、断固、知能というゴムバンドを無制限に拡げてはならないと主張した。

〈知能〉という言葉を乗っ取って、「すべての人々のすべてのもの」、いわば精神測定学の究極の目標にしてはならない。それでも、まだ問題は残る。アリストテレスや孔子は古びた時代に、そしてまだまだ精神測定学が大手をふって歩いている時代に、私たちは「有徳な」人間、つまり、その人の人格特性のゆえに正当にも賞賛されている人々について、どのように考えるべきだろうか？

ひとつ見込みのある方法は、一般に認められている三つの徳――〈知能〉、〈創造性〉、〈道徳性〉――を、別個のものだと認めることである。それぞれに、それ自身の測定や評価が必要だろう。そして、これらの徳のなかのある種類やその亜種は、他よりずっと客観的に評価しやすいとわかるだろう。たしかに、創造性と道徳性については、考えうるどんなテストバッテリーよりも、利害をもたない第三者の専門家による総合的判断を信頼することになりそうだ。同時に、複数の特性を兼ね備える人々を捜すこともできるだろう。音楽的知能「と」対人的知能をもつ人、精神測定で知能が高くて「かつ」芸術で創造的な人、感情的感受性「および」道徳的行為の高い規範を兼ね備える人、など。

大学選抜では、「大学入学試験委員会」や高校の成績で測定される学力が重視される。しかし、そこでは他の特徴も評価され、テストの得点が低くても、市民活動や動機づけで評価の高い生徒が選ばれ、テストで「A」をとった生徒が落ちることもある。入試担当者は、これらの徳目を混同はしないけれども（実際、異なる「尺度」を用い、異なる「評価」を出すだろう）、こういう望ましい特性を二つ以上示す受験者を魅力的だと認めている。

私たちはおそらく、知的価値と倫理的価値がごっちゃになるような楽園を、再び作り出すことは決してないだろう。これらの徳は別々に分けることができると認めるべきなのだ。実際、儒教や古代ギリシアの偉人の主張とはちがって、これらの徳は、あまりにもかけ離れていることが多い。したがって、「感情的知能」や「創造的知能」、「道徳的知能」といった表現で、これらの徳目を統合しようとするなら、実際の現実を描くというよりは、願望を表現していると気づくことになる。

こういう用心はしなければならないが、強力なモデル、つまり、人間の主要な徳を二つ以上見事に示す人々がいることは、認めることが大切である。少し前なら、無条件で何人か名前をあげることができた。科学者ニールス・ボーア、作家レイチェル・カーソン、スポーツ選手アーサー・アッシュ［テニス］、政治家ジョージ・マーシャル、そして音楽家ルイ・アームストロング［トランペット］、パブロ・カザルス、そしてエラ・フィッツジェラルド［ジャズ歌手］。今の時代なら、ネルソン・マンデラを選び出すのに異議を唱える人はまずいないだろう。

こういう人たちの人生を調べると、人間の可能性が見えてくる。若い人々は、主として、まわりの有力な大人の例から学ぶ。たんに魅力的というばかりでなく、立派な人々である。若者が立派な例にたえず注意を払うなら、今は科学的、認識論的に別個だとみなされている能力を結びつけるようになる人々が多く現れるだろう。

模範的なモデルが身近にいることが、たぶん、複数の徳を兼ね備えた人になるための最初のステップである。しかし、そういう人物に触れるだけでは十分ではない。能力は訓練されねばならない。道徳性と礼儀への脅威は、取り出して、立ち向かわねばならない。私たちはフィードバックのある状況のもとで、道徳が関わる状況、相反する方向に引き割かれるようなジレンマを処理する練習をする必要がある。私たちは他人から学ばねばならないが、自分の道を進むべきときもあると認めねばならない。そして、最終的には、私たちは、若い人々にとっての役割モデルとして役立つ用意ができていなければならない。

イギリスの作家E・M・フォースターは「小説の中で」こう勧めている。「結びつけよ。」知能分野における拡張論者には、存在しない結びつきを早まって主張した者もいた。だが私たちは、肉体的および精神的生存にとって重要な結びつきを作り出す手助けをすることができる。知能にどのような境界を引くかは、学者に任せてよい問題である。しかし、「知能の定義を拡げよ」という指令は、学問の世界をはるかに超えている。「知能をもつ」のはどういう人かというのは、二〇世紀のＩＱテストの時代にそうだったよりも、二一世紀にとってずっと重要な問題であるにちがいない。

残された謎――研究課題

二〇世紀の前半は、物理学の時代だった。後半は、分子生物学と遺伝学の時代だった。二一世紀には脳と心の研究が注目を浴びることを疑う人はほとんどいないだろう。そしてもちろん、知能の性質を探究することは、その重要な研究課題の一部である。この先の研究は、三つの主要な領域を探究することになるだろう。そしてそれぞれには、研究を押し進める二つの主要な力がある。

知能の基礎科学

知能は主として心理学に属してきたが、ますます他の学問でも探究されつつあるのが見てとれる。一方では、細胞や遺伝子のレベルで研究する人々は、どの遺伝子が知的な機能のどの面をコントロールするのだろうか、どのように遺伝子が協同して、知的な行動を生み出すのだろうか、と問うている。また一方では、さまざまな社会的、文化的状況で知能が応用されるようすについての興味と知識が増えてきている。

読むことや空間的能力のような特定の認知能力をコード化している遺伝子や遺伝子の集まりを、私たちはすでに知っている。そして、高いIQテスト得点を達成するのに重要な、他の遺伝子があるかもしれない。[5] 特定の人間能力の構造への興味は、新しい画像処理技術によって拡大される。言語（読み、命名、外国語学習のような）や、音楽（リズムや音色の知覚のような）、および対人的知能で重要な「他者の心の理解」でさえ、その特定の面に関係する神経構造を、今では調べることができる。

科学の範疇における別の端では、私たち自身の社会のなかで、エスノグラフィー（民族誌学）の研究者が、さまざまな仕事場面を調べ、重要な課題をやり遂げるために、人々がどの知能をひとりまたは協同で使うかを決定しようとしている。[6] たとえば、コンピュータの組み立てや、巨大な空母の操縦の研究から明らかになるのは、誰も一個人では、全体のプロセスを理解していないということである。むしろ、このタイプの知的行動は、多数の個人に分配された能力に依存している。

異文化間の研究は、人間の知性についての私たちの概念に挑戦している。現代のさまざまな社会を見ると、たとえば、他人への感受性、見知らぬ人と協力する能力、またはメディテーション（瞑想）やヒーリング（癒し）といった、多様なサイキック（心霊的）と推定される能力への重点の置き方が異なるのに気づく。そして、過去をさかのぼれば、私たちは昔の時代の知能も研究できる。たとえば、考古学者スティーヴン・マイセンは、二五万年から五〇万年前のホモサピエンス［現生人類］の先祖には重要だったであろう博物的知能や技術的［空間的と身体運動的の混合］知能について述べている。[7]

こういう線に沿っての研究は、知能の単一的な考えの限界を認識するのに役立つ。そういう考えは、一世紀も前に、主としてヨーロッパやアメリカのある種の学校で存在する必要のあった能力について考案されたものなのである。

知能のはたらき

情報処理技術とコンピュータ・シミュレーションによって、外国語の理解から作曲まで、人はどのように特定の課題を遂行するのかを知る、強力な方法が得られる。そのような研究から、これらの課題にすぐれたソフトウェアの開発が促進されるだけではなく、ふつうの人（そして非凡な才能をもつ人、または障害をもつ人）の遂行力を改善できるような訓練も提案されるだろう。

だが、個々の知能や下位知能のはたらきを超えて、拡張する能力を理解することも同じく重要である。認知志向の研究者は、二つの方向で探索するだろう。ひとつは、特定の複数知能が一般にはまたは特定の課題で、いっしょにはたらくようすを調べることである。もうひとつは、異なる知能間にまたがると思われる能力を探究することである。つまり、メタファーやアナロジーの生成、情報統合の能力、知恵の出現などである。あいにく、ＭＩ理論では、これらの知能横断的な能力の性質の解明はあまり進んでいない。そして他の心理学の陣営でも、研究者はこれらの能力を調べるのを避けてきた。たぶん、メタファーを作ることのように、すべての人間の基本的な認知的装置の一部だと判明するような能力も、あるだろう。一方、さまざまな情報体を統合する能力のように、長い時代をかけてこれらの博学的スキルを洗練させてきた文化を必要とするような能力もあるだろう。

変化する要求

1997年の二つの出来事が、世界文化の潮流の変化を象徴している。ひとつは、チェス・チャンピオンのゲーリー・カスパロフが、IBMのコンピュータ・プログラム「ディープ・ブルー」に敗れたことである。これは、長いあいだ知識階級が大事にしてきた領域における最も賢い人間の行為者よりも、機械のほうが「賢く」ありえるということを見事に証明した。もうひとつは、スコットランドの科学者イアン・ウィルマットらによる、「クローン羊ドリー」の誕生である。[8] これは、遺伝子工学のなかでも最も深刻な影響力をもつ実験の可能性を示した。

これらの出来事に背を向けたい人々もいるだろう。機械が人間を支配する世の中を恐れるからである。あるいは、人が神を演じて、未来の世代の遺伝子選択をコントロールするのを見たくないからである。私もそういう懸念をもつが、人間がそのような可能性を探究するのを阻止できるかは疑わしいと思う。どんなにすごくても、ドリーやディープ・ブルーは、テクノロジーの産物である。それ自身は、善くも悪くもない。私たち人間は、個人でまた共同して活動し、こういう「生き物」を産むテクノロジーがどのように使われるべきか、使われるべきではないかを判断しなければならない。

ロボットが頭を使わない仕事を実行してくれて骨折り仕事がなくなる社会を、多くの人は歓迎するだろう。しかし、人間が多くの労働から解放された社会は、二つの正反対の方向に向かう可能性がある。私たちは、芸術や他の創造的な領域で、より高次の精神力を自由に発揮できるかもしれない。あるいは、良くも（テレビのコメディやメロドラマのように）、悪しくも（ローマの衰退期に競技場で催された食事と娯楽の提供）、精神を麻痺させる娯楽の追求に屈するかもしれない。私たちは種として、賢くも愚かにも、道徳的にも不道徳にも、なれる余地をもつのである。

遺伝子工学が提供する選択肢は、さらに鋭く私たちの判断を迫っている。クローン製造や、もっと攻撃的な形の優生学の考えを拒絶する人々でも、ハンティントン舞踏病のような、致死遺伝子の検査や、可能ならその発現を抑えることの必要は理解するだろう。しかし、最初は身体的な病気の領域でなされた決定は、遅かれ早かれ、パーソナリティや知性のほうにも影響を与えないではいない。私たちは、失読症を起こす遺伝子を除去したいのかどうか問う必要がある。また、遺伝子工学は、数学やチェス、作曲とか、あまりよい話ではないが他人を操る能力にすぐれた個人を生み出すことをめざすかもしれない。そのような遺伝子工学を許容するかどうか問う必要があるだろう。新しい知能が認定されて、それがどうはたらくかがさらに理解されることに触発されて、遺伝学者はこれらの能力の生物学的基盤を調べるだろう。そして同様に、遺伝学者の発見によって、人間の知的能力のあいだの新しい、または異なった構成の可能性に、私たちは注意を促されるだろう。

どんな権威といえども、それ単独で、人工知能や遺伝子工学のような重要な領域の決断を下す権限はない。しかし、だからといって、その反対が真実だというわけではない。つまり、「決定は誰の権限でもない」とか、「何をすべきかは、市場の力によって決定されるべきだ」ということを意味しはしない。人々が個人的な責任を放棄して、問題を討論する必要を忘れ、妥当かもしれないまっこうからの接近法を拒絶するような社会を、私たちはもってはならない。人間の社会は、この惑星の健康と幸福に影響する決定に積極的に参加できるし、そうしなければならない。

主要な責任は、実際に工学や遺伝学などの分野で働く人々にかかっている。彼らはその分野を最もよく知っていて、それゆえ、誤った適用がなされたとき、それが部外者に明らかになる以前にそれと知ることができる。しかし、よく知っているということはめったに公平無私とは相関しないので、責任の負担は、隣接分野で働く人々も等しく担うべきであろう。そういう人たちは、十分な情報にもとづいて判断するだけの知識をもっているし、中立でより広い立場をとれるからだ。行為に最も近い人々から責任を取り除いてはならない。しかし、ふつうの市民は、学問に没頭した生活を送っている人より良い直感力をもっていることがある。問題は、ふつうの市民は一般に、十分に情報を知らされておらず、したがって誤って考えたりだまされたりしやすいということである。

私は、四つの集団に希望をいだいている。(1)公衆に選択肢を明確化できるように十分に訓練されたジャーナリスト。(2)問題を研究し、それを説明できる政治的リーダー。(3)問題についての情報を進んで知り、決断の負担を専門家といっしょに担えるふつうの市民。(4)自分の野心は脇へ置いて、より広く公益を促進しようとするその領域のリーダーまたは「評議員」。あいにく、今日の社会は、これらの選択肢のいずれにも報いるようになっていない。それでも、これほど緊急の必要もまたない。もし私たちが、遺伝や文化の運命について、しっかりとした情報にもとづいて、さらに言うなら最も「聡明に」決定をしなければ、手遅れになってしまうかもしれない。

新ミレニアムのために、私は新しい徳目をかかげよう。〈種としての謙譲〉である。過去には、謙虚な人（聖フランチェスコ［フランシスコ修道会創始者］のような）が尊敬され、傲慢という罪をもつリーダーや集団を軽蔑しさえした。しかし私たちは今、分かちがたく緊密に結合された世界におり、想像さえできなかったことが多くの形で可能になった。種として、私たちは「何をして、何をしないのか」について、また、「どのパンドラの箱を開け、どれを閉じたままにしておくのか」について、何としてでも決断を下さなければならない。私たちはすでに天然痘とポリオを撲滅した。生物兵器［細菌などによる］と地雷をようやく一掃しようとしている［国際条約が発効した］。たぶん私たちは、未来の世代の知的能力を操作しないことにも、合意できるだろう。

さらなる個性化——未来のための挑戦

生命の不思議な特徴は、私たち人間が、お互いに異なるということである。そして、世界が同質化してきているにもかかわらず、私たちのちがいが減る兆しはない。実のところ、その反対が事実である。人間は、毎日そして毎世代、似たような経験をしている小集団で生活するように進化した。そのような環境では、「生活モデル」の数は少なかった。現在の私たちは、急速に変化して、何千人もの人とたえずコンタクトしている、地球村に住んでいる。私たちの経験や、接するメディア、相互作用する人々が増えるほど、いっそう差異が大きくなる可能性が大きい。多様性は、新ミレニアムにはいよいよ避けがたい。

旧ミレニアムが民主主義を招き入れ広めたとするなら、新ミレニアムは、個性化の増大を招くにちがいない。個性化というのは、利己的とか利己主義という意味ではなく、各々の個人について知り、尊重するという意味である。私たちはすでに、個人についてたくさん知ることができ、遺伝学や心理学、他の行動科学や生物科学から、さらに多くを学びつつある。データベースで情報が広く手に入るので、私たちは互いにどのように似たり異なったりしているのかを、決められるだろう。また、より賢明な人生の決断ができるようになるだろう。

私たちは、道徳的な問題を避けることはできない。個人の情報は、私たちを操るためにも利用できる。知能をもつプログラムされたエージェント（ロボット）は、私たちが欲しいのだとそれが「思う」ものや、私たちに欲しがってほしいとそれが「望む」ものを提供しかねない。そして、私たちが自分についての情報を賢明に利用するだろうという保証は、まったくない。分野によっては、私たちは自分の個性にはまりたくなどないだろう。たとえば、誰もが運転法規を尊重し、道路では互いに礼儀を守ることを、私たちは望む。しかし、学習したり、自分の心をうまく使ったり、人と情報を交換するといったことになれば、制限する必要はない。知識は、競争する必要がない。私たちは誰しも、自分の知識も、他人の知識も、果てしなく、ゼロサム［一方が増えれば他方が減る］状態になる危険なしに、果てしなく増やすことができる。実際、私たち自身の心や他人の心についての情報を活用して、私たちの理解を無数のやり方で拡げ、新しい展望を開くことができる。

科学とテクノロジーの重要性は誰もが認めるが、芸術と人文科学の必要性を心に留めておくことも重要である。科学は、一般原則、普遍的な法則、および一般的な予測を扱う。芸術と人文科学は、個性を扱う。私たちは、歴史上の独創的な人物の個性について学ぶ。文学に、多様な（邪悪なことも多い）登場人物の性格を探究する。芸術家や音楽家の作品を通じて、彼らの感情生活の反映から得るものがある。新しい人に、じかに、あるいはその精神に接するたびに、視野が広がる。だから、異なる意識を経験する可能性は、けっして減らない。古代の人道主義者はこう言っている。「人間的なもので私に異質のものは何もない。」そして、個人の意識の物語は、定式にしたり一般化することができない。

ここで、人間の多重知能に結びつく。同じ種の仲間であると言うだけなら、人間は根本的にみな同じだ。個々の人の独特の遺伝設計にもとづいて、人は異なる潜在能力を得、そして、異なる家庭や文化的環境が、やがて独特な人間になることを保証する。私たちの遺伝子も経験も独特であり、脳はその意味を解き明かしてゆくのであるから、どの二人の自己も、どの二つの意識も、どの二つの心も、ちょうど同じではない。したがって私たちそれぞれは、世の中に独特な貢献をするべくしつらえられているのである。私たちの個性を認識するとき、最も深い共通のきずなを発見できるだろう。すなわち、「私たちはみな、自然の進化と文化の進化の共同による所産」なのだ。そして、私たちはなぜ、補い合い共同するようなしかたで、未来の世代のために〈自然〉と〈文化〉が残存するよう力を合わせる必要があるのかを悟るだろう。

訳者解説　ＭＩ理論の教育実践への応用

松村暢隆

ガードナーのＭＩ（多重知能）理論（ＭＩ理論の略称で広く通るようになった）は本来、心理学理論であり、教育への応用を意図したものではなかった。しかしアメリカの教育実践の要求に一致し、実践を支える強力な理論として教師たちに熱狂的、爆発的に広く歓迎されるようになったのである。

アメリカの学校現場では、伝統的、画一的な知識伝達型の教授・学習法に替わる方法の実践が広まっている。方法は多様だが、本物の（authentic）学習・評価と、子供一人ひとりの学習要求に応じる個性化教育をめざす点で、ほぼ理念が一致している。この方向づけは、現実の物や人と能動的に関わる学習を重視する構成主義的教育理論に基づき、また「すべての子供が、性別、人種・民族、社会階層にかかわらず、潜在的能力を最大限に伸ばすことをめざす」という九〇年代の教育改革の動向と呼応する。この動向は、全米審議会報告書『教育の危機』（１９８３）以後、標準テストの成績を過度に重視する「基礎に帰れ」運動への反動でもあった。学校で少数の特定の子供をラベルづけて特別プログラムを提供する従来の「才能（英才）教育」も、すべての子供を対象に多様な能力（才能）・興味・学習スタイルを尊重して学習を個性化する「才能伸長」の理念に方向転換している（また最近、標準学力テスト重視への揺り戻しもあって、個性化教育推進も苦闘している）［レンズーリ『個性と才能をみつける総合学習モデル』拙訳（２００１）、玉川大学出版部を参照されたい］。

こういった教育改革の実践は、多くは行政からの掛け声によるのではなく、学校ごとで（に基づいて）(school-based)、すなわちボトムアップ型の学校改善で広がりを見せている。

1　MI理論とプロジェクト・スペクトル

A　MIの評価　MI理論は、従来の精神測定学のIQの概念を超えて、人間の知能の多様性を捉えようとした［2～5章を参照］。精神測定学とはちがって（ここから誤解や批判も生じるのだが）、個人の知能を見分けるために、MI理論から導かれる測定・評価の唯一の方法はなく、子供の学習活動の観察が最適な手がかりとなる。MIを応用した学習・評価の実践を探求したのが、ガードナー自身が関わった「プロジェクト・スペクトル」（1984－93）で［9章を参照］、広範囲に配列された（スペクトルをなす）興味と能力を尊重する、新しいカリキュラムと評価を実証しようとした。これは「プロジェクト・ゼロ」と、タフツ大学児童発達学科（フェルドマン代表）の共同研究で開始された。後者の付属実験プレスクールで（三、四歳について）二年間試行の後、一九八八年まで広範囲の認知能力に関する評価・学習活動が研究され、他のプレスクールでも実施された。一九九〇年からは二年間、小学校で学習に不利な（低所得、文化・言語等の要因で）一年生への介入的研究も行われた。

この研究スタッフは、「子供は異なる能力のプロフィールを示し、それは刺激的な材料・活動に富む教育環境で増強され、領域固有に発達する」と考えた（フェルドマンの発達理論は、MI理論と共鳴して、能力の発達の道筋は一つではなく個性的だと考え、伝統的知能・発達理論を暗黙理論とする学校の教授法に疑問を投げかける）。一般に根強い考え方では、授業（教授・学習）とテスト（能力の識別、学習の評価）を狭い範囲の能力に限定して、精神測定的な標準テストを重視する。プロジェクト・スペクトルはこれに反対して、「知能に公正な」評価・学習を追求した。

そこで、八つの領域で、〈カギとなる能力（key abilities）〉が認識された。これは、子供が各学問分野でうまく課題を遂行するのに必要な、能力や認知スキルである。これらは個別には独立した知能が認められる基準となる〈中核操作〉に当たるが、各領域は、MIが複合しているものもある。経験的に幼児の種々の知能が現れる活動や、社会で大人の最終状態がある領域を考慮して配列された（当時未認定の博物的知能の能力も最初から含まれていた）。それぞれのカギとなる能力の叙述は、構成要素としてさらに下位の能力とも見なせる。このように能力を活動場面で定義すればその数は際限なく増やせるが、MIは簡潔性と有効性の点で妥当な少数に落ち着いた［7章を参照］。カギとなる能力は、幼児から小学校低学年の学習活動、評価の観点のために考えられたものだが、大人に至るまで幅広い年齢の学習者のMIプロフィールを見出す参考になるだろう。以下に、カギとなる能力の例を挙げる。

【技術制作】**因果的・機能的関係の理解**～部分と全体の関係等を理解。**視覚的－空間的能力**～機械の部品の空間的関係を理解。**機械的な物に問題解決的取り組み**～機械的問題を組織的に解決。情報を比較、一般化。**細かい運動技能**～小さい物や部品を巧みに操作。手と目の協応（釘を打つ等）。

【理科】**観察スキル**～物を詳しく観察して物理的特徴を知る。**類似と差異の認識**～物や現象の比較対比を好む。**仮説の形成と実験**～仮想の質問をしたり事実を説明。仮説検証の実験を実施、考案。**自然や科学的現**

象の興味と知識～科学的情報や自然の体験について進んで話す。観察したことについて質問。

【音楽】**音楽の知覚**～音の強弱、速度やリズムのパターンに敏感。音程を識別。異なる楽器や音を認識。**音楽の産出**～正確な音程、速度やリズムのパターンを保つ。歌唱や楽器演奏で表現力を示す。歌や曲の特徴を再生。**作曲**～簡単な曲を、出だし、中間、終わりの感覚をもって作曲。簡単な体系で記譜。

【運動】**体の制御**～運動を効果的に計画、順序立て、実行。**リズムへの敏感さ**～リズムに合わせて運動。自分でリズムを作れる。**表現力**～体の動きで（言葉や音楽等の）ムードやイメージを表現。**動きのアイデアの生成**～新しい動きのアイデアを（言葉や体で）創造。ダンスの振り付け。**音楽への敏感さ**～ちがう種類の音楽にちがう反応。**空間の意識**～空間を機敏に動いて探索。他人の動きを予測。

【算数】**数的推理**～計算が巧い。物や情報を数量化（数字や図等で）。数的関係（確率や比率）を認識。**空間的推理**～空間的パターンを発見。パズルが巧い。イメージを使って問題を視覚化、概念化。**論理的問題解決**～問題の関係や全体構造に焦点。論理的推論。規則を一般化。戦略を開発、使用。

【社会的理解】**自己の理解**～自分の能力、興味等を認識。自分の感情、経験、成果を反省。**他人の理解**～他人の考え、感情、能力を理解。**リーダー的役割**～活動を主導、組織、監視。**助言者的役割**～考え、情報、技能を他児と教え合う。争いの仲裁。他児を遊びに誘う。**世話人・友人的役割**～他児を慰める。

【言語】**話・物語の創作**～物語りで想像と独創性。物語を楽しんで聞く、読む。独特のスタイル、表現力など、演技の才能。**言葉での叙述・報告**～出来事、感情、経験を正確に筋が通って説明。論理的議論、質問。**言葉の詩的使用・言葉遊び**～言葉遊びを楽しんで巧み。ユーモアのある言葉の使用。

【美術】**美術の知覚**～異なる芸術スタイル（抽象、具象、印象派など）に敏感。**創作の表現**～視覚的世界を

二、三次元で正確に表現。**創作の芸術的手腕**～視覚的要素（色、線、形、パターン等）を用いて、具体的・抽象的な作品で感情を表現。装飾に関心。色彩豊かで均衡が取れ律動感のある作品を創る。**創作の探索**～画材の使用が柔軟（異なる材料で試す等）。作品の線や形で多様なフォルムを表現。

B　スペクトル教室の学習活動　上記のカギとなる能力をガイドラインとして、各領域（プレスクールで七つ［技術制作と理科が合同］、小1で八つ）で数種の学習活動が考案され、子供たちが多様な学習分野に触れられるようにした。プレスクールでは七つの領域で合計一五種の評価のための活動が、小1では八つの領域で十数種ずつの学習活動が考案された（子供主導か教師主導か、および小人数か大人数か、で区分できる）。小1ではとくに、領域ごとに分かれた「学習センター」（教室内のコーナー）で（週二回、二時間以上）、個人の長所や興味に合わせて材料等を用意し、長所を伸ばす学習活動を（割り当て・選択で）提供した。この「スペクトル活動」は、プロジェクト学習（総合・学際的）よりも学問領域を重視した広く深い本物（現実の学問の基礎）の活動であり、また材料・活動・指導を整備してもモンテッソーリ方式のように処方的・規制的ではない。そしてスペクトル活動を「橋渡し」（得意分野の自信、学習スタイル、内容、カギとなる能力を利用）として、教科の基礎・基本の習得を図った。

評価は、個々の子供の得意分野を見出すために、活動の中で、またポートフォリオ（子供自身の記録や作品も収める）について（カギとなる能力を、観察の手引きおよびポートフォリオの分析の観点として）、本物の、知能に公正な評価を探求した。するとどの子供も、一つ以上の（他児との、または自己プロフィール内での比較で）得意な知能を（保護者・教師が気づかないものも）示したという。この評価を実施するために、領域ごとに固有な様式のスキル・レベルのチェックリストが作成された。作業（学習）スタイル（動機づけ、自信、根気など）もチェックリストに含められた。ただし、研究のためには量的評価をしたが、保護者への報告は、個人ごとにポートフォリオに基づいて、1〜2頁にプロフィール（長所、作業スタイル、勧める活動）を記述した。

C　子供博物館　MI実践には、地域との連携、すなわち人材・組織の協力・活用がひじょうに有効である。プロジェクト・スペクトルの最後に（92−93）実施された内部プロジェクトの「子供博物館プロジェクト」で、学校外でMIを生かした本物の学習の場として、子供博物館が活用された［11章を参照］。ボストンの「子供博物館」が、学習の場としての博物館の機能を高めるために、プレスクールのプロジェクトと連携した。〈共鳴する学習経験〉として、博物館、学校、家庭で、よく似た活動・教材を異なる場面で用いた（たとえば「昼と夜」などのテーマ単元として）。すべての知能を使うよう計画され、子供は博物館の展示と教室の活動を関連づけた。博物館はプロジェクト終了後も展示・活動でMIを念頭におきつづけた。プロジェクト・ゼロはその後（96−98）、フィラデルフィアの子供博物館「プリーズ・タッチ・ミュージアム（Please Touch Museum）」と共同研究「プロジェクト・探査（Explore）」を行った。各地の多数の子供博物館は、直接体験（hands-on）学習を重視した教育活動に力を入れている。

なお、美術館と学校との連携について、プロジェクト・ゼロでは「プロジェクト・ミューズ（MUSE）」（Museums Uniting with Schools in Education　教育で学校と連合する美術館）（1994−96）、「学校のための美術作品（ArtWorks for Schools）」（1996−99）およびニューヨーク近代美術館（MoMA）との共同プロジェクト「視覚的思考カリキュラム（VTC）」（1998－2001）で、MI理論の応用も取り入れ、生徒の思考スキルを伸ばす研究が展開している。日本で子供博物館に近い機関は、各地にある科学館（体験学習できる）等だが、芸術、人文・社会科学分野の活動も併設して（あるいは美術館等と連携して）、各種のMIを幅広い学問分野の学習に生かせるのが望ましい。

D 地域の人材による個人指導　上記のプロジェクトと同時期に、また別の内部プロジェクト「スペクトル連携（Spectrum Connections）」が実施された。ボストン市内の小学校一、二年生が、個人指導によって、地域で重要視される広範囲の本物の大人の役割を経験できた。最初の三ヶ月は、集団で、専門の異なる（公園監視員、スポーツ選手など）十人が、隔週に学校へ話しに来た（「私の地域について何でも」のテーマ単元で）。訪問の前後に、児童は教室の学習センター等で関連学習活動を行った。引き続き五ヶ月間で、小集団指導を行った。すなわちMIの観点で、児童の能力・興味を観察・識別して（スペクトル活動）、指導者の役割・仕事と最適に適合するよう、三～六人ずつ振り分けた。そして毎週一時間、教室で活動したり、仕事場の見学を行った。学習後、児童は「振り返り用紙」に記入し、個人のポートフォリオに記録して、毎週集会で発表した。効果として、対人関係、社会的スキルが養われ、子供に自分の長所に気づかせ、ある領域のスキルを獲得させた。保護者と教師にも好評だった。

学校と地域の連携について得られた知見が、プロジェクト・ゼロの、学校（幼児～12学年）コミュニティ改革プロジェクト「アトラス（ATLAS：全生徒のための本物の教授・学習・評価）コミュニティーズ」（92－現在独立）に引き継がれた。また学校と地域の芸術家との連携についての調査プロジェクト「芸術の存続（ARTS

SURVIVE!)」(1997－2000)が実施された。このように研究プロジェクトは互いに関連し、引き継がれ、実証的な成果が蓄積されてきている。

2　MIスクールの学習と評価

プロジェクト・スペクトルの進行中や終了後に、研究スタッフや、その方法を学んだ教師によって実践された、いわゆる「スペクトル教室／校」のほかに、プロジェクト・スペクトルとは直接関係なく、MI理論を学んで実践を開始した教師たちもいた。MI理論の応用のされ方は、学校全体でMI理論を実践する、いわゆる「MIスクール」から［9章を参照］、教師個人やチームの（研修・ネットワークを通じた）授業の工夫（MI教室）まで多種多様である。共通の理念としては（MI理論の誤用・乱用もあったが）、各教科（合科、学際も）で、教師と子供が活用できる知能を評価（自己評価も）して、多様な方法ですべての生徒の得意な知能に学習を適合させ、本物の学習・評価を行うことをめざす。

MIスクールの形態もさまざまである。MIの発達を目標に学校を創設したり教育方法を変えた学校もあれば、学力改善という実際的目標のためにMI理論を利用する学校もある。MIスクールにカウントされるのに明確な規準はなく、いわば個々の学校現場から（MI理論に共感して）草の根的に立ち上がってきた実践である（プロジェクト・ゼロでさえ国内全体の実施状況を把握していない。ガードナーの知らないあいだに「ガードナー・スクール」ができていたそうだ）。以下に、9章に登場した、最初と2番目に創設され最も代表的な（見学者、モデルを取り入れる教師も多い）MIスクールを概観する。

A キー・ラーニング・コミュニティ インディアナポリス(インディアナ州)の公立の小・中等学校(K-12学年)。一九八四年から八人の公立学校の教師がガードナーの助言も得て準備、一九八七年にマグネット校としての小学校「キー・スクール」(K-5)を開校した(校長は現在までボラーニョス)。一九九三年から中間学校を、九九年から高等学校を拡張した(二〇〇二年に完成)。マイノリティ、低所得層の多い地域で、入学者はクジでランダムに入れる(異質・異年齢集団分けを行い、才能児・学習障害の特別プログラムはない)。学習活動の特徴は、以下のとおり。

(1)ふだんの教科で八つの知能を同等に活用する。中間学校では体育・美術・音楽の授業時間が多い。

(2)「テーマ・プロジェクト」として、全校のテーマを設ける(毎年「自然の中での協働」など三種)。学校全体がテーマを反映して(環境関係なら熱帯雨林模型を作るなど)、テーマに沿うプロジェクトを選択、展開、発表する(小学校では教師指導で、中間学校では自主活動で)。

(3)「ポッド」(豆のさや)と呼ばれる、興味と得意で選択する異年齢の集団で、一年間学習する(毎日三五分間、校内のいたる場所で。昼食時間と合わせて校外へ出られる)。特定の領域やテーマで組織して(美術、体育、詩、パソコン、歴史、演劇など約一二種)本物の学習の理念で、教師といっしょに実習生のように、現実の技能・知識を習得する。

(4)「フロー・ルーム/センター」と呼ばれる教室を用意する(チクセントミハイの理論に基づき、フローすなわち熱中〔高揚、乗り〕状態を作り出す)。ボードゲーム、パズル、パソコンソフトほかの学習材を備える。子供は週数回訪れ、知能を活性化する。部屋ではどんな活動をしてもよい(ひとりでも共同でも)。

教師が助言して、子供がどの知能と結びつく材料を使うか観察する。

（5）保護者・地域と連携する。地域の人材（企業、大学、芸術家など）が毎週、子供たちに講演や演奏を提供する（全校テーマに関連した学際的テーマで）。中間学校では生徒がポッド等で地域奉仕活動をする。八学年では、地域の種々の人材に個人指導を受ける。

学習評価は、ポートフォリオを活用して、MIの表現に基づく本物の評価を行う。ビデオ・ポートフォリオとして、プロジェクト発表を（年二、三回）ビデオ記録する（子供用にだけでなく教師研修にも利用）。また「進歩レポート」（通知表）で、MIプロフィールについて、知能ごとの進歩、参加、遂行・表現を評価する。標準テストの成績は平均以上であり、標準的学力の向上も見られる。

B　ニューシティ・スクール　セントルイス（ミズーリ州）の私立幼児・小学校（年少・年中・K－6学年。三分の一はマイノリティ）。入学は、収容可能なら条件制限はない（授業料が高いが四分の一の者に補助）。校長ホアーの主導の下、一九八八年からMI実践を開始した（同校編集・発行の二冊の手引書も普及している）。またホアーは、MI授業ネットワークを主宰して、MI実践の会議や講習会も開いてきた）。MIを生かす学習活動は、以下のとおり。

（1）一年間、学年ごとの「テーマ」による授業を行う（「動物」、「川の生命」など、すべての教科で実施）。

（2）「カリキュラムに基づく学習センター」で、教科学習の後に短期間、各知能を利用した活動を行う（たとえば小説を読んだ後、空間・数学・言語・身体運動センターで）。MIごとの学習センター（MIセンター）の実践は、キャンベルが個人的に一九八七年から実践していたもので、教科学習でも各知能を生かして学習できる方法として、実践が広まっている。

(3)「知能に基づく学習センター」で、それぞれの知能に関わる技能を習得する。(2)より複雑で時間かかり、利用頻度は少ない。どちらのセンターでも選択と割り当てがある。

(4)「フロー・ルーム」で、さまざまな材料を用意し、子供は自由に活動を選べる。とくに自分の知能について内省させる。

(5)「学習ポッド」で、決まった時間を設けて(週1時間か数度)種々の活動から選択させ、直接指導する。

このように、キー・スクールの学習活動を大幅に取り入れたが、とくに人格教育として、〈個人的(対人的・内省的)知能〉を重視する。そのため、各教科で、内省的または対人的知能が他の知能と複合して生かされるよう、テーマと方法を工夫する。また、全面的にMI学習を実施するのではなく、中等教育の学校へ入試を受けて進学するという要請もあるので、標準的学力の保障も並行する(標準テストも利用する)。

MI学習の評価は、プロジェクト、展示、発表で、広い発表相手に向けて行う。また、ポートフォリオに、作品の写真やオーディオ/ビデオテープも付けて、春に会合で保護者に報告、面談する。「進歩レポート」(通知表)では、内省的・対人的発達全般(最初に来る)、言語的知能、論理数学的知能、芸術(音楽・創作運動・演劇)、体育、図書館、美術、科学、スペイン語等の各領域の、内省的・対人的発達と技能評価について、評価観点ごとに期待にどの程度達したかを評定する。また子供の内省的知能を重視して、子供自身が、「個人的MIプロフィール」(各々の知能をどの程度よく使うか内省)をはじめ種々の(学習活動、ポートフォリオ、通知表、発表等について)「振り返り用紙」に記入する。

このように、知能に公正な学習・評価をめざしながらも、すべての子供の内省的知能を重視するのは、それに強い子供だけでなく弱い子供にも発達を促し、自分の知能の長所・短所について上位（メタ）認知できることを目標とするからである。著者が示唆したように［7章で］、内省的知能をＭＩの管理機能に利用できる実践例といえる。

Ｃ　プロジェクト・サミット　ＭＩ実践は、唯一正統な方法がなく草の根的であるだけに、玉石混交である（市販教材も多いが同様）。優れた実践の要因を調べるために、プロジェクト・ゼロ内の「プロジェクト・サミット（SUMIT : Schools Using Multiple Intelligrnces Theory、ＭＩ理論を用いる学校）」（１９９７－２０００）で、コーンハーバーらはＭＩスクールの実践を評価した。全国の（調査に賛同した、三年以上実践歴のある）四一校について調査したところ、好ましい効果（学力、保護者の参加、学習障害の改善等）のある実践の、教授・学習や評価に共通の特徴が見い出された。これらは「ＭＩ理論に適した条件」についての「羅針盤」実践として大きく六点に整理され［9章を参照］、ＭＩ実践がうまく行く目安となる。有効な実践を妨げる条件（ポジティブな面の逆だろうが）の克服の情報も交換・蓄積されるとよい。

ＭＩ理論は、知能の概念を拡げ、伝統的な学力を相対化する（波及効果で向上さえさせる）のに役立つ。単に教育実践の背景理論でなく、能力・人間・教育観について、心理学理論だけでなく教育実践上のパラダイムシフトにもつながる。ＭＩの尊重は、子供一人ひとりの個性を見出してそれを伸ばすという、教育本来の姿に戻ることでもある。ただし教育方法への応用の仕方は、学校の状況と変化に応じてたえず工夫・変更が可能だし必要である。

また、障害児教育（障害児観）にも、ＭＩ理論の有効な影響力は増大するだろう。ＭＩ実践による才能教育では「才能児／英才児」をラベルづけて区別しないのと同様に、ＭＩ実践による統合教育では（長所・短所を識別しても）「障害児」をラベルづけしない。すべての子供は個性ある認知的プロフィールをもつと見なすからである。アームストロング（Armstrong, T.）は、「知的障害」や「学習障害」「ＡＤＨＤ」等の子供も自分の不得意な領域で不得意な方法で補償学習を強制される従来の〈欠陥モデル〉に対比させ、どの個人もたまたま何らかの特殊なニーズも長所ももつ全人格的人間だと見なす〈成長モデル〉を提唱している。認知発達の道筋／発達のプロフィールは多様だと見なす認識の変革が、実践の変革をもたらすだろう。

アメリカの学校でのＭＩ実践は、研究プロジェクトや興味をもった少数の教師から、全国の教師に感染的に広まった（情報交換・更新が速く、博物的知能も九五年の公表後いち早く取り入れられ、先行実践に無理なく統合され幅を広げた）。日本より背景が多様で学習困難も多い子供たちを抱え、問題解決を迫られる状況ではあるが、困難な問題に情熱的に取り組む教師たちの草の根的な活動の成果である。日本でも、総合学習を始めすべての教科で、教師が単独でもチームでも全校でも、指導の個別化、学習の個性化を図ろうとするなら、ＭＩ理論と実践は、示唆するところがひじょうに大きい。外国の教育実践の直輸入はうまく行かない場合も多いだろうが、ＭＩ実践は、実状に合わせた創意工夫が基本理念なので、適応力が強いだろう。

［より詳細と文献は、拙稿「多重知能（ＭＩ）理論の学校教育への応用」アメリカ教育学会紀要第一二号（２００１）を参照（問い合わせ：アメリカ教育学会 america@ha.shotoku.ac.jp）。またＭＩ実践の才能教育での意義については、拙著『アメリカの才能教育』（東信堂、２００３）を参照］

訳者あとがき

本書は、ハワード・ガードナー（Howard Gardner）著 ***Intelligence Reframed : Multiple Intelligences for the 21st Century*** （New York : Basic Books, 1999）の翻訳です。著者のＭＩ（多重知能）理論について、最近の理論の展開や議論となる問題、教育実践への応用などについて、専門家だけでなく一般の読者にもわかりやすく書かれています。原著には「付録」として、ＭＩに関するガードナーの文献（単著・共著）、他の著者の文献、ビデオ等の研修用教材、および国内外でコンタクトのとれる教育実践家の一覧が（42頁にわたって）付いていますが、著者および版権所有者の許可を得て省略しました。代わりに、著者の単行本一覧を付けました。読みやすくするために、小見出しや段落改めを補っている箇所もあります。訳注はカッコ［……］を付けて記しました。文献には番号を加え、本文の該当箇所に記しました。

ガードナーは、現在、ハーバード大学教育学大学院（認知・教育学）教授、ハーバード大学心理学兼担教授、ならびに、付属のプロジェクト・ゼロ運営委員長を務めています。一九四三年、ペンシルベニア州に生まれ、ハーバード大学および大学院で心理学を学びました。3章にも述べているように、その後、認知とくに多様なシンボル使用について、一方では、ボストン大学医学大学院およびボストン在郷軍人局医療センターで脳損傷の研究を行い、一方では、プロジェクト・ゼロ（芸術を初め多様な認知・発達、教育・学習の理論・実践研究プロジェクトの研究機関）で、一九六七年に哲学者グッドマンによって創設された当初から、美術教育とくに子供の描画の認知心理学的研究を行うという、二足のわらじをはき続けました。この研究が、一九八三年に公刊した、MIの原典『心の構成』の構想につながっています。この二つの流れは現在まで続き、一方では、ボストン大学医学大学院（神経学）外部教授（非常勤）を続けています（ただしガードナー自身は直接大脳生理学的研究にはタッチしていないそうです）。一方、プロジェクト・ゼロでは、パーキンズと共同で一九七二年から所長（代表）をしていました。二〇〇〇年七月にサイデル（Seidel, S.）が所長を引き継ぎ、ガードナーは引き続き運営委員長となりました。数十のプロジェクト（三年や五年の期間が多い）が完了して、いくつかは継続中です。ガードナーは学会等から多数の賞を受け、また十数校の大学から名誉博士の学位を得ています。

著書一覧に挙げたように、ガードナーの多彩な研究の成果である約二十冊の著書のうち、脳損傷や描画のテーマを始め、日本語に翻訳されたものが何冊かありました。ところが、肝心のMI理論関係については、これまで翻訳が一冊もありませんでした。二十一世紀になって、ニューバージョンのM

Ｉ理論のコンパクトな概説書を翻訳できたのは有意義なことだと訳者自身感じています。

一般の通念、素朴概念として、性格（パーソナリティ）については、少なくともいくつかタイプがあるものだと思われています（心理学的には5因子説がもっとももらしい）。ところが知能は、ＩＱで表される一つのものだと思われています。いっぽう、その狭い知能以外にも人間の優れた側面があると信じられているため、「ＥＱ」などの「ＩＱを超える」概念がもてはやされたりします。ガードナーは、従来の精神測定学のＩＱよりも知能の概念を広げ、八つの独立した知能を認めました（日本の数少ない簡単な紹介では、最近でもよく七つだと書かれていますが）。言語的にあるいは論理数学的に大脳を使って問題解決や創造を行う（それにすぐれた作家や科学者がいる）場合、こういう能力は知能と呼ばれます。それならば、音楽的にあるいは身体運動的に大脳を使って問題解決や創造を行う（それにすぐれた音楽家や運動選手がいる）場合、こういう能力も知能と呼んでいいではないか、というのです。これは素朴概念とずれるがゆえに、誰にでも無反省に受け入れられるわけではなく、また精神測定学者にとっては自らのアイデンティティに関わるだけに受け入れられ難いのです。

しかし、ＭＩ理論では、各々の知能は、自然・人文諸科学の多岐にわたる知見を考慮して設けられた、厳密な八つの基準のいずれにも該当する、対等の存在として認定されています（この基準自体、批判もされたように、論理的に必要十分ではありません。本書では四組の対にして整理していますが、演繹的にではなく事実から帰納的に導かれたもので、『心の構成』では提示順がちがい、著者によると順序に特段の意味はなかったそうです。天才的頭脳が諸学問の膨大なデータを勘案した、いまのところ最良の基準としておきましょう）。またあくまで認知的な能力であり、価値の問題は関わらないと限定する慎重な立場をとっています。ですから、ＥＱは対人的・内省的知能と共通点が多いものの、価値の問題に踏み込んでいるので、全面的に知能とは認められません（ＥＱという用語自体、ジャーナリズムが作った用語で、最近は感情的知能〔ＥＩと略して〕の心理学的に正統な研究も進んでいます。知能を〈指数〉の頭文字Ｑで表すのも変で、霊的〔実存的〕知能をＳＱと表した本まで出ましたがこれも全面的には認められません。今後も「ＩＱを超えるＸＱ（⁉）」には用心が必要です）。

本書を読んで、知能の素朴概念をいま一度じっくり考え直してみると、「言語的能力を知能と呼ぶなら、身体運動的能力を知能と呼んでもいいのでは？」と考えさせられるはずです。ＭＩの個々の知能を想定できるひとつの大きな源は、著者にとっても、異なる分野の最終状態、つまり各職業の傑出した才能、極端には天才（への正当な賞賛）でしょう。ガードナーは（本書では多くありませんが）各分野の顕著な才能を示す人物の例を多く挙げています（ただし、アメリカの一般読者に分かりやすい有名人は、日本ではなじみのないことも多いので、各自、思いつく人物を挙げてみられるとよいでしょう）。社会のさまざまな分野で多様な能力を発揮できるよう子供たちを育てるという教育の営みを考慮するとき、学者も教師も一般の人々も、自らの知能観について選択を迫られます（読者はもう後戻りできない！）。つまり、言語的あるいは論理数学的な能力だけを学力や知能として尊重して、音楽的あるいは身体運動的能力等は教育の傍系の才能だとして軽視するのか、それとも、多様な分野の能力・才能、そしてそれをもつ人々を同等に尊重するのか、という選択です。あるいは教育的働きかけとして、個人の知能プロフィールの差異を無視して子供が最も苦手な知能について、最も苦手な学習方法を画一的に強いるのか、それとも、子供の得意な知能を生かせる分野を選択させる、あるいは知能を手段として生かして（必修内容も）学習させるのか、という選択です。

認知発達の考え方については、発達の道筋は一つと考えるのか、それとも、多様な発達プロフィールの複合と考えるのか、という問題になります。知能の発達の道筋は多様で、どの最終状態も同等に価値のあるものだという考えは、従来の「認知発達の道筋は一つ」と考え、普遍性を追求してきた発達心理学の理論にも影響を与えざるをえません。（心理学の「状況論」は、ＭＩ理論は能力が個人の「頭の中」にあると考えるものだと批判するでしょうが、スターンバーグが知能の諸理論を検討・統合して〈知能の三部理論〉を考えたように、頭の中の過程は排除されるべきではありません［スターンバーグ『思考スタイル』（松村・比留間太白訳（２０００）新曜社）の訳者解説1を参照してください］。）

さらに、とくに障害児教育で、「健常児」の発達に（ＩＱテストでラベルづけられた）「障害児」がまんべんなく追いつくことを目標とすることに再考を促します（避けるべきは、固定された障害のラベルづけ、特定の場面と方法での新たな障害診断名の乱発でしょう）。私たちも含めてすべての人が、何らかの「特殊なニーズ」をもちながら、それぞれの能力、興味、スタイルを生かし、日常生活、学習、職業に何とか適応していると考えると、学校をはじめ社会のさまざまな場で、個人がもっとうまく尊重されるように、ずいぶん変わってくるのではないでしょうか。

ここで私たちは、「MIの測定」には十分用心しておくべきです。もし「MIを測る」と称する（MIプロフィールをレッテルづける）本や用具が現れたとしたら（概念の有用性が受け入れられたという意義はあっても）、眉唾ものです。「スペクトル活動のカギとなる能力」のように教育実践のなかで観察する目安は考えられても、質問紙（自己診断テスト）等は適当でないことは、本書を読まれるとおわかりでしょう。「MIを伸ばす」と宣伝する教育産業（知能開発）が現れても、問題解決・創造活動でなかったり、個性を無視した一律メニューだけなら無意味です。学校でも、一斉授業案にたよる（画一的なMI授業！）だけなら（新たな不都合も生じ）MIを生かせません。

訳者は、本来は認知発達心理学が専門で、まったく個人的な興味から（障害児教育も才能教育も普通教育と連続しながら特殊な必要があるだろうと感じ）アメリカの才能教育に関心をもち、九二年度の在外研究の折に、コネティカット大学（国立英才・才能教育研究所、レンズーリ所長）に滞在しました。才能教育の実証にもとづく教育実践も、心理学的背景も、教育心理学として厚い層で研究されているようすを感じ取りました。最近、レンズーリの実践モデルも、そこに融合されたスターンバーグやガードナーの心理学的基礎理論も、翻訳を通じて日本に紹介する機会が得られ、ようやくキーパーソンを一端でも押さえられたとひとまず肩の荷を下ろしています。

訳者あとがき

本書の翻訳に当たって、著者ハワード・ガードナーは、些細な質問にも誠実に答えて下さいました。ニューシティ・スクール校長のトーマス（トム）・ホアーには、関連情報を提供していただきました。シカゴの公立学校才能教育専門教師キャスリーン（キャッシー）・ストーンは、MI理論が現場に実際利用されるようすを教えて下さいました。わが国のアメリカ教育学会では、MI実践について紹介発表の機会を頂戴し、会員の教育学関係の先生方に関心をもっていただきました。個性化教育を長年実践研究されてきた加藤幸次先生、日本で使えるポートフォリオについてご教示いただいた安藤輝次先生、励ましを頂戴した会長の石坂和夫先生や八尾坂修先生等です。また、二〇〇〇年五月に著者来日の折りに、都築国際育英財団の松山剛一氏は単独面談の便宜を図って下さいました。

新曜社編集部の塩浦暲氏には、いつもながら（三度目になりました）文章を隅々まで点検、手直ししていただきました。原著がそうであるように、読みやすいながらも格調高さ（ひょっとすると古風さ）が感じられるとすれば、塩浦氏のお陰です。以上の方々に深く感謝申し上げます。

二〇〇一年八月

松村暢隆

人名索引

▶ア行

アインシュタイン　Einstein, Albert　87, 103, 156, 172, 174, 183, 184

アガシ　Agassiz, Jean Louis　67

アシモフ　Asimov, Isaac　108

アッシュ　Ashe, Arthur　298

アームストロング　Armstrong, Louis　298

アリストテレス　Aristoteles　73, 297

イェナウィン　Yenawine, Philip　267

ヴィゴツキー　Vygotsky, Lev S.　229

ウィスク　Wiske, Stone　234

ウィテルソン　Witelson, Sandra　172

ウィルソン　Wilson, Edward O.　67, 69, 70

ウィルマット　Wilmut, Ian　303

ウォルターズ　Walters, Joseph　132

ウルフ　Woolf, Virginia　165, 173

エチオーニ　Etzioni, Amitai　289

エッシャー　Escher, M.C.　152

エマソン　Emerson, Ralph Waldo　5

エリオット　Eliot, George　183

エリオット　Eliot, T. S.　102, 183

エリクソン　Erikson, Erik　38

オッペンハイマー　Oppenheimer, Frank　262

オッペンハイマー　Oppenheimer, John Robert　104

オーデュボン　Audubon, John James　67

オリヴィエ　Olivier, Lawrence　174

オルソン　Olson, David　34, 141

▶カ行

カザルス　Casals, Pablo　80, 298

ガースナー　Gerstner, Louis　181

カスパロフ　Kasparov, Gary　188, 303

カーソン　Carson, Rachel　67, 298

ガードナー　Gardner, Howard　37-46, 48, 58, 65, 102, 111, 132, 158, 182, 191, 229, 237

ガンディー　Gandhi, Mahatma　64, 87, 102, 104, 105, 109, 174, 182

キャンベル　Campbell, Bruce　198

キュリー　Curie, Marie　165
ギリガン　Gilligan, Carol　109, 154
キリスト　Christ　80, 81
ギルフォード　Guilford, Joy P.　19
キング　King, Martin Luther Jr.　103

グッドマン　Goodman, Nelson　39
クリック　Crick, Francis　173
グリーノ　Greeno, James　34
クリントン　Clinton, Bill　179, 180, 186
グリーンフィールド　Greenfield, Patricia　27, 141
グールド　Gould, Stephen Jay　19, 48, 67, 70
グレアム　Graham, Martha　102, 174
グレゴーク　Gregorc, Anthony F.　118
クレチェフスキー　Krechevsky, Mara　193

ケイガン　Kagan, Jerome　118
ゲイツ　Gates, Bill　181
ゲシュヴィンド　Geschwind, Norman　40, 41
ゲッベルス　Goebbels, Josef　64
ゲーテ　Goethe, Johann Wolfgang von　64, 165
ケナン　Kennan, George　187
ケネディ　Kennedy, John F.　185

孔子　Confucius　80, 297
ゴッホ　Gogh, Vincent Van　88, 167
コーテス　Cortes, Ernesto Jr.　212
コールズ　Coles, Robert　35
ゴールドヘーゲン　Goldhagen, Daniel　251
ゴールトン　Galton, Francis　3, 15-16, 20, 48
コールバーグ　Kohlberg, Lawrence　109
ゴールマン　Goleman, Daniel　13-14, 98, 291, 295
コレシュ　Koresh, David　91, 97
コーンハーバー　Kornhaber, Mindy　158, 201, 209, 215

▶サ行

サーストン　Thurstone, Louis L.　19, 141
サッチャー　Thatcher, Margaret　177-178, 296
サハロフ　Sakharov, Andrei D.　109
サロモン　Salomon, Gavriel　34

シェイクスピア　Shakespeare, William　148, 173, 204
ジェンセン　Jensen, Arthur　12
シモン　Simon, Theodore　16
ジャクソン　Jackson, Jesse　295
シャルダン　Chardin, Pierre Teilhard de　97
シュテルン　Stern, Wilhelm　16

ショー　Shaw, Gordon　121
ジョーンズ　Jones, Jim　91
ジョンソン　Johnson, Lyndon L.　180, 186
シルヴァー　Silver, Harvey　119

スターリン　Stalin, Iosif V.　104, 105, 152, 290
スターンバーグ　Sternberg, Robert J.　31-33, 35, 141-142
スティール　Steele, Claude　24
ストラヴィンスキー　Stravinsky, Igor　102, 172, 174, 184
スピアマン　Spearman, Charles　19
スピルバーグ　Spielberg, Steven　165

セシ　Ceci, Stephen J.　35, 141

ソクラテス　Socrates　62

▶タ行

ダーウィン　Darwin, Charles　15, 20, 67, 70, 168, 173, 224, 228, 240, 242, 245, 251, 253
ダ・ヴィンチ　Vinci, Leonardo da　164
ターマン　Terman, Lewis M.　17, 18, 20
ダライ・ラマ　Dalai Lama　86
ダンテ　Dante Alighieri　148

チクセントミハイ　Csikszentmihalyi, Mihaly　103, 115, 165-166
チャーチル　Churchill, Winstone　173
チャウシェスク　Ceauşescu, Nicolae　176
チョムスキー　Chomsky, Noam　141

デイヴィス　Davis, Jessica　266
ディキンスン　Dickinson, Emily E.　167

ドストエフスキー　Dostoyevsky, Fyodor　88
ドラッカー　Drucker, Peter　283

▶ナ行

ニクソン　Nixon, Richard M.　186
ニュートン　Newton, Isaac　170

▶ハ行

ハウゼン　Housen, Abigail　267
パウンド　Pound, Ezra　185
パーキンズ　Perkins, David　35, 234
ハーシュ　Hirsch, E.D.　253
パーシング　Pershing, John J.　183
ハッチンズ　Hutchins, Robert Maynard　103
バーリン　Berlin, Isaiah　187
ハーンスタイン　Herrnstein, Richard J.　9-10, 19, 20, 25

ピー　Pea, Roy D.　34

ピアジェ　Piaget, Jean　38, 39, 58, 137, 229
ピカソ　Picasso, Pablo　102, 168, 173, 174, 183, 184
ピタゴラス　Pythagoras　220
ピーターソン　Peterson, Roger Tory　67
ヒトラー　Hitler, Adolf　80, 104, 105, 176, 239, 240, 248, 249, 290
ビネ　Binet, Alfred　15-16, 18, 49, 259
ピンカー　Pinker, Steven　141

フィッツジェラルド　Fitzgerald, Ella　298
フェリーニ　Fellini, Federico　93
フェルドマン　Feldman, David　115, 193
フォースター　Forster, E. M.　299
フォード　Ford, Henry　181
ブッダ　Buddha　80, 81
プラトン　Platon　152, 220, 232
フランク　Frank, Anne　240
フランチェスコ（聖）　Francis of Asisi（Saint）　306
プルースト　Proust, Marcel　92
ブルーナー　Bruner, Jerome S.　38
フルメイ　Vermij, Geermat　68
フロイト　Freud, Sigmund　38, 62, 102, 167, 168, 172, 174

ベートーベン　Beethoven, Ludwig van　91
ベルイマン　Bergman, Ingmar　165
ヘルムズ　Helms, Jesse　295
ペローン　Perrone, Vito　234

ホアー　Hoerr, Thomas R.　199, 208
ボーア　Bohr, Niels　165, 298
ボーリング　Boring, Edwin G.　18
ホセーニ　Hosseni, Naaz　199
ボラーニョス　Bolanos, Patricia　197

▶マ行

マイセン　Mithen, Stephen　141, 301
マイヤー　Mayr, Ernst　67
マキアヴェリ　Machiavelli, Niccolò　64
マクナマラ　McNamara, Robert　181
マザー・テレサ　Mother Teresa　80, 109
マーシャル　Marshall, George C.　180, 183-184, 298
マッカーシー　McCarthy, Bernice　119
マーティン　Martin, Joyce　275
マーラー　Mahler, Gustav　91
マリー　Murray, Charles　9-10, 19, 20, 25
マルサス　Multhus, Thomas R.　228
マンデラ　Mandela, Nelson

109, 188, 298

ミード　Mead, Margaret　296
ミュルダール　Myrdal, Gunnar　10
ミルグラム　Milgram, Stanley　243
ミロシェヴィッチ　Milosevic, Slobodan　176

毛沢東　Mao Zedong　104, 173
モーゼ　Moses　180
モーツァルト　Mozart, Wolfgang Amadeus　173, 237
モネ　Monnet, Jean　180

▶ヤ行

ヤーキズ　Yerkes, Robert M.　17, 18

ユング　Jung, Carl　118

ヨハネス23世（教皇）　John XXIII (Pope)　80, 85, 104

▶ラ行

ラスプーチン　Rasputin, Grigory　97
ラマルク　Lamarck, Chevalier de　251

リップマン　Lippmann, Walter　17, 18, 26
リーフェンシュタール　Riefenstahl, Leni　185
リムスキーコルサコフ　Rimsky-Korsakov, Nikolay　184
リンネ　Linné, Carl von (Linnaeus, Carolus)　67, 73

ルーズヴェルト　Roosevelt, Franklin D.　179, 184

レイヴ　Lave, Jean　34
レーガン　Reagan, Ronald　179, 186
レーニン　Lenin, Vladimir I.　104
レノン　Lennon, John　165

ローシャー　Rauscher, Frances　121
ロッシュ　Rosch, Eleanor R.　72
ロンカーリ　Roncalli, Angelo (John XXIII)　104, 105

▶ワ行

ワーグナー　Wagner, Richard　165
ワトソン　Watson, James　173

事項索引

▶あ行

ＩＱ　→知能指数

『ＩＱをうち負かす』 *Outsmarting IQ*（Perkins） 35

アナロジー　analogy　31, 244-246, 249, 252, 280

『アメリカのジレンマ』 *An American Dilemma*（Myrdal） 10

『ある魂の日記』 *Journal of a Soul*（Pope John XXIII） 85

『生きた知能』 *Successful Intelligence*（Sternberg） 35

『ＥＱ』 *Emotional Intelligence*（Goleman） 13-14, 35, 98, 291

一般知能　general intelligence　19, 28, 48, 122, 287

遺伝子工学　genetic engineering　304

入口　entry points　240-244, 252, 255, 265-266, 280

因子分析　factor analysis　20, 113

ヴァンゼー会議　Wannsee Conference　248

ウェクスラー検査　Wechsler tests　33

宇宙的問題　cosmic issues　76, 80, 83, 86-88, 91, 97, 107

エキスパート・システム　expert systems　29-30

エクスプロラトリアム　Exploratorium　261, 262

ＭＩ　→多重知能

ＭＩスクール　MI schools　128, 157-160, 197-199

黄金律　golden rule　289

音楽的知能　musical intelligence　51, 53, 59, 82, 84, 113, 114, 116, 121, 139, 143, 145-146, 152, 172, 203, 236, 293

▶か行

下位知能　subintelligences　52, 61, 144

画一的な学校　uniform school　129, 214-215

学業評価検査（SAT） Scholastic Assessment Test　4, 25, 295

拡充　enrichment　25

学習センター　learning centers　198

学問分野　discipline　115, 164

カリスマ　charisma　80-81, 91

感情的感受性　emotional sensitivity　291-292, 294, 295

感情的知能　emotional intelligence　13-14, 57, 98, 120, 291,

295

キー・スクール　Key School/Key Learning Community　197-198
記憶　memory　146-147
教育テストサービス　Educational Testing Service　31
巨匠　masters　173, 174

空間的知能　spatial intelligence　51, 56, 59, 73, 113, 114, 116, 121, 133, 138, 152, 172, 236
『砕かれた心』 *Shattered Mind, The*（Gardner）　44
クローン羊ドリー　Dolly（cloned sheep）　303
『訓練された心』 *Disciplined Mind, The*（Gardner）　237

経験的（下位理論）　experiential（subtheory）　141
芸術　arts　39-40, 92, 203, 211, 236, 308
芸術的知能　artistic intelligence　151-152, 172
ケレス族　Keres　1
言語的知能　linguistic intelligence　50, 51, 56, 58, 96, 113, 133, 151, 172, 174, 192, 236
賢明さ　wisdom　187-189

構成要素的（下位理論）　componential（subtheory）　141
行動遺伝学　behavioral genetics　21
『心の構成』 *Frames of Mind*（Gardner）　46, 50, 58, 60, 65, 68, 94, 111, 115, 120, 191
心の理論　theory of mind　120
個人化　personalization　128-129
個人ごとに設計された教育　individually configured education　214-222
個人的知能　personal intelligences　57, 60, 82, 96, 116, 120, 172, 199, 236, 281-284, 291
個性化　individualization / individuation　221, 254-255, 307-309
子供博物館　children's museums　114, 155, 195, 233, 260-264
コンピュータ科学　computer science　29-30

▶さ行

最終解決　Final Solution　235, 248, 290
最終状態　end-statcs　38, 53, 66, 69, 85, 236
才能　talent　59, 117
才能児　gifted children　25, 42, 104, 162
サヴァン（idiot）　savants　54, 70

視覚的思考カリキュラム（VTC）　Visual Thinking Curriculum　267
シーショア試験　Seashore tests　192
失語症研究所　Aphasia Research

Center 41
実際的知能 practical intelligence 32
実存的知能 existential intelligence 83-90, 97, 107
自閉症 autism 54, 121
進化 evolution 50, 68, 87, 101, 133, 223-228, 238-253, 257
進化心理学 evolutionary psychology 50-51, 102
神経科学 neuroscience 28-29, 40, 138
神経心理学 neuropsychology 40-44, 172
人工知能 artificial intelligence 29, 62, 154
身体運動的知能 bodily-kinesthetic intelligence 59, 78, 114, 116, 126, 134, 192, 199, 201, 203, 236
シンボルアナリスト symbol analyst 2, 279
シンボル体系 symbol systems 33, 35, 52-53, 73, 84, 101, 116, 141, 151, 165, 249, 255
心理学的課題 psychological tasks 55-56, 72, 89
人類学 anthropology 27

水平的能力 horizontal faculties 142, 146
鈴木メソード Suzuki Method 124, 197
『スター・ウォーズ』 *Star Wars* 231
スタイル style 117-119
スタンフォード-ビネ検査 Stanford-Binet test 33
スペクトル教室 Spectrum classroom 193-195

精神測定学 psychometrics 13, 15-18, 26, 35, 48, 56, 90, 113, 140, 194, 259, 287, 295, 297
精神ベクトル vectors of the mind 19
勢力者 influencers 173, 174

創始者 makers 173, 174
双生児研究 studies of twins 21-22, 63, 89, 123
創造者 creators 102, 104, 161-174, 182-184, 188
『創造する精神』 *Creating Minds* (Gardner) 102
創造性 creativity 34, 163, 185-186, 289
——と知能 161-174
——とパーソナリティ 167-171
——の定義 163-164

▶た行

対人的知能 interpersonal intelligence 53, 54, 60, 62, 82, 98, 120, 127, 174
多重知能 multiple intelligences 5, 93, 95, 191, 236
——と遺伝 122-123
——と学校／教育 125-129, 156-160, 193-221, 224-257

——と高齢　155-156
——と職場　274-280
——と身体障害　134-135
——と用語　124, 132-134
——の管理機能　147-149
——の基準　48-57, 93, 287
——の経験的証拠　119-122
——の限界　288-292
——の構造　142-152
——の性差　153-154
——の定義　46-47, 133
——のテスト　112-114, 131, 137-138, 191
——の評価　113, 192-196, 292-296
——の民族差　152-153
『多重知能』 *Multiple Intelligences*（Gardner）　132
多重知能理論　MI theory　35, 42, 111, 116, 131, 136-142, 161, 200, 259, 287
——と競合理論　141-142
——の批判と支持　140, 212-214

知性因子　factors of the intellect　19
知能　intelligence
——検査（テスト）　tests and testing　3-4, 15-18, 58, 259, 287, 295
——検査のバイアス　biases　17, 23-24
——指数　quotient　16, 21, 23, 25, 33, 144
——と人種　11, 23, 112
——に公正な　i.-fair　113, 138
——の遺伝論　10-11, 20-23, 122-123
——の定義と測定　3-4, 32-35
『知能』 *Intelligence*（Gardner et al.）　48
『知能について』 *On Intelligence*（Ceci）　35
知能の三部理論　triarchic theory　32-33, 141-142
中核的操作　core operations　51-52, 68, 84

ディープ・ブルー　Deep Blue　188, 303
天才児　prodigies　55, 70, 162-163

道徳性　morality　34, 63, 99, 102-109, 185-186, 289
道徳的知能　moral intelligence　95-109
道徳判断　moral judgment　98, 101, 108, 153
道徳律　moral code　82, 98, 104, 107
等能性　equipotential　28
徳　virtues　297-298

▶な行

内省者　introspectors　173
内省的知能　intrapersonal intelligence　60, 62, 98, 120, 127, 283
『ナチュラリスト』 *Naturalist, The*（Wilson）　67

日本　221
ニューシティ・スクール　New City School　199, 208
ニューヨーク近代美術館　Museum of Modern Art　267
『ニューリパブリック』　*New Republic, The*　17, 26
人間測定実験室　anthropometric laboratory　15
『人間の測りまちがい』　*Mismeasure of Man, The*（Gould）　19

脳　brain　27-28, 40, 138-139, 172
脳損傷　brain damage　40-43, 50, 71, 88

▶は行

バイオフィリア　biophilia　69
博物学者　naturalist　66-67
博物的知能　naturalist intelligence　66-73, 83, 86, 96, 229, 278
発達心理学　developmental psychology　38-39, 53
発達歴　developmental history　53, 69

『ビジネスEQ』　*Working with Emotional Intelligence*（Goleman）　14
ビジネス知能　business intelligence　278
ビジネスと教育　businesses and education　269-274
美術館　art museums　264-268
『ヒトラーの意図的な死刑執行人たち』　*Hitler's Willing Executioners*（Goldhagen）　249, 251
批判的思考　critical thinking　149-151
表現　performance　227, 253

『フォレスト・ガンプ』　*Forrest Gump*　90
フロー　flow　89
フロー・ルーム　flow room　197
プロジェクト・サミット　Project SUMIT　158, 209-211
プロジェクト・スペクトル　Project Spectrum　114, 193-195
プロジェクト・ゼロ　Project Zero　40, 42, 132, 158, 160, 207, 281
プロジェクト・ミューズ　Project MUSE　266-267
文脈的（下位理論）　contextual (subtheory)　141
分野　field　165-167, 169

並列分散処理（PDP）　parallel distributed processing　30
ヘッドスタート　Head Start　12, 212
『ベルカーブ』　*Bell Curve, The*（Herrnstein and Murray）　9-14, 35
ベルナルド・ファン・レール財団　Bernard Van Leer Foundation　45

ポッド　pods　197

ボリンゲン賞　Bollingen Prize　185
ホロコースト　Holocaust　223-228, 237-253, 257

▶ま行
マスターオブチェンジ　master of change　2
マッキンゼー　McKinsey & Co.　284

ミラー・アナロジーテスト　Miller Analogies Test　4

モジュール　modules　4, 44, 141
『モラル・インテリジェンス』　*Moral Intelligence of Children, The*（Coles）　35
モンテッソーリ・ベル　Montessori bells　114

▶や行
ユニバッケン博物館　Junibacken Museum　264

▶ら行
羅針盤実践　Compass Points Practices　209-211

リーダー／リーダーシップ　leaders/leadership　34, 102, 175-189, 270
『「リーダー」の肖像』　*Leading Minds*（Gardner）　102, 182
理解のための授業　Teaching for Understanding　234-235
利害関係者　stakeholders　271
領域　domain　53, 105, 115-117, 163-165

霊的知能　spiritual intelligence　74-83, 90-93, 96-97
霊的なもの　spirituality　74-83
連携学校ネットワーク　Alliance Schools Network　212

ロールシャッハ・テスト　Rorschach test　200
ローロデックス　Rolodexes　34
論理数学的知能　logical-mathematical intelligence　53, 58, 73, 82, 96, 113, 114, 143, 145-146, 172, 174, 192

▶わ行
『わが闘争』　*Mein Kampf*（Hitler）　248

ガードナーの著書一覧（年代順）

1970：（Grossack, M. & Gardner, H.）*Man and Men : Social psychology as social science.* Scranton, PA : International Textbook.

1973a：*The quest for mind : Piaget, Levi-strauss, and the structuralist movement.* New York : Knopf/Vintage.［波多野完治・入江良平訳（1975）『ピアジェとレヴィ＝ストロース：社会科学と精神の探求』誠信書房.］

1973b：*The arts and human development : A psychological study of the artistic process.* John wiley & Sons.（1994, Paperback edition, with a new introduction. New York : Basic Books.）

1974：*The shattered mind : The person after brain damage.* New York : Knopf/Vintage.［酒井誠・大嶋美登子訳（1986）『砕かれた心：脳損傷の犠牲者たち』誠信書房.］

1978：*Developmental psychology : An introduction.* Boston : Little Brown.

1980：*Artful scribbles : The significance of children's drawings.* New York : Basic Books.［星三和子訳（1996）『子どもの描画：なぐり描きから芸術まで』誠信書房.］

1982：*Art, mind, and brain : A cognitive approach to creativity.* New York : Basic Books.［仲瀬律久・森島慧訳（1991）『芸術，精神そして頭脳：創造性はどこから生まれるか』黎明書房.］

1983：*Frames of mind : The theory of multiple intelligences*（1993, Tenth anniversary edition, with a new introduction）. New York : Basic Books.

1985：*The mind's new science : A history of the cognitive revolution.* New York : Basic Books.［佐伯胖・海保博之訳（1987）『認知革命』産業図書.］

1989：*To open minds.* New York : Basic Books.

1990：*Art education and human development.* Los Angeles : The Getty Center for Education in the Arts.

1991：*The unschooled mind : How children think and how schools should teach.* New York : Basic Books.

1993a：*Creating minds : An anatomy of creativity seen through the lives of Freud, Einstein, Picasso, Stravinsky, Eliot, Graham, and Gandhi.* New York :

Basic Books.

1993b：*Multiple Intelligences : The theory in practice.* New York : Basic Books. ［黒上晴夫監訳（2003）『多元的知能の世界：MI 理論の活用と可能性』日本文教出版.］

1995：（In collaboration with Emma Laskin）*Leading minds : An anatomy of leadership.* New York : Basic Books. ［山崎康臣・山田仁子訳（2000）『「リーダー」の肖像』青春出版社.］

1996a：（With M. Kornhaber and W. Wake）*Intelligence : Multiple perspectives.* Fort Worth, TX : Harcourt Brace.

1996b：（Williams, W. M., Blythe, T., White, N., Li, J., Sternberg, R. J., & Gardner, H.）*Practical intelligence for school.* New York : HarperCollins College Publishers.

1997：*Extraordinary minds : Portraits of exceptional individuals and an examination of our extraordinariness.* New York : Basic Books.

1999a：*The disciplined mind : What all students should understand.* New York : Simon & Schuster.

1999b：*Intelligence Reframed : Multiple Intelligences for the 21st Century.* New York : Basic Books. ［本書.］

2001：（With M. Csikszentmihalyi and W. Damon）*Good work : When excellence and ethics meet.* New York : Basic Books.

2004：*Changing Minds : The art and science of changing our own and other people's minds.* Boston : Harvard Business School Press.［朝倉和子訳（2005）『リーダーなら、人の心を変えなさい。』ランダムハウス講談社.］

2005：*Development and Education of the Mind : The selected works of Howard Gardner.* New York : Routledge.

文　献

1章　知能と個性

（1）Herrnstein, R. J. & Murray, C. (1994). *The bell curve : Intelligence and class structure in American life*. New York : Free Press.

Reich, R. B. (1991). *The work of nations : Preparing ourselves for twenty-first century capitalism*. New York : Knopf.（シンボルアナリストの役割について.）

（2）Galton, F. (1883). *Inquiries into human faculty and its development*. New York : Dutton.

Galton, F. (1892). *Hereditary genius : An inquiry into its laws and consequences*. London : Watts.（ゴールトンの知能観について.）

（3）Coles, R. (1997). *The moral intelligence of children*. New York : Random House.［常田景子訳（1998）『モラル・インテリジェンス』朝日新聞社.］（エマソンのことばを扉に引用.）

2章　多重知能理論が現れる前

（1）Herrnstein, R. & Murray, C. (1994). *The bell curve*. New York : Free Press.

（2）Fraser, S. (Ed.) (1995). *The Bell Curve wars ; Race, intelligence and the future of America*. New York : Basic Books.

Jacoby, R. & Glauberman, N. (Eds.). (1995). *The Bell Curve debate : History, documents, opinions*. New York : Times Books.（『ベルカーブ』に対する見解について.）

（3）Myrdal, G. (1944). *An American dilemma*. New York : Harper.

（4）Gardner, H. (1995). Cracking open the IQ box ; Review of the Bell Curve by R. Herrnstein and C. Murray. In *American Prospect, 30*, 71-80.（「修辞的誘導」に対する著者の見解.）

（5）Cawley, J., Heckman, J., & Vytacil, E. (1998). *Cognitive ability and the rising return to education*. Cambridge : National Bureau of Educational Research.

Devlin, B. et al. (1997). *Intelligence, genes, and success : Scientists respond*

to the Bell Curve. New York : Springer.

Fischer, C. S. et al. (1996). *Inequality by design : Cracking the bell curve myth*. Princeton, NJ : Princeton University Press.

Neisser, U. (Ed.). (1998). *The rising curve*. Washington, DC : The American Psychological Association.（『ベルカーブ』の学術的論評.）

(6) Jensen, A. (1969). How much can we boost IQ and scholastic achievement? *Harvard Educational Review, 39* (1), 1-123.

(7) Goleman, D. P. (1995). *Emotional intelligence : Why it can matter more than IQ*. New York : Bantam Books.［土屋京子訳（1996）『EQ：こころの知能指数』講談社.］

(8) Goleman, D. (1998). *Working with emotional intelligence*. New York : Bantam Books.［梅津祐良訳（2000）『ビジネスEQ』東洋経済新報社.］

(9) Gardner, H. (1983). *Frames of mind : The theory of multiple intelligences*. New York : Basic Books.

Gardner, H., Kornhaber, M., & Wake, W. (1996). *Intelligence : Multiple perspectives*. Fort Worth, TX : Harcourt Brace.

Sternberg, R. J. (1985). *Beyond IQ*. New York : Cambridge University Press.

Binet, A. & Simon, T. (1973). *The development of intelligence in children*（英訳）. New York : Arno Press .［仏語原著　1911. 大井清吉・山本良典・津田敬子訳（1977）『ビネ知能検査法の原典』日本文化科学社.］（知能検査の歴史の詳細.）

(10) Stern, W. (1965). The psychological methods for testing intelligence（英訳）. In R. J. Herrnstein & E. G. Boring (Eds.), *A sourcebook in the history of psychology*. Cambridge, MA : Harvard University Press.［独語原著　1912.］（シュテルンがIQを開発した詳細.）

(11) Terman, L. (1916). *The measurement of intelligence*. Boston : Houghton Mifflin.

Yerkes, R. M. (1921). *Psychological examining in the United States Army*. Washington, DC : U. S. Government Printing Office.（ターマンとヤーキズの研究について.）

(12) Lippmann, W. (1976). Readings from the Lippmann-Terman debate（初出　1922−1923）. In N. Block & G. Dworkin (Eds.), *The IQ controversy : Critical readings*. New York : Pantheon Books.（リップマン‐ターマン論争の議論.）

(13) Boring, E. G. (1923). Intelligence as the tests test it. *New Republic, 6* June, pp. 35-37.（ボーリングの「知能はテストがテストするもの」という記述.）

(14) Spearman, C. (1904). General intelligence objectively determined and measured. *American Journal of Psychology, 15*, 201-293.（スピアマンの研究.）

(15) Thurstone, L. L. (1938). Primary mental abilities. *Psychological Monographs*, 1.（サーストンの研究.）

(16) Guilford, J. P. (1967). *The structure of intelligence*. New York : McGraw-Hill.（ギルフォードの「知性因子」を説明.）

(17) Gould, S. J. (1981). *The mismeasure of man*（増補改訂版，1995）. New York : Norton.［鈴木善次・森脇靖子訳（1989）『人間の測りまちがい』河出書房新社（増補改訂版，1998）.］（因子分析と知能論争を考察.）

(18) Bowler, P. (1998). Defining Darwinist. *Times Literary Supplement*, 21 November, p. 30.（ダーウィンがゴールトンに述べたことばを引用.）

(19) Bouchard, T. J. & Propping, P. (1993). *Twins as a tool of behavioral genetics : Report of the Dahlem workshop on what are the mechanisms mediating the genetic and environmental determinants of behavior*. Chichester, UK : Wiley.

Plomin, R. (1994). *Genetics and experience : The interplay between nature and nurture*. Thousand Oaks, CA : Sage.（遺伝性の問題を議論.）

(20) Ceci, S. (1990). *On intelligence … More or less : A bio-ecological treatise on intellectual development*. Englewood Cliffs, NJ : Prentice Hall. [1996, 拡張版. Cambridge, MA : Harvard University Press.]

Feldman, M. W. & Otto, S. P. (1997). Twin studies, heritability, and intelligence. *Science, 278*, 1383-1384.

Lewontin, R., Rose, S., & Kamin, L. (1984). *Not in our genes : Biology, ideology, and human nature*. New York : Pantheon Books.（遺伝性への反対論を記述.）

(21) Scarr, S. & McCartney, K. (1983). How people make their own environments : A theory of genotype-environment effects. *Child Development, 54*, 424-435.（遺伝と環境の相互作用を論考.）

(22) Neisser, U. (Ed.) (1998). 前掲(5)の文献.

Jensen, A. (1980). *Bias in mental testing*. New York : Free Press.

Steele, C. (1997). A threat in the air : How stereotypes shape intellec-

tual identity and performance. *American Psychologist, 52*, 613-629.（アメリカ黒人 - 白人間の IQ 得点差の問題について.）

(23) Lemann, N. (1993). The structure of success in America. *The Atlantic Monthly*, August, 41-60.

Lemann, N. (1999). *The big test*. New York : Farrar, Straus & Giroux.

Owen, D. (1985). *None of the above : Behind the myth of scholastic aptitude*. Boston : Houghton Mifflin.（知能検査のバイアスと社会階層について.）

(24) Sacks, P. (1999). *Standardized minds*. New York : Basic Books.（検査得点と郵便番号の相関について.）

(25) Greenfield, P. (1998). The cultural evolution of IQ. In U. Neisser (Ed.), *The rising curve : Long-term gains in IQ and related measures*. (pp. 81-123). Washington, DC : American Psychological Association.（知能検査の文化による相対性について.）

(26) Gardner, H. (1985). *The mind's new science : A history of the cognitive revolution*. New York : Basic Books.［佐伯胖・海保博之訳（1987）『認知革命』産業図書.］

Pinker, S. (1997). *How the mind works*. New York : Norton.（神経科学者の知能観を詳述.）

(27) Jensen, A. (1993). Why is reaction time correlated with psychometric *g*? *Current Directions in Psychological Science, 2*(2), 53-56.（神経信号伝達の効率を論考.）

(28) Diamond, M. & Hopson, J. (1998). *Magic trees of the mind*. New York : Dutton.

Greenough, W., Black, J. E., & Wallace, C. S. (1987). Experience and brain development. *Child Development, 58*, 539-559.（発達初期の脳の可塑性を論考.）

(29) Rumelhart, D. & McClelland, J. (1986). *Parallel distributed processing*. Cambridge, MA : MIT Press.

Elman, J. et al. (1996). *Rethinking innateness*. Cambridge, MA : MIT Press.（知能の概念に関係するコンピュータ科学の動向について.）

(30) Sternberg, R. J. (1985). *Beyond IQ*. New York : Cambridge University Press.（スターンバーグの研究の詳細.）

(31) Greeno, J. (1998). The situationality of knowing, learning, and research. *American Psychologist, 53* (1), 5-26.

Lave, J. (1991). Situated learning in communnities of practice. In L. B. Resnick, J. M. Levine, & S. D. Teasley (Eds.), *Perspectives in socially shared cognition* (pp.63-82). Washington, DC : American Psychological Association.

Olson, D. R. (1974). *Media and symbols*. Chicago : University of Chicago Press.

Pea, R. (1993). Practices of distributed intelligence and designs for education. In G. Salomon (ed.), *Distributed cognitions* (pp. 47-87). New York : Cambridge University Press.

Perkins, D. (1995). *Outsmarting IQ : The emerging science of learnable intelligence*. New York : Free Press.

Salomon, G. (1993). *Distributed cognitions*. New York : Cambridge University Press.（無視されてきた知能の側面を最近調べた心理学者たちの研究.）

(32) Ceci, S. (1990). 前掲(20)の文献.

Coles, R. (1997). *The moral intelligence of children*. New York : Random House.［常田景子訳（1998）『モラル・インテリジェンス』朝日新聞社.］

Goleman, D. (1995). 前掲(7)の文献.

Perkins, D. (1995). 前掲(30)の文献.

Sternberg, R. J. (1997) *Successful intelligence*. New York : Simon & Schuster.（他の種類の知能に関する最近の本.）

(33) Gardner, H., Kornhaber, M., & Wake, W. (1996). 前掲(9)の文献.（現代の知能理論概観の入門.）

3章　多重知能の理論――私的な視点から

(1) Gardner, H. (1989). *To open minds*. New York : Basic Books.（著者の少年，青年期について.）

(2) Bruner, J. S. (1960). *The process of education*. Cambridge, MA : Harvard University Press.［鈴木祥蔵・佐藤三郎訳（1964）『教育の過程』岩波書店.］

Gruber, H. & Vonèche, J. (1978). *The essential Piaget*. New York : Basic Books.

Goodman, N. (1976). *Languages of art*. Indianapolis : Hackett.

Geschwind, N. (1974). *Selected papers*. Boston : Reidel.（著者の初期

の研究に強く影響した心理学者の研究を記述.）

（3）Gardner, H. (1974). *The shattered mind : The person after brain damage*. New York : Vintage.［酒井誠・大嶋美登子訳（1986）『砕かれた心』誠信書房.］（脳損傷による破壊を記述.）

(4) Annett, M. (1985). *Left, right, hand, and brain : The right shift theory*. Hillsdale, NJ : Lawrence Erlbaum.

Coren, S. (Ed.) (1990). *Left-handedness : Behavioral indications and anomalies*. Amsterdam : North Holland Publishing.（左利きの人の脳について能力の構成を詳述.）

（5）Barkow, J., Cosmides, L., & Tooby, J. (1992). *The adapted mind : Evolutionary psychology and the generation of culture*. New York : Oxford University Press.

Chomsky, N. (1980). *Rules and representation*. New York : Columbia University Press.

Fodor, J. A. (1983). *The modularity of mind : An essay on faculty psychology*. Cambridge, MA : MIT Press.［伊藤笏康・信原幸弘訳（1985）『精神のモジュール形式』産業図書.］

Pinker, S. (1997). *How the mind works*. New York : Norton.（人間の脳の「モジュール性」の考え方を記述.）

（6）Gardner, H. (1983). *Frames of mind : The theory of multiple intelligences*（序文注釈）. New York : Basic Books.

Gardner, H. (1989). 前掲(1)の文献（chapter 5）.（人間の潜在能力プロジェクトを記述.）

（7）Barkow, J. et al. (1992). 前掲(5)の文献.

Mithen, S. (1996). *The prehistory of the mind*. London : Thames & Hudson.

Pinker, S. (1997). 前掲(5)の文献.

Wilson, E. O. (1975). *Sociobiology*. Cambridge, MA : Harvard University Press.［伊藤嘉昭他訳（1999）『社会生物学』新思索社.］（新興の進化心理学の分野を論考.）

（8）Gardner, H. (1997). Extraordinary cognitive achievements : A symbol systems approach. In R. M. Lerner (Ed.), *Theoretical models of human development,* volume 1 of *The handbook of child psychology, 5th ed.* New York : Wiley.（シンボル体系の概念を考察.）

（9）Deacon, T. (1997). *The symbolic species*. New York : Norton.（シンボ

ル体系と人間の脳の関係を考察.）

(10) Happé, F. (1995). *Autism : An introduction to psychological theory*. Cambridge, MA : Harvard University Press.［石坂好樹他訳（1997）『自閉症の心の世界：認知心理学からのアプローチ』星和書店.］（自閉症者の能力について.）

(11) Feldman, D. (1986). *Nature's gambit*. New York : Basic Books.
Winner, E. (1996). *Gifted children : Myths and realities*. New York : Basic Books.［片山陽子訳（1998）『才能を開花させる子供たち』日本放送出版協会.］（天才児の特徴を論考.）

(12) Kinsbourne, M. (1983). The control of attention by interaction between the cerebral hemispheres. In *Attention and performance* (pp. 239-256). New York : Academic Press.（活動が脳と心の別個の能力を活用する仕方を論考.）

(13) Rosnow, R., Skedler, A., Jaeger, M., & Rind, B. (1994). Intelligence and the epistemics of interpersonal assessment : Testing some implications of Gardner's theories. *Intelligence, 19*, 93-116.
Salovey, P. & Mayer, J. (1990). Emotional intelligence. *Imagination, Cognition, and Personality, 9*, 185-211.（社会的知能と感情的知能を論考.）

4章　追加できる知能はあるか？

(1) Berlin, B. (1992). *Ethnobiological classification : Principles of categorization of plants and animals in traditional societies*. Princeton, NJ : Princeton University Press.（「素朴分類学」を論考.）

(2) Browne, J. (1995). *Voyaging*, volume 1 of *Charles Darwin : A biography*. New York : Knopf.（ダーウィンの「生まれながらの博物学者」を引用.）

(3) Wilson, E. O. (1994). *Naturalist*. Washington, DC : Island Press/Shearwater Books.［荒木正純訳（1996）『ナチュラリスト』法政大学出版局.］（ウィルソンが自分の背景を描写.）

(4) Yoon, C. K. (1995). Getting the feel of a long-ago arms race. *New York Times*, 7 February, Science section, p. 8.（フルメイについて記述.）

(5) Edelman, G. M. (in press). *The wordless metaphor : Visual art and the brain*. New York : Whitney Museum.
Herrnstein, R. & Loveland, D. (1976). Natural concepts in pigeons.

Journal of Experimental Psychology : Animal Behavior Processes, 2, 285-302.

Wasserman, R. (1994). The conceptual abilities of pigeons. *American Scientist, 83*, 246-255.（鳥が写真の人間を見分ける能力について.）

(6) Wilson, E. O. (1984). *Biophilia*. Cambridge, MA : Harvard University Press.［狩野秀之訳（1994）『バイオフィリア』平凡社.］（「バイオフィリア」について.）

(7) Carey, S. (1985). *Conceptual change in childhood*. Cambridge, MA : MIT Press.［小島康次・小林好和訳（1994）『子どもは小さな科学者か』ミネルヴァ書房.］

Keil, F. (1994). The birth and nurturance of concepts by domains : The origins of concepts of living things. In L. Hirschfield & S. A. Gelman (Eds.), *Mapping the mind* (pp. 234-254). New York : Cambridge University Press.（初心者から熟達者に及ぶ博物的知能の発達を論考.）

(8) Csikszentmihalyi, M. (1996). *Creativity*. New York : HarperCollins.

Roe, A. (1953). *The making of a scientist*. New York : Dodd, Mead.

Taylor, C. & Barron, F. (1964). *Scientific creativity, its recognition and development*. New York : Wiley.

Zuckerman, H. (1977). *Scientific Elites*. New York : Free Press.（生物学志向の科学者が行った研究について詳しく.）

(9) Konorski, J. (1967). *Integrative activity of the brain : An interdisciplinary approach*. Chicago : University of Chicago Press.

Nielsen, J. (1946). *Agnosia, apraxia, and aphasia : Their value in cerebral localization*. New York : Hoeber.（脳損傷の臨床について詳しく.）

(10) Caramazza, A., Hillis, A., Leek, E. C., & Miozzo, M. (1994). The organization of lexical knowledge in the brain : Evidence from category- and modality-specific deficits. In L. Hirschfield & S. A. Gelman (Eds.), *Mapping the mind* (pp. 68-84). New York : Cambridge University Press.

Damasio, A. & Damasio, H. (1995). Recent trends in cognitive neuroscience. Lecture presented at the Center for Advanced Study in the Behavioral Sciences, Stanford, CA, June.

Martin, A., Wiggs, C. L., Ungerleider, L., & Haxby, J. W. (1996). Neural correlates of category-specific knowledge. *Nature, 379*, 649-652.

Warrington, E. & Shallice, R. (1984). Category-specific semantic impairments. *Brain, 107*, 829-854.（実験結果を考察.）

(11) Gross, C.B. (1973). Visual functions of infero-temporal cortex. In R.

Jung (Ed.), *Handbook of sensory physiology, VII/3* (pp. 451-482). New York : Springer Verlag.（顔の認識に関わる神経ネットワークについて詳しく.）

(12) Rosch, E., Mervis, C., Gray, W., Johnson, D., & Bayes-Braem, P. (1976). Basic objects in natural categories. *Cognitive Psychology, 8*, 382-439.（自然カテゴリーについて.）

(13) Goleman, D. (1988). *The meditative mind*. New York : Putnam.
Wilber, K. (1997). *The eye of spirit*. Boston : Shambhala.（霊的状態に達する方法を詳しく.）

(14) Mishlove, J. (1993). *Roots of consciousness* (p. 66). Tulsa, OK : Council Oaks Books.（霊的なものの現象論を考察.）

(15) Storr, A. (1996). *Feet of clay*. New York : Free Press.（他人への霊的な影響の意義を考察.）

(16) Gerth, H. H. & Mills, C. W. (1958). *From Max Weber : Essays in sociology*. New York : Oxford University Press.（宗教・霊的な過程でのカリスマの意義を考察.）

(17) Pope John XXIII. (1980). *Journal of a soul*（英訳）. Garden City, NY : Image Books.
Gardner, H. (1995). *Leading minds*. New York : Basic Books.［山崎康臣・山田仁子訳（2000）『「リーダー」の肖像』青春出版社.］（教皇ヨハネス二三世の苦難の訓練について.）

(18) New York Times (1995). Tibetans call boy reincarnation of No. 2 monk. *New York Times*, 14 May, A 4.（ラマ候補が底力を見せる方法を描写.）

(19) Csikszentmihalyi, M. (1996). 前掲(8)の文献.
Storr, A. (1996). 前掲(15)の文献.（初期の人類が実存的問題に取り組んだことを論考.）

(20) Burkert, W. (1995). *Creation of the sacred : Tracks of biology in early religions*. Cambridge, MA : Harvard University Press.（初期の人類の芸術作品やダンスについて考察.）

(21) Havelock, E. (1963). *Preface to Plato*. Cambridge, MA : Harvard University Press.
Jaynes, J. (1974). *The origins of consciousness in the breakdown of the bicameral mind*. Boston : Houghton Mifflin.（より完全な意味での意識を考察.）

(22) Bear, D., Freeman, R., Schiff, D., & Greenberg, M. (1985). Interictal behavioral changes in patients with temporal lobe epilepsy. In R. E. Hales & A. J. Frances (Eds.), *American Psychiatric Association Annual Review*, no.4.

Geschwind, N. (1977). Behavioral change in temporal lobe epilepsy. *Archives of Neurology, 34*, 453.

La Plante, E. (1993). *Seized*. New York : HarperCollins.（側頭葉てんかんを論考.）

(23) Pinker, S. (1997). *How the mind works*. New York : Norton.（究極的なことへの関わりの順応的意義について詳しく.）

(24) Csikszentmihalyi, M. (1990). *Flow : The psychology of optimal experience*. New York : Harper & Row.［今村浩明訳『フロー体験』世界思想社，1996.］（「フロー状態」での注意の高進を論考.）

(25) Ornstein, R. (1973). *The nature of human consciousness*. San Francisco : Freeman.（フロー状態で動員される脳中枢を記述.）

(26) Bouchard, T. (1990). Sources of human psychological differences : The Minnesota study of twins reared apart. *Science, 250*, 223-228.（一卵性双生児の信仰心の高さの研究を考察.）

(27) Emmons, R. A. (2000). Is spirituality an intelligence? : Motivation, cognition, and the psychology of ultimate concern. *International Journal for Psychology of Religion, 10*, 3-26.（いくつかの基準に基づく霊的知能の別の可能性の考えについて.）

Gardner, H. (2000). A case against spiritual intelligence. *Ibid., 10*, 27-34.（著者のコメント.）

(28) Proust, M. (1981). *Remembrance of things past*, vol. 3（英訳），pp.380-381. New York : Random House.［仏語原著1923. 井上究一郎訳（1987）『プルースト全集8　失われた時を求めて　第五篇　囚われの女』(p. 522) 筑摩書房.］

5章　道徳的知能はあるか？

(1) Kohlberg, L. (1971). From is to ought : How to commit the naturalistic fallacy and get away with it in the study of mental development. In T. Mischel (Ed.), *Cognitive Development and Epistemology* (pp. 151-235). New York : Academic Press.［内藤俊史・千田茂博訳（1985）「「である」から「べきである」へ」永野重史編『道徳性の発達と教育』(pp. 1-

123）新曜社.］（記述と規範の区別に関する別の考え方について.）

（2）Goleman, D. P. (1995). *Emotional intelligence : Why it can matter more than IQ*. New York : Bantam Books.［土屋京子訳（1996）『EQ：こころの知能指数』講談社.］（感情的知能と推奨される行動について.）

（3）Damon, W. (1988). *The moral child*. New York : Free Press.

Hoffman, M. (1981). Affective and cognitive processes in moral internalization. In E. T. Higgins et al. (Eds.), *Social cognition and social behavior*. New York : Cambridge University Press.

Kohlberg, L. (1984). *The psychology of moral development*. New York : Harper & Row.

MacIntyre, A. (1981). *After virtue*. Notre Dame, IN : Notre Dame University Press.

Rawls, J. (1971). *A theory of justice*. Cambridge, MA : Harvard University Press.［矢島鈞次訳（1979）『正義論』紀伊國屋書店.］

Turiel, E. (1998). The development of morality. In N. Eisenberg (Ed.), *Handbook of Child Psychology*, vol. 3 (pp. 863-932). New York : Wiley.

Williams, B. (1985). *Ethics and the limits of philosophy*. Cambridge, MA : Harvard University Press.［森際康友・下川潔訳（1993）『生き方について哲学は何が言えるか』産業図書.］（道徳的領域を記述しようとした学者たちの議論.）

（4）Shweder, R., Mahaputra, M., & Miller, J. (1987). Culture and moral development. In J. Kagan & S. Lamb (Eds.), *Emergence of morality in young children* (pp. 1-83). Chicago : University of Chicago Press.

Turiel, E. (1983). *The development of social knowledge : Morality and convention*. New York : Cambridge University Press.（社会によって道徳性の定義の仕方が異なることを論考.）

（5）Kagan, J. (1984). *The nature of the child*. New York : Basic Books.（子どもの善悪の意識について.）

（6）Damon, W. (1988). 前掲（3）の文献.

Kohlberg, L. (1984). 前掲（3）の文献.（道徳的意識の独特な発達の道筋を論考.）

（7）de Waal, F. B. M. (1996). *Good natured : The origins of right and wrong in humans and other animals*. Cambridge, MA : Harvard University Press.（霊長類の善悪の意識についての情報.）

（8）Tooby, J. & Cosmides, L. (1992). Psychological foundations of culture.

In J. Barkow, L. Cosmides, & J. Tooby (Eds.), *The adapted mind : Evolutionary psychology and the generation of culture*. New York : Cambridge University Press.

Wright, R. (1995). *The moral animal*. New York : Vintage.（進化心理学者の考えを考察.）

(9) Damasio, A. (1994). *Descartes' error*. New York : Putnam.（精神病と善悪の意識の関連を論考.）

(10) Gardner, H. (1993). Creating minds. New York : Basic Books.

Gardner, H. (1995). Leading minds. New York : Basic Books.［山崎康臣・山田仁子訳（2000）『「リーダー」の肖像』青春出版社.］

Gardner, H. (1997). *Extraordinary minds*. New York : Basic Books.（創造者とリーダーの精神構造の研究について.）

(11) Csikszentmihalyi, M. (1996). *Creativity*. New York : HarperCollins.（創造的な人々の道徳的意識について.）

(12) Winner, E. (1996). *Gifted children : Myths and realities*. New York : Basic Books.［片山陽子訳（1998）『才能を開花させる子供たち』日本放送出版協会.］（才能児の道徳的関心について.）

(13) Gardner, H. (1995). 前掲(10)の文献.（教皇ヨハネス二三世について詳しく.）

(14) Damasio, A. (1994). 前掲(9)の文献.

Salovey, P. & Mayer, J. (1990). Emotional intelligence. I*magination, Cognition, and Personality, 9*, 185-211.（道徳的な関心に関連する自己理解を論考.）

(15) Warwick, K. (1998). Presentation at the World Economic Forum, in Davos, Switzerland, 30 January.（ロボットの権利・義務を考察.）

(16) Kohlberg, L. (1984). 前掲(3)の文献.

Gilligan, C. (1982). *In a different voice*. Cambridge, MA : Harvard University Press.（道徳判断の問題に関する研究.）

(17) Milgram, S. (1964). Group pressure and action against a person. *Journal of Abnormal and Social Psychology, 69*, 137-143.

Keniston, K. (1968). *Young radicals*. New York : Harcourt Brace & World.

Oliner, S. P. & Oliner, P. M. (1988). *The altruistic personality : Rescuers of Jews in Nazi Europe*. New York : Free Press.（道徳的行動の議論.）

6章　多重知能についての誤解と真実

(1) Dawkins, R. (1976). *The Selfish Gene*. Oxford : Oxford University Press. [日高敏隆他訳（1991）『利己的な遺伝子』紀伊國屋書店.]（ミームについて詳しく.）

(2) Gardner, H. (1993). *Multiple intelligences : The theory in practice*. New York : Basic Books.（快適な場面でなじみのある材料で評価する必要について.）

(3) Gardner, H. (1993). 同上.

Gardner, H., Feldman, D.H., & Krechevsky, M. (Eds.) (1998). *Project Zero frameworks for early childhood education*. New York : Teachers College Press.（プロジェクト・スペクトルを詳述.）

(4) Feldman, D., Csikszentmihalyi, M., & Gardner, H. (1994). *Changing the world : A framework for the study of creativity*. Westport, CT : Greenwood Publishing Croup (Praeger).（チクセントミハイ，フェルドマンとの共同研究について［編著書].）

(5) Kagan, J. & Kogan, N. (1970). Individual variation in cognitive processes. In P. H. Mussen (Ed.), *Carmichael's manual of child psychology*, vol. 1. New York : Wiley.（スタイルをテーマに.）

(6) Silver, H., Strong, R., & Perini, M. (1997). Integrating learning styles and multiple intelligences. *Educational Leadership, 55* (1), 22-29.（シルヴァーの興味深い提案を記載.）

(7) Rosnow, R. L., Skelder, A. A., Jaeger, M. E., & Rind, B. (1994). Intelligence and the epistemics of interpersonal acumen : Testing some implications of Gardner's theories. *Intelligence, 19*, 93-116.（対人的知能の議論.）

(8) Astington, J. W. (1993). *The child's discovery of the mind*. Cambridge, MA : Harvard University Press. [松村暢隆訳（1995）『子供はどのように心を発見するか』新曜社.]（「心の理論」を論考.）

(9) Happé, F. (1995). *Autism : An introduction to psychological theory*. Cambridge, MA : Harvard University Press. [石坂好樹他訳（1997）『自閉症の心の世界：認知心理学からのアプローチ』星和書店.]（自閉症児の心について詳しく.）

(10) Rauscher, F. H., Shaw, G. L., & Ky, K. N. (1993). Musical and spatial task performance. *Nature, 365*, 611.

Rauscher, F. H., Shaw, G. L., & Ky, K. N. (1995). Listening to Mozart

enhances spatial-temporal reasoning : Towards a neurophysiological basis. *Neuroscience Letters, 185*, 44-47.（音楽能力と空間能力の関連について.）

(11) 2章の諸文献.（一般知能の研究について.）

(12) Gardner, H., Hatch, T., & Torff, B. (1997). A third perspective : The symbol systems approach. In R. J. Sternberg & E. Grigorenko (Eds.), *Intelligence, heredity, and environment* (pp. 243-268). New York : Cambridge University Press.（遺伝と環境要因の動的相互作用を論考.）

(13) Chorney, M. J., et al. (1998). A quantitative trait locus associated with cognitive ability in children. *Psychological Science, 9* (3), 159-166.
および2章の諸文献.（遺伝性と遺伝学の研究について.）

(14) Gardner, H. (1983). *Frames of mind : The theory of multiple intelligences*. New York : Basic Books.（鈴木メソードについて詳しく.）

7章　多重知能をめぐるQ＆A

(1) Rozin, P. (1976). The evolution of intelligence and access to the cognitive unconscious. *Progress in Psychobiology and Physiological Psychology, 6*, 245-280.（視覚的情報で活性化される言語的知能について.）

(2) Kelso, J.A.S. (1996). *Dynamic patterns : The self−organization of brain and behavior*. Cambridge, MA : MIT Press.
Thelen, E. & Smith, L. *B. (1998). Dynamic systems theories. In R. Lerner (Ed.)*, Handbook of child psychology, vol. 1 (pp. 563-634). New York : Wiley.（身体で成し遂げることが計算を含むことについて.）

(3) Fodor, J.　A. (1983). *The modularity of mind : An essay on faculty psychology*. Cambridge, MA : MIT Press. ［伊藤笏康・信原幸弘訳（1985）『精神のモジュール形式』産業図書.］（水平的能力対垂直的能力の考えを論考.）

(4) Schacter, D. (1997). *Searching for memory*. New York : Basic Books.（異なる種類の記憶を考察.）

(5) Kornhaber, M. & Gardner, H. (1991). Critical thinking across multiple intelligences. In S. Maclure & P. Davies (Eds.), *Learning to think : Thinking to learn : The Proceedings of the 1989 OECD Conference* (pp. 147-168). Oxford : Pergamon Press.（批判的思考の批判.）

(6) Gardner, H. (1983). *Frames of mind : The theory of multiple intelligences*. New York : Basic Books.

Winner, E. (1996). *Gifted children : Myths and realities*. New York : Basic Books. [片山陽子訳（1998）『才能を開花させる子供たち』日本放送出版協会.]（知能の集団差とその考えうる意味について.）
(7) Gilligan, C. (1982). *In a different voice*. Cambridge, MA : Harvard University Press.（ギリガンの研究を詳述.）
(8) Cheng, K. (1986). A purely geometric module in the rat's spatial representation. *Cognition, 23*, 149-178.（齧歯類の空間的知能を論考.）

8章　創造者とリーダーの知能

(1) Gardner, H. (1993). *Multiple intelligences : The theory in practice*. New York : Basic Books.
Gardner, H. (1997). *Extraordinary minds*. New York : Basic Books.（異なる知性の徳目の区別について.）
(2) Gardner, H. (1993). *Creating minds*. New York : Basic Books.
Csikszentmihalyi, M. (1996). *Creativity*. New York : HarperCollins.（創造性について.）
(3) Csikszentmihalyi, M. (1998). Society, culture, and person : A systems view of creativity. In R. J. Sternberg (Ed.), *The nature of creativity* (pp. 325-338). New York : Cambridge University Press.（「どこに創造性があるのか」という疑問を考察.）
(4) Hayes, J. R. (1989). *The complete problem solver*, 2nd ed. Hillsdale, NJ : Erlbaum.（ある領域での長期間の没頭を考察.）
(5) Barron, F. (1969). *Creative person and creative process*. New York : Holt, Rinehart & Winston.（創造者の性格を探究.）
(6) Gardner, H. (1993). 前掲(2)の文献（chap. 10）.（何人かの著名な創造者の知能について.）
(7) Gardner, H. (1995). *Leading minds*. New York : Basic Books. [山崎康臣・山田仁子訳（2000）『「リーダー」の肖像』青春出版社.]（リーダーシップについて入念な論考.）
(8) Gardner, H. (1995). 同上（chap. 12）.
Young, H. (1989). *The iron lady : A biography of Margaret Thatcher*. New York : Farrar, Straus & Giroux.（サッチャーについて詳しく.）
(9) Gardner, H. (1995). 同上（p. 144／訳 p. 210）.（ガースナーに言及.）

9章 学校における多重知能

(1) Gardner, H. (1993). *Multiple intelligences : The theory in practice* (chaps. 10-11). New York : Basic Books.（MIの評価を全般的に論考.）
(2) Gardner, H. (1993). 同上（chap. 6）.
Gardner, H., Feldman, D. H., & Krechevsky, M. (Eds.) (1998). *Project Zero frameworks for early childhood education*. New York : Teachers College Press.（スペクトル教室を詳しく.）
(3) New City School (1994). *Celebrating Multiple Intelligences*. St. Louis, MO : New City School.
New City School (1996). *Succeeding with Multiple Intelligences*. St. Louis, MO : New City School.（ニューシティ・スクールの実践方法について.）
(4) Shirley, D. (1997). *Community organizing for urban school reform*. Austin, TX : University of Texas Press.（コーテスの仕事と連携学校ネットワークについて.）
(5) Stevenson, H. & Stigler, J. (1992). *The learning gap : Why our schools are failing and what we can learn from Japanese and Chinese education*. New York : Simon & Schuster.（日本や中国の教育方法を解説.）

10章 理解を高めるMI学習法

(1) Wiske, M. S. (Ed.) (1998). *Teaching for understanding*. San Francisco : Jossey-Bass.
Talbert, J. E., Cohen, D., & McLaughlin, M. (Eds.) (1993). *Teaching for understanding*. San Francisco : Jossey-Bass.（理解を高める基礎としての教育を議論.）
(2) Wiggins, G. & McTighe, J. (1998). *Understanding by design*. Alexandria, VA : ASCD.
Gardner, H. (1991). *The unschooled mind : How children think and how schools should teach*. New York : Basic Books.
Gardner, H. (1999). *The disciplined mind : What all students should understand*. New York : Simon & Schuster.（生徒が重要な概念を理解するのが難しいことについて詳しく.）
(3) Wiske, M. S. (Ed.) (1998). 前掲(1)の文献.
Blythe, T. (1998). *The teaching for understanding guide*. San Francisco : Jossey-Bass.（「理解のための授業」の方法について詳しく.）

(4) Gardner, H. (1999). 前掲(2)の文献.（真善美の例を詳しく考察.）

(5) Milgram, S. (1974). *Obedience to authority*. New York : Harper & Row. ［岸田秀訳（1995）『服従の心理』河出書房新社.］

(6) Goldhagen, D. J. (1996). *Hitler's willing executioners : Ordinary Germans and the Holocaust*. New York : Knopf.（ふつうの人々のヒトラー計画への関与を解明する，ホロコーストの新しい研究.）

(7) Gould, S. J. (1993). *Wonderful life*. New York : Norton. ［渡辺政隆訳（1993）『ワンダフル・ライフ』早川書房.］（断続平衡説を考察.）

(8) Gardner, H., Csikszentmihalyi, M., & Damon, W. (2001). *Good work : When excellence and ethics meet*. New York : Basic Books.（仕事の役割責任の問題に関する共同研究からの論考.）

(9) Hirsch, E. D. (1996). *The schools we need : And why we don't have them*. New York : Doubleday.（教育批判の保守的な考えを論述.）

11章　学校の外における多重知能

(1) Gardner, H. (1991). *The unschooled mind : How children think and how schools should teach* (chap. 11). New York : Basic Books.

Please Touch Museum & Harvard Project Zero (1998). *Project Explore : A two-year study on how and what young children learn in children's museums*. Cambridge, MA : Please Touch Museum & Harvard Project Zero.（子供博物館について.）

(2) Davis, J. (1996). *The MUSE book : A report on the work of Project Muse*. Cambridge, MA : Harvard Graduate School of Education.

O'Neil, S. (1996). *The Muse guide : A training manual for using Muse tools*. Cambridge, MA : Harvard Graduate School of Education.（ミューズを詳述.）

(3) Housen, A. (1987). Three methods for understanding museum audiences. *Museum Studies Journal, 2* (4), 41-49.（視覚的思考カリキュラムについて.）

(4) Parsons, M. (1987). *How we understand art*. New York : Cambridge University Press.（美術品の理解の段階を一般的に議論.）

(5) Mulgan, G. (1997). *Connexity*. London : Chatto and Windus.（イギリスの利害関係者について.）

(6) Archambault, R. (Ed.) (1964). *John Dewey on education : Selected writings*. Chicago : University of Chicago Press.

Glickman, C. (1998). *Democracy as education*. San Francisco : Jossey-Bass.

Meier, D. (1995). *The power of their ideas*. Boston : Beacon Press.（学校と市民の役割について.）

(7) Graham, P. (1992). *Sustain our schools*. New York : Hill & Wang.（「微妙な」問題について詳しく.）

(8) Senge, P. (1990). *The fifth discipline : The art and practice of the learning organization*. New York : Doubleday.(新しいビジネス環境を論考.）

(9) Pennar, K. (1996). How many smarts do you have? *Business Week*, 16 September, 104-108.（ビジネスでのMI理論の活用について.）

(10) Goleman, D. (1998). *Working with emotional intelligence*. New York : Bantam Books.［梅津祐良訳（2000）『ビジネスEQ』東洋経済新報社.］

Drucker, P. (1999). Managing oneself. H*arvard Business Review*, April-May, 65-74.（ビジネスと個人的知能を詳しく論考.）

12章　知能をもつのはどういう人か？

(1) Etzioni, A. (1996). *The new golden rule*. New York : Basic Books.（黄金律を論述.）

(2) Colby, A. & Damon, W. (1992). *Some do care*. New York : Free Press.（道徳的推理テストを道徳的行動と比較.）

(3) Patterson, D. (1996). *When learned men murder*. Bloomington, IN : Phi Delta Kappan Educational Foundation.（最終解決の実施計画を策定した人たちについて.）

(4) Goleman, D. (1995). *Emotional Intelligence : Why it can matter more than IQ*. New York : Bantam Books.［土屋京子訳（1996）『EQ：こころの知能指数』講談社.］New York : Bantam.

(5) Chorney, M. J. et al. (1998). A quantitative trait locus associated with cognitive ability in children. *Psychological Science, 9* (3), 159-166.（一般知能の遺伝子をみつけることについて.）

(6) Hutchins, E. (1995). The social organization of distributed intelligence. In L. B. Resnick, J. M. Levine, & D. Teasley (Eds.), *Perspectives in socially shaped cognition* (pp. 283-307). Washington, DC : American Psychological Association.

Kidder, T. (1981). *The soul of a new machine*. Boston : Little, Brown.（協同で使う知能について.）

(7) Mithen, S. (1996). *The prehistory of the mind*. London : Thames & Hudson.（ホモサピエンスの先祖を論考.）

(8) Kolata, G. (1998). *Clone : The road to Dolly and the path ahead*. New York : Morrow.［中俣真知子訳（1998）『クローン羊ドリー』アスキー.］（羊ドリーのクローン化技法について.）

著者・訳者紹介

ハワード・ガードナー（Howard Gardner）

1943年，ペンシルベニア州生まれ。ハーバード大学教育学大学院修了，Ph. D. 現在，ハーバード大学教育学大学院教授（認知・教育学），プロジェクト・ゼロ運営委員長。専門は認知心理学，神経心理学。多重知能の研究を始め約20冊の著書がある。邦訳に『砕かれた心』（誠信書房），『認知革命』（産業図書），『芸術，精神そして頭脳』（黎明書房）等がある。

松村暢隆（まつむら　のぶたか）

1954年，奈良県生まれ。京都大学大学院文学研究科博士課程修了，文学博士。現在，関西大学名誉教授。専門は発達・教育心理学。著書に『アメリカの才能教育』（東信堂），『幼児の知的発達』（関西大学出版部），訳書に『個性と才能をみつける総合学習モデル』（レンズーリ著，玉川大学出版部），『子供はどのように心を発見するか』（アスティントン著，新曜社），『思考スタイル』（スターンバーグ著，共訳，新曜社）等がある。

新曜社

MI：個性を生かす多重知能の理論

初版第1刷発行　2001年10月20日
初版第11刷発行　2024年10月2日

著　者　ハワード・ガードナー
訳　者　松村暢隆
発行者　塩浦　暲
発行所　株式会社新曜社

〒101-0051　東京都千代田区神田神保町3-9
電話（03）3264-4973・FAX（03）3239-2958
E-mail：info@shin-yo-sha.co.jp
URL：http://www.shin-yo-sha.co.jp/

印刷所　長野印刷商工
製本所　積信堂

ISBN978-4-7885-0779-1　C1011